Quellen des Glücks

Frühlingsrausch

Von Amadis Amarrés

Copyright©2024 Amadis Amarrés
Alle Rechte vorbehalten
Deutsche Erstausgabe 2024
Lektorat: Guillaume Sauvedin
Satz und Layout: Clément de Cuchoux
Cover: Bryan Bouteaux
Cover Idee/Design: Amadis Amarrés
©Taganana Selbstverlag
ISBN 9798884820685
Independently published

Quellen des Glücks

Amadis Amarrés

Quellen des Glücks

Frühlingsrausch Gold Edition

Amadis Amarrés

Hinweis

Alle im Buch veröffentlichten Ratschläge und Anleitungen wurden vom Verfasser sorgfältig erarbeitet und geprüft. Eine Garantie für einen Erfolg kann dennoch nicht übernommen werden. Ebenso ist die Haftung des Verfassers und seiner Beauftragten für Personen-, Sach- und Vermögensschäden und anderer Schäden ausgeschlossen. Die in diesem Buch verwendeten Markennamen und Warenzeichen sind Eigentum des jeweiligen Rechteinhabers und werden nur beschreibend verwendet.

Frühlingsrausch Gold Edition

Inhaltsverzeichnis

Zauberhafter Anfang 6
Frühlingsrausch 12
Darf ich mich vorstellen 14
Ein Buch geschrieben, um Herzen zu gewinnen 20
Das Seelenatelier 24
Vertrauen 27
Kaiserin, Königin und Geliebte 33
Einen Stein beiseite räumen 41
Der Heilkünstler 51
Gehen wir auf Schatzsuche 53
Der Experimentierkasten 61
Flip-Flops oder Wanderschuhe 65
Schlichte Schönheit 69
Es rappelt in der Kiste 74
»Spieglein, Spieglein an der Wand …« 77
Liebe, Mut & Mitgefühl! 80
»Non, je ne regrette rien« 93
Die Kraft heilsamer Musik 104
Das Leben feiern und es leben 109
Der Löwenzahn 129
Thérèse von Lisieux 132
Man in Black 139
Betörend mythischer Holunder 142
»Ô la belle vie …« 152
Natürlich ist das »Neue Schön« natürlich! 159
Der Palast der Spiegel 169
Zeit für Glückliches 172
Die schönsten Farben der Natur 194

QUELLEN DES GLÜCKS

Ein zarter Glücksbringer **208**
Die Wunderblume **214**
Mein Ort der Ruhe **215**
Hurra, der Lenz ist da! 219
Geschichten ums Trauern 226
Stille Gebete **240**
Treue und ewige Liebe 249
Zauber des Augenblicks 255
Die Schafherde **261**
»Wie hast Du mir süß geschrieben, Du!« **264**
Die Sprache des Herzens 276
Der Machtverlust des Schmerzes 282
Höre »nur« Musik 287
»Geh aus, mein Herz, und suche Freud« 292
Maiköniginnen, Maibäume und Maiennächte **298**
Giftgrün und innig aromatisch 306
Über dieses Buch 311
Der Autor 318

Amadis Amarrés

QUELLEN DES GLÜCKS

Es war einmal

Amadis Amarrés

Das Buch möge Dich auf liebevolle Weise begleiten

QUELLEN DES GLÜCKS

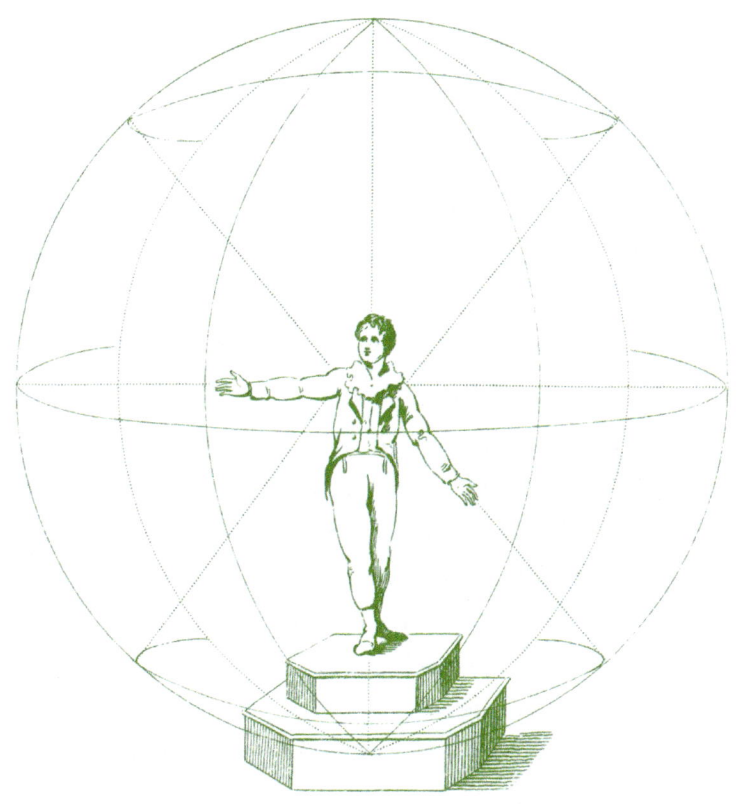

»Und jedem Anfang wohnt ein Zauber inne,
der uns beschützt und der uns hilft, zu leben.«
Hermann Hesse (1877-1962)

Amadis Amarrés

Zauberhafter Anfang

Bei einem Arbeitsantritt, wenn wir jemanden besuchen, zu Beginn einer Freundschaft, insbesondere bei einem zärtlichen Tête-à-Tête, überreichen wir öfters in einer liebevollen Geste einen Blumenstrauß. Es ist ein freundliches Zeichen für einen positiven Anfang. Im selben Sinne halte ich einen kleinen bunten Wiesen-Strauß für Sie liebe Leserin, lieber Leser bereit. Als Geste der Dankbarkeit, dass Sie in herausfordernden Zeiten, an den Quellen des Glücks Interesse haben. Diesen überreiche ich Ihnen jetzt symbolisch. Die meisten kennen die moderne Variante eines Neubeginns, in Form des alltäglichen Computerneustarts, der »Reboot« oder »Restart« genannt wird. Wir tun dies, weil das System nicht reibungslos funktioniert. In aller Regel hilft das erneute Hochfahren. Dadurch läuft alles wieder wesentlich besser, wenigstens meistens. Gewiss steht uns selbst ebenso die Chance eines Neubeginns oder Neuanfangs zu! Was wäre, wenn wir denselben Vorgang in unser Leben übertragen? Frei nach dem bedeutenden Dichter und Denker Hermann Hesse. In seinem philosophischen Gedicht »Stufen« schrieb er einst: »Und jedem Anfang wohnt ein Zauber inne.«

Was macht ihn so einzigartig, diesen Anfang? Ist es seine frische, seine Unschuld, seine Klarheit? Oder ist es vor allem eines, werden wir bei einem Neubeginn gewahr, dass wir die Aussicht auf eine neue Chance haben. Um furchtlos und frohen Mutes, unbefangen neue Wege zu begehen. Genau betrachtet liegt sein Reiz gänzlich in seiner Freiheit.

Tatsächlich liegt eine enorme Kraft in einem Neustart! Es ist dieses Unbelastete, das uns frei entscheiden lässt, ohne von Vergangenem beeinflusst zu werden. Hermann Hesse wollte uns mit seinen Versen einen gewissen Optimismus vermitteln. Dass wir in unserem Leben jeden einzelnen Lebensabschnitt voller Zuversicht durchschreiten können. Was von uns zugleich ein gewisses Maß an Mut und Unerschrockenheit abverlangt. Er will uns damit auffordern, unser Leben selbst in die Hand zu nehmen. Aktiv zu sein, wissensdurstig auf neue Erfahrungen. Wir sollten uns nicht vor neuen Herausforderungen einschüchtern lassen oder sie scheuen. Zugegeben dies ist die Theorie, wie sieht es in der Praxis aus? Ist ein Neuanfang in einem real gelebten Leben überhaupt denkbar? Ich sage klar ja, oft ist er sogar unabdingbar. Mehr noch wir haben in jenen Momenten meist keine Wahl.

Wir alle kennen solche Neuanfänge. Sie sind, wenn wir es genau betrachten, sogar alltäglich. Wir nehmen sie gewöhnlich einfach nicht mehr als solche wahr. Das wäre ja hinderlich in unserem Alltag. Wir begreifen sie erst als solche, wenn es um die großen und wichtigen Themen in unserem Leben geht. Ich bin mir sicher, die meisten von uns haben sie mehrfach schon am eigenen Leib verspürt. Die vertrautesten Neuanfänge erleben wir nach Krankheit, Trennung, Scheidung oder nach dem Verlust des Jobs. Der härteste Neuanfang, den wir Menschen durchleben müssen, ist nach dem Verlust eines geliebten Menschen. Die Zeit danach ist fast immer eine große Herausforderung. Dieses sind schmerzliche Geschehnisse und tiefgreifende Prozesse, die wir da durchlaufen. Es sind Erfahrungen, die tiefe Spuren in unserer Seele hinterlassen. Danach einen Neuanfang zu wagen braucht Kraft, sehr viel Kraft. Dessen ungeachtet, wenn wir weiter Leben wollen, bleibt uns nichts anderes übrig. Immerhin haben wir fast immer die Wahl, in welcher Form wir dies tun. Eines sollten wir dabei nicht übersehen; wenn man während des Autofahrens, andauernd in den Rückspiegel schaut, fährt es sich mehr schlecht als recht nach vorne. Es erhöht die Gefahr eines Unfalls. Ein Neuanfang will deshalb nur gelingen, wenn wir die Vergangenheit hin und wieder ruhen- oder hinter uns lassen und wir beherzt nach vorne schauen.

Denselben Vorgang könnte ich aus anderer Perspektive beschreiben. Beispielshalber nach einer Scheidung. Es beginnt eine neue Liebe, nach einer Trennung. Sie treffen den Partner ihres Lebens, nach einer zermürbenden Ehe. Sie beginnen ihren Traumjob, mit freundlichen Kolleginnen und einer Sie fördernden Vorgesetzten, nach einer frustrierenden Entlassung. Es gibt viele Gründe, Positives im Neuen zu entdecken. Nicht zuletzt duftet es nach Beginn. Ein Duft, der an den Frühling erinnert.

Bei genauer Betrachtung sind wir damit vertraut. Tagtäglich stehen wir immer vor derselben Situation. Vor jeder Tätigkeit, vor jedem Gang aus dem Haus. Wir beginnen eine Arbeit, wir treten einen Weg an und sei er noch so klein. Jeder Weg fängt mit einem ersten Schritt an, in jene Richtung in die wir gehen wollen.

Exakt dasselbe tun wir bei unseren scheinbar, großen, Schritten. Einen ersten Schritt in ein neues Leben. An einen neuen Ort. In eine neue Wohnung. Einen neuen Arbeitsplatz. Eine neue Partnerschaft, Beziehung oder Ehe. Jede Freundschaft nimmt irgendwann ihren Anfang. Wenn wir diesen Beginn wieder zu dem herunterstufen, was er ist, ist es einfach ein erster Schritt ins Ungewohnte. Wenn wir dies beherzigen, geht es sich, dem Anschein nach, gleich etwas leichter. Es ist »nur« ein Schritt, dessen Auswirkungen wir meist erst später beurteilen können. Faktisch schreiten wir so Schritt für Schritt voran in unserem Leben, voran in uns unbekanntes Terrain. Dass es manchmal Angst macht, voranzuschreiten ins Ungewisse, gehört dazu. Aus diesem Grund sind wir vorsichtig genug, um uns nicht zu verlaufen oder gar beim Dahinschreiten zu stolpern und zu stürzen. Wichtig ist, im Grunde genommen nur sein Ziel zu kennen, aber auch nicht immer. Entscheidend ist sich zu fragen; wohin will ich gelangen auf meinem Weg. Doch selbst dies ist nicht immer erforderlich, denn das Leben soll ein stetiges Abenteuer bleiben dürfen. Selbst in unsrer Zeit, ich behaupte, gerade in der heutigen Zeit mit all ihren Krisen. Zudem geben Sie damit dem Universum, eventuell nennen Sie es lieber Zufall oder Fügung, eine Chance Sie mit seinen Inspirationen und Möglichkeiten zu überraschen. Ich möchte die Aufforderung, Ihr Leben zu leben, mit Hermann Hesse beenden, sein ganzer Satz lautet: »Und jedem Anfang wohnt ein Zauber inne, der uns beschützt und der uns hilft zu leben. «

In jeder Krise wirken diese Zeilen unendlich tröstend. Sie erzeugen Mut, mag ein Anfang noch so monumental sein. Was im Kleinen gilt, gilt mit Gewissheit für die ganze Welt und ihre Gesellschaften. Bemühen wir uns, den Zauber des Anfangs überall da zu entdecken, wo er uns dabei unterstützt, unser Leben wieder neu und lebenswerter zu gestalten.

Einen ersten Schritt zu wagen, worin auch immer, fällt uns wie erwähnt für gewöhnlich schwer, weil er uns Angst macht. Der Umstand das wir freie Entscheide treffen können, hilft uns dabei, uns anders zu entscheiden. Deshalb steht es uns frei, gleich mit dem zweiten Schritt zu beginnen. Was spricht dagegen? Dieser kleine, erlaubte Trick nimmt uns diese eine Hemmschwelle vor dem ersten Schritt, mit dieser Methode überlisten wir uns damit selbst und können getrost einen nächsten Schritt tun, es wäre dann bereits der Dritte.

Lassen Sie uns gemeinsam durch das Jahr flanieren, um gemächlich seine Jahreszeiten zu entdecken. Erleben wir das betörende Erwachen des Frühlingsrauschs. Lassen Sie uns die Schönheit des Sommerglücks genießen, um später einzutauchen, in die faszinierend bunte Welt des Herbstglühens. Das Jahr wird zu seinem Höhepunkt gekrönt durch den funkelnden und glitzernden Winterzauber.

»Und jedem Anfang wohnt ein Zauber inne,
der uns beschützt und der uns hilft, zu leben.«
Hermann Hesse (1877-1962)

Widmung

Heute ist er mein König.
Einst war er ein bezaubernder Prinz.
Seine Ländereien umgibt ein Meer aus Liebe.
Charme verleiht seinem Königreich den Glanz.
Seine Geduld ist sein Reichtum.
Der König herrscht mit seinem Zauber.
Seine Muse ist sein Kronjuwel.
Für den König lebe und schreibe ich.
In seinem Reich fühl ich mich königlich.
Mein König wird immer mein beseelter Prinz bleiben.

©Amadis Amarrés

QUELLEN DES GLÜCKS

Die Jahreszeiten

»Das Talent des Menschen hat seine Jahreszeiten
wie Blumen und Früchte.«
François de La Rochefoucauld (1613 - 1680)

Amadis Amarrés

Frühlingsrausch

Frühling

Le printemps

Primavera

En primavera

Spring

QUELLEN DES GLÜCKS

Das Buch

Amadis Amarrés

Darf ich mich vorstellen

Vor langer, langer Zeit gab es ein rätselhaftes und mystisches Buch. Das Buch besaß eine Besonderheit. Es verhalf den Menschen nicht selten zu mehr Freude im Leben. Einige führte es zuweilen zu neuem Glück. Es rankten immer wieder wundersame Geschichten um das Buch. Diese besagten fälschlicherweise, es beinhalte gewisse okkulte Kräfte und Geheimnisse. Eines Tages verschwand das Buch, einfach so. Kein Mensch wusste, wie es verschwunden war und schon gar nicht wohin. Es war für sehr lange Zeit verloren. Niemand ahnte, wo es zu suchen oder gar zu finden war. Eines Tages tauchte es, so wie es verschwunden war, urplötzlich wieder auf. So als wäre es nie weg gewesen. Gegenwärtig liegt es in Deinen Händen.

Es mag sein, dass ich manchmal ein klein wenig geheimnisvoll wirke. Dabei bin ich schlicht nur zauberhaft. Man sagt mir nach, dass ich eine gewisse Anziehungskraft auf Menschen ausübe. Mir ist rätselhaft aus welchem Grund. Womöglich weil ich alltägliche menschliche Botschaften beinhalte. Oft stelle ich die richtigen Fragen. Insbesondere jene, von denen Du glaubst, schon die Antworten darauf zu kennen. Ich lade Dich ein, auf eine märchenhafte Reise. Auf eine Wanderung, auf einen Weg, der Dich am Ende auf erstaunliche Weise zu Dir selbst führt. Nehmen wir an, ich bin ein unvergleichbares Buch. Weswegen? Weil ich Dein Buch bin.

Derzeit bin ich noch nicht vollendet. Dazu fehlen Deine Einträge darin. Nach und nach werde ich auf diese Weise Seite für Seite zu Deinem persönlichen Buch. Es ist meine Absicht, Dich zwischendurch in andere Welten zu entführen. Weg von all dem, was Dich vom Wesentlichen im Leben abhält, Dein Leben zu leben! Zuweilen wühlen wir gemeinsam im Garten Deines Lebens. Dies kann schon mal herzerschütternd sein, weil Erkenntnisse und Veränderungen manchmal schmerzvoll sind. Auch wenn sie zum Erquicklicheren oder Glücklicheren führen. Eines Tages erkennst Du, Du darfst all Deinen Schmerz loslassen. Erst dann hörst Du damit auf, immer nach etwas Besserem zu suchen. An jenem Tag, an dem Du gewahr wirst, dass Du das Kostbarste in Dir selbst findest. Manchmal ist der direkteste Weg zu sich selbst, eine Reise um den ganzen Globus.

Verhalte Dich wie eine Forscherin oder ein Archäologe und begib Dich auf die Suche. Um eines Tages zu entdecken, wie Du Dich aufs Neue in Dich und Dein Leben verliebst. Bei Deiner Schatzsuche bemühe ich mich, Dir ein getreuer Wegbegleiter zu sein. Ein Gehilfe, der Dich leitet, und unterstützt auf Deiner Entdeckungsreise. Deinen Schatz zu heben, ist dessen ungeachtet, Deine Aufgabe. Lass mich vom ersten bis zum letzten Kapitel Dein Kompass sein. Wenn Du bereit bist, starte gleich heute, mit einem einzigen kleinen Schritt, bis es Zeit wird, einen weiteren zu tun. Nach dieser Fasson begeben wir uns gemeinsam auf Wanderschaft. Eine Expedition, in der Du mit der Zeit verstehen wirst, jedes Unglück birgt den Samen neuen Glücks in sich. Bis Du für Dich zur Gewissheit gelangst ...

... ich will mit Liebe, Mut und Mitgefühl glücklich leben.

Amadis Amarrés

Empfehlungen & Hinweise

Die Themenbereiche
- Das Essay
- Die Schatztruhe
- Das Seelenatelier
- Das magische Buch
- Ergründen & Erproben
- Elfen, Hexen & Kobolde
- Der Experimentierkasten
- Lebenskraft & Lebenslust
- Blütenglück & Pflanzenzauber
- Liebesworte, Schwüre & Mätressen
- Expeditionen & Entdeckungsreisen
- L' Heure exquise - die zauberhafte Stunde
- Leidenschaftliche Worte & ihre Autorinnen

Das Buch enthält eine Vielzahl an Themen. Die Filfalt mag Sie vielleicht überraschen. Begeben Sie sich dessen ungeachtet auf eine bewegte Reise durch die bunte Palette, die das Leben für uns bereithält. Beschäftigen Sie sich mit Texten, Fragen, Vorschlägen und Ideen ganz nach dem Lustprinzip. Tun Sie, was Ihnen spass bereitet und was Sie begeistert. Wenn sie mögen, lesen Sie gezielt ein Kapitel am Ende des Buches. Lassen Sie sich auf die Themen ein wie ein Kind. Kinder haben eine natürliche Neugier und Freude am entdecken und erforschen. Schwelgen und verweilen Sie, weil Sie dazu Lust verspüren. Geschichten, die Sie im ersten Moment nicht ansprechen, könnten Sie dessen ungeachtet dennoch lesen und erkunden. Womöglich erhalten Sie eine neue Perspektive und machen damit eine neue Erfahrung. Wer weiß zu diesem Zeitpunkt schon, ob es nicht zur Entdeckung Ihres Lebens wird.

Bringen Sie sorgsam, Seite für Seite, Ordnung in Ihre Gedanken, Hoffnungen und Wünsche und somit neue Zuversicht und neues Glück in Ihr Leben. Schaffen Sie dafür genügend Raum und Zeit. Erzwingen Sie nichts, bleiben Sie dennoch offen und neugierig für Ungewohntes, Unbekanntes und Neues. Trennen Sie sich Schritt für Schritt von unnötigem Ballast. Sei es von Dingen, insbesondere von geistigem und emotionalem Ballast. All dies nimmt sinn- und nutzlos viel Platz in ihrem Leben ein. Raum der Freiräume für Neues schafft. Expeditionen & Entdeckungsreisen fordern Sie dazu auf, sich auf Schatzsuche zu begeben. In der »Schatztruhe« finden Sie reale Schätze. Es sind kleine gewiefte Kniffe und Rituale, die Ihnen in Momenten der Krise behilflich sein wollen. Sie bieten Erste Hilfe für die Seele. Die diversen Themen sind in sogenannte Etappen aufgeteilt. Auf Ihrer Schatzkarte werden Sie rasch fündig, zu welchem Thema Sie Hilfe erhalten. Belassen Sie alles in Ihrem Leben, was sie glücklich macht und in Ihnen Gefühle des Wohlgefallens auslöst. Lassen Sie hingegen alles los, was sie bremst, behindert, bedrückt oder erdrückt. Eines ist dabei mit Sicherheit hilfreich, seien Sie nicht zu streng mit sich selbst! Sie müssen nicht perfekt sein, das schafft niemand, auch Sie nicht. Richtig gut zu sein ist völlig ausreichend. Diese Erkenntnis wird in Ihnen und um Sie herum viel verändern. Zum Buch finden Sie entsprechende Musik und Playlists auf Spotify. Ausführliches zu dem Thema und zu den einzelnen Playlists finden Sie später. Manches Zitat oder Gedicht ist Ihnen gelegentlich schon begegnet und somit bekannt. Nehmen Sie sich gleichwohl die Zeit und lesen Sie es, als würden Sie es zum ersten Mal entdecken. Letztlich seien und bleiben Sie offen für neues Glück, die Liebe und für Mitgefühl, nur Mut!

Amadis Amarrés

Das magische Buch möge auf wertvolle Weise,
Dich leiten und Dir ein Kompass sein.

QUELLEN DES GLÜCKS

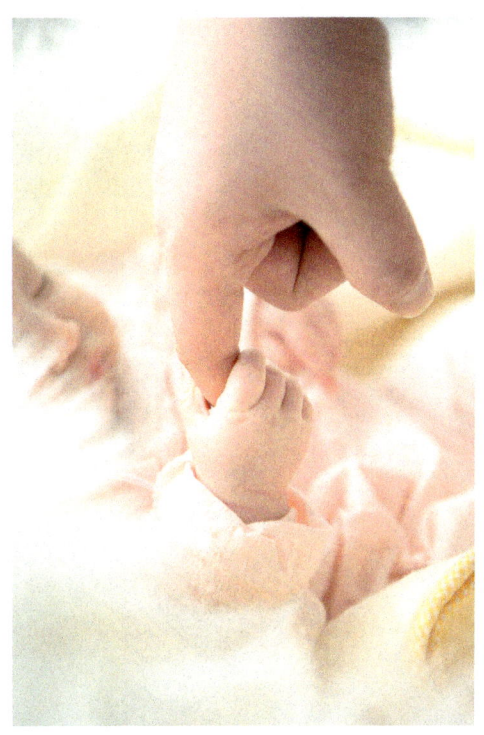

*»Liebe ist nur ein Wort,
bis ihm jemand Gehalt schenkt.«*

©Amadis Amarrés

Amadis Amarrés

Ein Buch geschrieben, um Herzen zu gewinnen

Manchmal ist es unendlich schwer, die einfachsten Dinge des Lebens zu erfassen. Zudem verstreicht oft jede Menge Zeit, um sie letzten Endes zu verstehen. Bis zu jenem Augenblick, in dem wir einem Menschen, jener Musik, dem einen Bild begegnen oder die eine Situation erleben, die uns die Augen für das Wesentliche öffnet. Wir beide wissen zu diesem Zeitpunkt nicht, ob ich dies in irgendeiner Weise für Dich sein kann. Deshalb bitte ich Dich, lass mich bis zum Ende dieses Buches Dein Begleiter sein. Weshalb? Um Dich hin und wieder zu inspirieren, wo Du womöglich fündig wirst, bis eines Tages der Augenblick gekommen ist.

Ich bin mit Liebe und Leidenschaft geschaffen worden. Verschlinge mich daher nicht wie eine Tüte Popcorn. Genieße und verkoste mich vielmehr wie einen reifen alten Wein. Lass das Erfahrene peu à peu auf Dich wirken. In der Zwischenzeit geh weiter Deinen Lebensweg. Es ist denkbar, dass frische Erkenntnisse Dein Leben und damit Dich, zwischenzeitlich etwas durcheinanderwirbeln, dann soll es so sein. Verzage in jenen Momenten nicht, sondern hab Geduld mit Dir. Lese weiter, wenn Du wieder dazu bereit bist. Lass mich in der Zwischenzeit auf Deinem Nachttisch liegen. Wende Dich getrost anderem zu. Zu einem späteren Zeitpunkt treffen wir uns wieder. Vielleicht hast Du nur aus dem Auge verloren, wo Du anfänglich hingehen wolltest, als Du mich das letzte Mal geschlossen hast. Aus diesem Grund bin ich in diesem Moment wieder für Dich da. Gemeinsam versuchen wir dann einen nächsten Schritt. Lass jede neue Erkenntnis, wie eine köstliche Praline auf der Zunge zergehen. Versuche, neu entdecktes oder Neues in Deinem Leben zu verwirklichen. Erlebe und erfahre Erfolgserlebnisse und erfreue Dich daran. Lass Dich von kleinen Misserfolgen und Rückschlägen nicht aufhalten. Sie gehören dazu, sie sind ein Bestandteil Deines Weges. Lass Dich von Biografien, Worten, Märchen, Gedichten, Briefen und Ideen inspirieren und verlocken. Es ist meine Absicht, Deine Sinne zu stimulieren, sie neu zu schärfen. Aus einem einzigen Grund, um Dich dazu zu ermutigen, mit frischen Ideen und Gedanken zu spielen und zu experimentieren. Tue dies wann und wie es Dir beliebt. Es ist Dir überlassen, in welcher Intensität Du dies tust. Du bist die Wanderin, der Wanderer Deines Lebens, Du wählst das Schritttempo, Du gehst Deinen eigenen Weg! Nimm dabei so viel mit, wie Du tragen kannst und was für Dich stimmig ist. Ich Dein Buch, halte für Dich Wanderkarten und den einen oder andern Wegweiser bereit. Als Reisebegleiter ziele ich es darauf ab, Dir neue ungewohnte, verborgene Pfade, in Dir unbekannte Richtungen zu zeigen. Es geht darum mit Dir gemeinsam, andere faszinierende Orte zu erkunden. So dass Du neue Aussichten und Perspektiven erhältst. Du allein entscheidest, ob Du die alten ausgetretenen Wege beschwerlich weiter gehst. Oder ob Du Dich dazu entscheidest, den neu entdeckten Pfaden entlang zu flanieren. Im besten Fall in ein verändertes, begehrenswerteres, glücklicheres Dasein. Ich bin geschrieben worden, um Liebe zu schenken. Ich bin geschrieben worden, um Mut zu erschaffen. Ich bin geschrieben worden, um Mitgefühl zu entfachen. Ich bin geschrieben worden, um Herzen zu gewinnen. Lass uns gemeinsam einen ersten Schritt gehen, lass uns loslegen, nur Mut, Dein Buch!

»Flüsse sind Wege, die wandern,
und uns dahin bringen, wohin wir wollen.«

Blaise Pascal (1623 -1662)

QUELLEN DES GLÜCKS

»Ausnahmen sind nicht immer Bestätigung der alten Regel:
sie können auch die Vorboten einer neuen Regel sein.«
Marie von Ebner-Eschenbach (1830 - 1916)

Freifrau Marie Ebner von Eschenbach mit ihrem Ehemann 1865

Das Seelenatelier

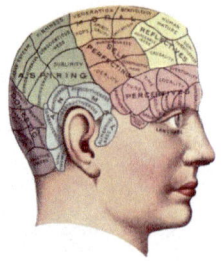

Beginnen wir mit dem zentralen Punkt unseres Lebens, unserem Körper und unserer Gesundheit. Wie wir wissen, bilden Körper, Geist und Seele eine Einheit. Befinden sich alle drei im Gleichgewicht, sind wir in aller Regel gesund. Wir fühlen uns wohl, belastbar und ausgeglichen. Bedrücken uns hingegen seelische Bitterkeiten, können wir dies meist eine gewisse Zeit händeln. Häufig ignorieren oder verdrängen wir jedoch diesen Umstand. Dauert dieser Zustand allerdings zu lange, gerät jener Dreiklang aus dem Gleichgewicht. Sind die Umstände dazu zu intensiv oder haben sie traumatische Qualität, ist Vorsicht geboten. Dauern belastende Situationen, aus welchen Gründen auch immer, über Monate oder länger an, dann wird es häufig kritisch mit unserer Gesundheit und ihrer Balance. Aus all diesen Gründen, aber vor allem zur Prävention, beschäftigen wir uns im Seelenatelier jeweils mit dieser Thematik. Es ist in jenen Stationen des Lebens angezeigt sich die Frage zu stellen: Bleibe ich meiner Seele wirklich treu? Lautet die Antwort klar »Nein«, ist die Bürde, die unsere Seele schwer macht, nicht länger hinnehmbar. Aus vielen Beratungsgesprächen komme ich zum Schluss: Der Beginn beinahe jeder Krankheit, Unfälle oder ähnliche Ereignisse einmal ausgenommen, nehmen ihren Anfang in unserer Seele. Ausgerechnet an jenem Ort der nicht Sicht- nicht greifbar ist.

Weshalb ist es von essenzieller Bedeutung sich über unseren seelischen Zustand Gedanken zu machen? Denn, wenn wir ehrlich sind, beschäftigen wir uns lieber mit anderem, als uns um unseren Seelenschmerz zu kümmern. Erschwerend kommt die rückständige Haltung gegenüber dem Thema in Teilen der Gesellschaft hinzu.

Emotionale Schmerzen sind wie ihr Name besagt, eine Schmerzform und somit ein Signal, das wir zur Kenntnis nehmen sollten. Seelischer Schmerz deutet darauf hin, dass etwas in unserem Umfeld oder mit unseren Gefühlen nicht in der Balance ist. Er fordert uns dazu auf, zu handeln. Seelischer Schmerz kann über Jahre anhalten und noch Jahre später genauso schmerzhaft sein, wie in den auslösenden Momenten. In manchen Fällen verstärkt er sich mit der Zeit zusätzlich. Allein schon dieser Umstand ist für uns mitunter nur schwer nachvollziehbar. Hinzu kommt, dass seelische Erkrankungen schwerer zu heilen sind, wie etwa ein einfacher Knochenbruch. Zudem benötigt dieser Heilungsprozess viel Geduld und noch mehr Zeit. Gleichwohl sind emotionale Probleme meist ein Angebot, uns und unser Seelenleben genauer zu bewerten. Dabei empfiehlt es sich, dass es zeitweise sinnvoll ist, von seinem Weg abzukommen, um nicht auf der Strecke zu bleiben.

Weshalb gehen wir mit unserer Seele eigentlich anders um, als mit dem Rest unseres Körpers. Zumal die Seele ein wesentlicher, wenn auch unsichtbarer Teil dessen ist. Nur weil wir die Seele nicht sehen, röntgen oder mit dem Ultraschall aufspüren können, bedeutet dies nicht das sie nicht existent ist. Oder haben Sie schon einmal die Liebe gesehen? Dennoch wissen sie, spätestens wenn sie Schmetterlinge im Bauch empfinden, dass die Liebe lebt. Wenn es an irgendeiner Stelle im Körper schmerzt, rennen wir sofort zum Arzt, um eine Diagnose zu erhalten. Leider funktioniert Seelenschmerz anders, sodass wir ihn bequem übergehen können, allerdings nicht folgenlos.

Selbst diesen ignorieren nicht wenige. Sie machen einfach weiter, als wäre da nichts. Wenig später reiben sie sich verwundert die Augen, wenn sie sich mit einem Mal inmitten eines Burn-outs oder in einer Depression wieder finden. Unerledigter Schmerz wird beinahe immer die Seele mit der Zeit stören, sie derangieren und verunsichern. Bei traumatischen Erlebnissen wird unsere Seele nahezu zertrümmert. Allein dieser Umstand beeinträchtigt unsere Zukunft nachhaltig. Mehr noch, seelischer Schmerz kann eines fernen Tages auch unsere Physis schädigen. Dies sind oft die Auslöser für ernsthafte Krankheiten. Wachsam zu bleiben gilt es in jeglichen Situationen, insbesondere bei der Arbeit, in Partnerschaften, Ehen und Freundschaften. Kümmern Sie sich um sich selbst und Ihre Mitmenschen. Oft widerspiegeln Augen mehr als tausend Worte, letztlich sind die Augen das Fenster zur Seele.

Zu Erschöpfungen, Burnouts und Depressionen muss es nicht kommen. Deshalb wird es höchste Zeit, dass Sie sich wieder neu entdecken, wer sie wirklich sind. Sich selbst neu zu entdecken, kann eine der erstaunlichsten Erfahrungen sein im Leben. Meistens sind diese lebensverändernd. Sie werden sehen, hier und da eine kleine Korrektur und es lebt sich gleich leichter. Es ist wie gesunde Ernährung, gesunde Nahrung für die Seele, professionell wird es Seelenhygiene genannt. Es ist Vorsorge in kleinen winzigen Schritten, mit riesigem Effekt, Sie werden überrascht sein von den Resultaten. Und weshalb der ganze Aufwand, in erster Linie, um gesund zu bleiben. Doch es geht um so viel mehr. Wir hören immer: »schließlich lebt man nur einmal«. Doch das trifft nicht die ganze Wahrheit. Tatsache ist, wir sterben nur einmal, aber wir leben jeden einzelnen Tag neu. Im Seelenatelier regnet es immer wieder Leichtigkeit, deshalb lohnt der Aufwand. Beginnen wir mit einem diffizilen, aber wesentlichen Thema im Leben, in einer Freundschaft, Partnerschaft und Beziehungen jeglicher Art, ist es der Schlüssel zu allem, das Vertrauen.

»Nicht der Arzt heilt, sondern die Natur: der Arzt kann nur ihr getreuer Diener und Helfer sein, er wird von ihr, niemals aber die Natur von ihm lernen.«
Hippokrates von Kos (460 - etwa 377 v. Chr.)

Das Seelenatelier

Vertrauen

»Vertrauen ist eine Blume, die man zart behandeln muss.«
Anna Ritter (1865 - 1921)

Jemandem zu vertrauen bedeutet, dass man glaubt, dass die Person ehrlich, zuverlässig und loyal ist. Es beinhaltet auch, dass man sich dabei sicher fühlt, persönliche Informationen oder Geheimnisse mit dieser Person zu teilen. Vertrauen beinhaltet deshalb auch, dass man darauf vertraut, dass die Person in bestimmten Situationen die für uns richtigen Entscheidungen trifft. Schlicht uns mit diesen Entscheidungen nicht schadet. Wie sieht es aber mit dem Vertrauen zu sich selbst aus, dem Selbstvertrauen? Vertrauen Sie sich selbst und Ihren Gefühlen, denn wer sich und seinen Gefühlen vertraut braucht keine Kontrolle. Wir alle haben und kennen sie, Freunde, die sich und ihr Leben und alles, was sie umtreibt für so entsetzlich wichtig halten. Sie leben frei nach ihrem selbst gewählten Grundsatz: Je beschäftigter ich bin, umso wichtiger bin ich. Wenn man genauer hinschaut, herrscht oft das pure Gegenteil.

Amadis Amarrés

Zäumen wir das Pferd aber von hinten auf. Es wurde mir einmal offen gesagt: »Wir sind schließlich keine Freunde!« Diese Aussage hat mich zunächst zutiefst getroffen und gekränkt. Mit der Zeit dämmerte es mir, es war bloß ehrlich. Die Äußerung hat mich zu den folgenden Überlegungen angeregt. Heutzutage gehen wir meist leichtfertig mit dem Begriff Freunde und Freundschaft um. Dies nicht zuletzt, weil wir es aus den sozialen Medien mit dem Begriff »Freunde« gewohnt sind lax umzugehen. Dort gehört es zum System möglichst viele »Freunde« zu gewinnen. Ein Begriff, der eigentlich nur für die Beliebtheit steht. Interessanterweise unterscheiden wir im echten Leben, dennoch genau zwischen solchen Freundschaften und wirklichen Freunden. Allerdings möchte ich erwähnen, dass ich mich hinterher an jene Aussage erinnerte. In einem späteren Brief waren wir bei einem Anliegen an mich, wider Erwarten gleichwohl wieder Freunde. Im Umgang mit der Person habe ich mich dementsprechend an erstere Aussage gehalten. Ab diesem Zeitpunkt waren wir also nur Bekannte und das Anliegen blieb nur ein Wunsch.

Es gibt diese gut klingenden und wohlgemeinten Sprüche, die meist mit netten Bildern unterlegt sind: »Lerne jeden Tag einen neuen Menschen kennen, und mache ihn zu deinem Freund.«

Würden wir diesem Gedanken tatsächlich nachkommen, würde mit der Zeit die Zahl der Freunde inflationär in solchem Ausmaß zunehmen, wie in den sozialen Medien. Nun gut, wenn Ihnen geheuchelte Beliebtheit etwas bedeutet, sollten Sie diesen Spruch befolgen. Seien wir erneut ehrlich: Wollen wir wirklich jede freie Minute mit unseren sogenannten »Freunden« verbringen? Mit ihnen essen gehen, Partys feiern, ins Kino, mit ihnen verreisen, sie im Krankenhaus besuchen, sie trösten nach gescheiterten Lieben, sie aufbauen nach verpatzten Prüfungen. Für jeden Menschen ein zu viel des Guten! Da wahre Freundschaft bedeutet Verantwortung zu übernehmen, wäre es schlicht nicht zu bewältigen! Sie hätten kaum eine Verschnaufpause. Hinzu kommen noch die guten alten Freunde, die bestimmt nicht vernachlässigt werden wollen. Wir würden es kein Jahr auf die Weise aushalten. Wir würden vom Aufwand der Freundschaftspflege verschlungen. Für uns selbst und unser tägliches

Leben bliebe nur ein kümmerlicher Rest übrig. Die viel zitierte »Work-Life-Balance« würde ganz schön aus dem Gleichgewicht geraten. Gewiss, dies ist der beste Weg, wenn wir uns bewusst oder unbewusst mit uns selbst und unserem Leben und den eigenen Gefühlen so gut wie gar nicht beschäftigen wollen. Dieser Gedanke allein wäre schon alarmierend!

Setzen wir dem, zum eigenen Vergnügen, einen anderen Spruch entgegen: »Es ist zuträglicher zehn entbehrliche Freunde loszulassen, bevor man einen Neuen erlangt.« Solche Gedanken gelten allgemein als eher anstößig. Ich behaupte die hehre Freundschaft, ist genauso eine Seltenheit, wie die große reine Liebe! Weshalb machen wir uns da alle etwas vor? Ganz einfach, weil es sehr beruhigend und sehr schön ist, so etwas zu glauben, es ist aber zugleich auch etwas arglos. Allemal es gibt sie, die große Liebe, folgerichtig gibt es auch die Freundschaften, die nichts auseinanderdividiert. Nüchtern betrachtet sind diese so selten zu finden, wie Gold oder Diamanten und mindestens so wertvoll. Dann gibt es noch die Halbedelsteine und der Rest ist Tand.

Es gibt sie auch heute, wie es sie immer und zu allen Zeiten gegeben hat. Freunde, mit denen wir all das Unternehmen und Teilen können was uns wichtig ist. Bloß, es sind nicht so viele, wie wir es manchmal gerne glauben möchten. Zwischendurch sei die Überlegung erlaubt, was bringt mir welche Freundschaft, ohne gleich als Egoist abgestempelt zu werden. Im Gegenteil, wir sind gehalten in der Wahl unserer Besten oder guten Freunde viel egoistischer zu entscheiden. Freunde, die uns regelmäßig mit irgendwelchen Forderungen, Wünschen, Ermahnungen und vermeintlich gut gemeinten Ratschlägen umlagern, gehören entfernt! Einzig und allein, um mehr Freiheit und mehr Freizeit zu gewinnen. Um im Endeffekt mehr Zeit mit echten Freunden zu verbringen.

Manche Aussagen von Freunden sind unbestritten übergriffig, manche haben annähernd erpresserische Qualitäten. Was oft zum Ergebnis führt, das in manche Freundschaft zu viel investiert wird. Kennen Sie solche Telefonate, in denen zu Beginn flüchtig nach Ihrem Befinden gefragt wird, während das Gegenüber Ihre Antwort nicht abwartet. Warum auch, es ist nicht von Interesse. Denn längst mündet alles in einen Schwall von lamentieren, jammern und Klagen. Dies manches Mal über Stunden. Alles endet in einem dramatisch inszenierten Beinahe-Zusammenbruch. Zum Ende gibt es wie gewohnt eine Ansage, ob Sie sich an der nächsten Party beim Buffet beteiligen. Mit der gewinnenden Begründung; »Deine Quiche ist immer eine Wucht!« Mit einem Mal ist das Gespräch auch beendet, weil Ihre Freundin sich in fünfzehn Minuten mit ihrem neuen, wahnsinnig gut aussehenden Lover trifft. Beenden wir das Elend, sie wissen längst, worum es geht. Es ist verständlich, dass vorherige Überlegungen und Argumente, bei dieser Art Freundinnen keinen Anklang finden. In der Tat tauchen bei echten Freundschaften solche Fragen gar nicht erst auf! Für echte Freundschaft oder Liebe ist selbstredend, ein einziges Kriterium wichtig, Vertrauen! Vertrauen ist dazu die absolute Basis. Mehr ist nicht notwendig, denn jemanden Vertrauen zu können ist alles, was zählt.

Wenn Sie folglich nach der großen Liebe suchen, dann halten Sie sich nicht damit auf, zu suchen. Meist suchen wir eh vergebens, gerade weil wir suchen. Das Geheimnis dabei ist dessen ungeachtet zu finden. Vertrauen Sie lieber Ihrem Herzen und verändern Sie Ihre Taktik. Leben Sie einfach ihr Leben, wenn der Zeitpunkt für die Liebe gekommen ist, findet die Liebe Sie. Um zum Punkt zu kommen, wenn wir unseren Gefühlen wirklich vertrauen, dann werden echte Freunde in unserem Leben auftauchen. Die falschen Freunde verschwinden, wie sie gekommen sind. Echte verlässliche Freunde erscheinen am Wegesrand und wandern mit uns gemeinsam den Weg durchs Leben. Irgendwann eines schönen Tages wird auch die wahre Liebe auf jenem Weg in Erscheinung treten. Sie taucht zu dem Zeitpunkt auf, an dem wir unseren Gefühlen vertrauen. Exakt dann ist der Zeitpunkt für die große Liebe gekommen, vertrauen Sie sich.

»Vertrauen ist Mut, und Treue ist Kraft.«
Marie von Ebner-Eschenbach (1830 - 1916)

QUELLEN DES GLÜCKS

»Liebe ist ein Magier, ein Zauberer, der wertlose Dinge in Freude verwandelt und aus gewöhnlichen Sterblichen wahre Könige und Königinnen macht.«
Friedrich Wilhelm der Große (1620-1688)

Liebesworte, Schwüre & Mätressen

Es sind innigste Gefühle, Zeilen und Worte die uns an dieser Stelle jeweils begegnen. Lassen Sie sich entführen, in die Welt der Liebesbriefe. Beinahe alle Berühmtheiten haben welche verfasst. Johnny Cash, Queen Victoria, Goethe, die Callas, Napoleon und eine Ordensfrau. Aus ihren Federn spricht vorwiegend immer das eine, Liebe. Wer liebt will dies seiner Geliebten, seinem Geliebten mitteilen. Verliebte versuchen ihre Gefühle in Worte zu fassen. Die Verfasserinnen offenbaren in ihren Briefen ihre Kümmernis, ihr Beben und Erwarten. Ihre leidenschaftlich verfassten Briefe sind impulsiv, überschwänglich, stürmisch, übermütig und brünstig. Oft entblößen solche Briefe ihre Verfasserinnen, sie machen sie sehr menschlich. Liebesbriefe sind schlicht entlarvend. Viele waren niemals für unsere Augen bestimmt. Einige Briefe sind mit solch leidenschaftlichem Hass und einer Verachtung geschrieben, dass sie unübersehbar nur eines offenbaren, überschwängliche Liebe. Es zaubert uns ein Lächeln ins Gesicht, wenn manche von ihnen wie besessen ihre Liebe einfordern. Als wäre dies jemals möglich. Eines kann man mit Fug und Recht behaupten, sie kommen einer großen Persönlichkeit in einem Liebesbrief, selten so nah. Es gibt kaum etwas Intimeres als einen Liebesbrief. Tauchen Sie ein in die Welt der Liebesbriefe, diese Briefe werden Sie binnen kurzem umstricken, bezirzen und verzaubern. Möglicherweise inspirieren diese Briefe Sie dazu, selbst welche zu verfassen, nur Mut!

Kaiserin, Königin und Geliebte

Eine gesamte Epoche trägt ihren Namen. Sie war Kaiserin von Indien und britische Monarchin. Ihre Regentschaft dauerte 63 Jahre. Unter ihrer Herrschaft erlebte Großbritannien den Höhepunkt seiner Machtstellung. Victoria regierte das britische Empire. Es wurde unbescheiden auch als britisches Weltreich bezeichnet. Victorias Epoche steht für Kolonialismus und für eine prüde, heuchlerische Sexualmoral. Zeitweise bezeichneten sie Fürstenhäuser, als »Großmutter Europas«, wegen ihrer zahlreichen Enkel. Nach ihr ist der größte See Afrikas, der Victoriasee benannt. Als der Afrikareisende David Livingstone als erster Europäer die Wasserfälle des Sambesi mit eigenen Augen sah, nannte er sie zu Ehren der damaligen britischen Königin, Victoriafälle. Nach ihr ist vor allem die Blütezeit des englischen Bürgertums im 19. Jahrhundert benannt, das »Viktorianische Zeitalter.« Victoria war die Ur-Ur-Ur-Großmutter von Queen Elisabeth II., der verstorbenen Königin des Vereinigten Königreichs Großbritannien.

Bisweilen flattern auch königliche Herzen, wenn sie verliebt sind. Dies belegen Briefe an ihren Geliebten, den deutschen Prinzen Albert von Sachsen-Coburg und seiner Cousine Victoria, der Königin von Großbritannien. Die Liebe der beiden bilden eine Ausnahme in den vielen Ehen, die aus dynastischen Gründen geschlossen werden. Victoria und Albert treffen sich am 10. Oktober 1839 zum ersten Mal. Prinz Albert ist damals zu Besuch im britischen Königreich. Obwohl familiäre Bande bestanden, sie waren letztlich Cousin und Cousine, verlieben sie sich. Wie unlängst veröffentlichte Liebesbriefe belegen, waren Albert und Victoria einander leidenschaftlich zugewandt. Es war der Beginn einer der schönsten königlichen Liebesgeschichten des romantischen Zeitalters. Albert der Mann an Queen Victorias Seite, wurde innig von ihr geliebt. Die britische »Daily Mail« und »The Sun« veröffentlichen bisher unbekannte Schriftstücke, die dies eindrücklich belegen.

»Wie kommt es, dass ich so viel Liebe, so viel Zuneigung verdient habe? Ich kann mich nicht an die Realität von allem gewöhnen, was ich sehe und höre, und muss glauben, dass der Himmel mir einen Engel geschickt hat, dessen Glanz mein Leben erleuchten wird.«

Diese Zeilen schrieb ein schwer verliebter Albert an seine Angebetete Königin. Victoria und Albert galten als erstes Traumpaar der britischen Monarchie. Damals wurde der deutsche Prinzgemahl zunächst misstrauisch und mit Argusaugen bei Hofe beobachtet. Die Geschichte sollte sich in ähnlicher Weise, mit dem verstorbenen Gatten von Queen Elisabeth

II. und Prinz Philipp wiederholen. In der Tat gelingt es Albert, die Herzen und Köpfe der Briten im Handumdrehen zu erobern. Albert bringt 1851 unter anderem die erste Weltausstellung nach London. Zudem engagiert er sich für den englischen Gartenbau und er fördert die Landwirtschaft. Er ist außerdem begeisterter Kunstliebhaber und interessiert sich ausgesprochen für Architektur. Königin Viktoria schreibt einen Tag vor ihrer Verlobung, am 15. Oktober 1839, an Albert folgende Zeilen: »Lieber Albert, kannst du für einen Moment allein zu mir kommen? Deine hingebungsvolle Victoria.«

Albert schreibt noch an jenem 15. Oktober an Victoria zurück:

»Meine liebste, geliebte Victoria.
Ich bin so berührt von dem Vertrauensbeweis, den Sie mir in Ihren Briefen geben, und von der so liebevollen Haltung, die Sie mir darin zum Ausdruck bringen, dass ich Ihnen kaum antworten kann. Wie habe ich mir so viel Liebe und so viel warmherzige Güte verdient?
Ich kann mich noch immer nicht an die Wahrheit von allem, was ich sehe und höre, gewöhnen und kann nur glauben, dass der Himmel mir einen Engel herabgesandt hat, dessen Glanz mein Leben erhellen soll. Möge es mir gelingen, Sie ganz glücklich zu machen, so glücklich, wie Sie es verdienen!!
Mit Leib und Seele bleibe ich für immer Dein Sklave
Dein ergebener Albert«

Damit begründete die Ehe von Victoria und Albert die deutschen Wurzeln des britischen Königshauses. Die Familie trug bis 1917 offiziell den Namen Sachsen-Coburg und Gotha. Aus politischen Gründen wurde der Name im Ersten Weltkrieg in Windsor geändert. Heute steht im fränkischen Coburg, Prinz Andreas dem Stammhaus vor, er ist wie Queen Elizabeth II., ein Ur-Ur-Ur-Enkel von Victoria und Albert.

Amadis Amarrés

Das Brautkleid Königin Viktorias war schlicht gehalten. Es war ein elfenbeinfarbenes Satinkleid. Das Hochzeitskleid wurde aus einem in Spitalfields im Osten Londons gewebten Stoff angefertigt. Es besaß einen tiefen Volant mit Einsätzen aus Spitze. Diese wurde in Honiton and Beer in Devon handgefertigt. Dies, um die englische Industrie zu unterstützen. Die Spitzenmotive wurden auf maschinell hergestelltes Baumwollnetz appliziert. Das Kleid war mit orangefarbenen Blüten verziert, ein Symbol der Fruchtbarkeit. Blüten schmückten auch Victorias Kranz, den sie anstatt einer Tiara über dem Schleier trug. Der Schleier selbst war vier Meter lang und 75cm breit. Sie trug dazu Diamantohrringe und eine Halskette sowie eine Saphirbrosche, die ihr Albert geschenkt hatte. Ihr Kleid hatte eine 5,5 Meter lange Schleppe und wurde von Brautjungfern getragen. Victoria beschrieb in ihrem Tagebuch ihre Kleiderwahl so:

»Ich trug ein weißes Satinkleid mit einem tiefen Volant aus Honiton-Spitze, eine Imitation eines alten Designs. Meine Juwelen waren meine türkische Diamantkette und Ohrringe und die wunderschöne Saphirbrosche des lieben Albert.«

Am Abend nach ihrer Hochzeit, Victoria verbringt diesen mit Kopfschmerzen im Bett, schreibt sie freudetrunken in ihr Tagebuch: »So einen Abend habe ich nie, nie verbracht!!! Mein liebster, liebster, lieber Albert... seine übermäßige Liebe und Zuneigung gaben mir Gefühle von himmlischer Liebe und Glück, die ich nie zuvor gehofft hätte! Er nahm mich in die Arme und wir küssten uns immer wieder! Seine Schönheit, seine Süße und Sanftmut – wirklich wie kann ich jemals dankbar genug sein, einen solchen Ehemann zu haben! ... bei Namen der Zärtlichkeit genannt zu werden, habe ich noch nie an mich gewöhnt – war unglaublich! Oh! Dies war der glücklichste Tag meines Lebens!«

Ihr gemeinsames Glück währte nicht allzu lange. Prinz Albert stirbt am 14. Dezember 1861 im Alter von nur 42 Jahren, nach 22 Jahren Ehe. Als offizielle Todesursache wird Typhus genannt. Nach neueren Annahmen geht man aber davon aus, dass Albert vermutlich an Magenkrebs oder Morbus Crohn litt *(chronisch entzündliche Darmerkrankung)*. Da Albert lange vor seinem Tod immer öfter an chronischen Magenkrämpfen litt. Der Tod ihres Gatten stürzte Königin Victoria in gänzliche Verzweiflung. Dies brachte sie in etlichen Briefen an ihren Onkel, den belgischen König Leopold I. zum Ausdruck. Viktoria schrieb eine Woche nach Alberts

Tod an ihren Onkel: »Mein Leben als glücklicher Mensch ist zu Ende! Die Welt ist für mich zu Ende! Wenn ich doch weiterleben muss, so ist es um unserer vaterlosen Kinder Willen… Sein Edelmut war zu groß, sein Streben zu hoch für diese elende Welt! Sein Geist lebt nun in der Welt, die er verdient!«

Victorias Trauer nahm nachweislich seltsame Formen an. So blieb Alberts Schlafzimmer über Jahrzehnte unverändert. Die Dienerschaft erhielt des Weiteren die Anweisung, jeden Abend warmes Wasser in sein Zimmer zu stellen. Das Bettzeug wurde regelmäßig gewechselt. Zudem gibt Queen Viktoria ferner ein beachtliches Mausoleum in Auftrag. Es wurde bei Schloss Windsor in Frogmore errichtet. In einem Brief, den Victoria fünfzehn Monate nach Alberts Tod, im März 1863 an ihren damals 82-jährigen Vertrauten schreibt, er hatte gerade seine Ehefrau verloren, äußert sie folgende Gedanken: Dass sie sich ebenfalls einen frühen Tod wünsche, um wieder bei ihrem Gatten zu sein. Sie könne »nur hoffen, niemals bis ins hohe Alter zu leben«, weiter schreibt die Königin, stattdessen möge es ihr »vergönnt sein, wieder auf ihren geliebten großartigen und ergebenen Gatten zu treffen, bevor viele Jahre vergehen.«

Auch über Königinnen regiert das Leben, dieses hatte andere Pläne mit ihr. Queen Viktoria war ein langes Leben vergönnt, sie stirbt nach mehr als 63 Jahren Regentschaft. Victoria schließt ihre Augen im Alter von 81 Jahren, am 22. Januar 1901 in den Armen ihres Enkels Wilhelm II. und ihres Sohnes Albert Eduard. Victoria wird erst vier Jahrzehnte später neben ihrem Albert zur Ruhe gebettet. Endlich ist Victoria wieder mit der Liebe ihres Lebens, ihrem Albert vereint.

»Liebe ist ewige Gegenwart. Niemand ist fort, den man liebt.«
Stefan Zweig (1881 - 1942)

Amadis Amarrés

Expeditionen & Entdeckungsreisen

*»Zum Lieben-Lernen gehören auch viele Expeditionen
ins Reich unserer Sinne.«*

© Ernst Ferstl (*1955)

Lassen Sie uns in den Artikeln »Expeditionen & Entdeckungsreisen« gemeinsam zu neuen Abenteuern aufbrechen. Es sind Forschungsreisen in entlegene Regionen. In Landschaften die einen besonderen Zauber auf uns ausüben. Wir betrachten und untersuchen Naturerscheinungen, die Sie faszinieren werden. Wir schauen zum Himmel, genauer in den Weltraum und betrachten, was wir mit bloßem Auge sehen und erkennen. Wir ziehen in entlegene Wüsten, wo wir fantastisches antreffen. Meteore, die auf unserem Planeten tiefe, unübersehbare Spuren hinterlassen haben. Dabei erfahren wir ihre faszinierenden Geschichten. Wir tauchen ab ins Meer, in immense Tiefen, dies ganz ohne Sauerstoffflaschen. Um hierauf in imposante Wälder einzutauchen, um festzustellen, wie winzig wir Menschen sind. Seien Sie gespannt auf Einblicke und Erlebnisse voller Abenteuer. Ich habe mir erlaubt, ihre Flugtickets schon vorweg zu buchen, klimaneutral und ohne die Strapazen der Holzklasse. Sind Sie dabei? Auf gehts, nur Mut!

Einen Stein beiseite räumen

Ein Vorschlag, was wäre, wenn Sie sich hin und wieder einfach einen Stein auf Ihrem Weg beiseite räumen. Hierdurch machen Sie sich den Weg frei für neues Glück. Damit Sie verstehen, wie es gemeint ist, reisen wir auf einer legendären Straße zu einer außergewöhnlichen Wasserscheide. Wasserscheiden sind unscheinbare Orte, mit großer Auswirkung. Es gibt sie überall auf der Welt. Der lateinische Begriff für die Naturerscheinung ist, »Divortium aquarum.« Uns sind die Wasserscheiden der hier beheimateten Flüsse geläufig. Wie das im Südschwarzwald liegende Schwenninger Moos. Durch das Moor verläuft die europäische Wasserscheide, die die Zuläufe von Rhein und Donau trennt. Auch die elsässischen Vogesen wirken trennend, zwischen dem Rhein und seinem zweitlängsten Nebenfluss, der Mosel. Dabei übersehen wir gerne, dass sie auch das die Nordsee speisende Rheinsystem, gegen jenes, der dem Mittelmeer zuströmenden Rhône abgrenzen. Sie alle sind auf den ersten Blick unscheinbar, aber eindrücklich.

Eine der offenkundig unscheinbarsten gleichzeitig, spektakulärsten Wasserscheiden befindet sich in Patagonien, in Argentinien. Sie ist einzigartig auf der Welt. Die Wasserscheide liegt an einer der legendärsten Traumstraßen der Welt. Es gibt die Mutter aller Straßen, die Route 66 mit seinen 3.429 km Länge. Sie durchquert acht US-Bundesstaaten und führt von Chicago ins Kalifornische Santa Barbara. Keine andere Straße der Welt steht mehr als Symbol für den amerikanischen Traum. So wie der Sänger Bobby Troups, die Route 66 einst in seinem Song: »Get your kicks on Route 66« besingt, sie ist legendär aber bei Weitem nicht die längste.

Dieser Mythos gehört einer anderen, der legendären Panamericana. Die längste Traumstraße der Welt. Die Panamericana durchquert zwei komplette Kontinente. Die Straße gehört mit ihren rund achtundvierzigtausend Kilometern Schnellstraßennetz zu jenen Reiserouten, von denen nicht wenige ihr ganzes Leben lang träumen! Einmal im Leben auf der Panamericana unterwegs sein. Eine Straße, die auf bemerkenswerte Weise 19 Länder durchquert. Des Weiteren einige Klimazonen durch Nord-, Mittel- und Südamerika. Ein Riesentrip, der offiziell in Texas an der Grenze Mexikos beginnt und in Buenos Aires in Argentinien endet. Die Panamericana ist der längste Roadtrip der Welt, damit beispiellos aber auch verhältnismäßig gefährlich.

Es existiert noch eine andere Traumstraße, sie ist weniger bekannt, aber mindestens so beeindruckend, die Ruta 40. Auf dieser Route erreicht man das Ende der Welt. Die Ruta 40 ist herausfordernd und zugleich ikonisch. Fahrer auf der ganzen Welt träumen davon, einmal in ihrem Leben über ihren Asphalt, teilweise ihre Schotterpiste zu reisen. Die Ruta 40 ist die längste Straße Argentiniens, die höchste Straße Südamerikas und die zweithöchste der Welt. Kurz nach der Grenze von Bolivien zu Argentinien beginnt die Ruta Nacional 40, wie sie offiziell heißt. Die Nacional 40 überquert einige der höchsten Pässe der Anden. In der Ortschaft Ushuaia endet sie, mehr oder weniger am »Ende der Welt«.

Womöglich fragen Sie sich längst; was hat diese Traumstraße am anderen Ende der Welt, mit mir, meinem Leben und mit der Suche nach dem Glück zu tun? Weshalb ich Sie genau an diesen Ort führe, hat einen bestimmten Grund. Es ist der Versuch, Ihnen gleich zu Beginn darzulegen, wie wenig notwendig ist, um seinem Leben eine neue, entscheidend andere Richtung zu geben. Ein kleines Rinnsal, über dessen Brücke die Ruta 40 führt, lehrt uns genau dies.

Amadis Amarrés

Einige wenige herumliegende Steine entscheiden darüber, ob das Wasser und damit der Bach einen anderen Lauf nimmt. Augenfälliger ist dies nirgendwo sonst auf der Welt zu beobachten als hier unter dieser Querung in Argentinien. Auf der Ruta 40 durch Patagonien, genauer in der Umgebung der Stadt San Carlos de Bariloche, meist wird sie Bariloche genannt. Wenn man weiterfährt, begegnet man etwa zwanzig Kilometer vor San Martin de los Andes diesem einzigartigen Wasserspiel. Die Quelle des Bachs liegt rund 2000 Meter über dem Meeresspiegel. Das Schmelzwasser, das vom Gipfel des Mount Chapelco kommt, bildet einen kleinen Bach, der nach Westen fließt, den »Bajo de los Leones« der die Ruta Nacional 40 erreicht und unter dieser Brücke unterquert. Hier am Wegesrand trifft man auf dieses Kuriosum. Es handelt sich um ein Naturschauspiel, das nur allzu leicht zu übersehen ist. Unter dieser unscheinbaren Brücke geschieht Inspirierendes. Hier entscheidet sich, welche Richtung das Wasser nimmt. Nichts lässt darauf hindeuten, dass diese unansehnliche Pfütze unter einer hässlichen Betonbrücke, derart Entscheidendes vollbringt?

Dieser Ort ist zweifellos eine Wasserscheide zwischen zwei Weltmeeren. Nach der Brücke lässt es sich erkennen, das Schicksal des Wassers ist besiegelt. Der rechte Arm des kleinen Bachs fließt in den Lago

Lácar, der an seinem Ende in den Pazifik mündet. Der linke Arm nimmt seinen Weg auf, in Richtung Lago Meliquina dessen Gewässer letzten Endes den Atlantik erreichen. Diese Stelle nennt sich El arroyo Partido, was etwa der geteilte Bach meint.

Dieser riesige Abstecher nach Argentinien soll gleich zu Beginn Folgendes beleuchten. Es sind nicht immer die großen Entscheide im Leben, die maßgeblich unseren Lebensweg prägen. Meist sind es eher die kleinen, auf den ersten Blick unbedeutenden Schritte, die entscheidend sind für unser künftiges Leben. Sie haben am Ende oft einen größeren Einfluss auf dessen Verlauf, als wir es gelegentlich annehmen. Mitunter gilt es einfach, ab und an einen Stein aus dem Weg zu räumen. Und schon nimmt unser Leben einen ganz anderen Verlauf. Es ist oft völlig unaufgeregt, ob wir es wahrhaben wollen oder nicht. Die unscheinbaren Abzweigungen sind oft die Spektakulärsten und deshalb leicht zu übersehen.

Der Perito Moreno ist einer der größten Auslassgletscher, der südamerikanischen Anden und einer der Höhepunkte an der Ruta 40. Der Gletscher befindet sich im Südwesten Argentiniens in der Provinz Santa Cruz. Die Eismasse ist rund 30 Kilometer lang und gegen 50 Meter hoch. An seiner Abbruchkante türmt er sich bis zu 70 Meter auf. Der Perito Moreno ist der absolute Star des Nationalpark Los Glaciares. Die

UNESCO hat den gesamten Nationalpark zum Weltnaturerbe eingestuft. Im Gegensatz zu den meisten anderen Gletschern in dieser Region und weltweit, zieht sich das Gletschereis nicht zurück. Der Perito Moreno hat eine bemerkenswerte Fläche von insgesamt 254 Quadratkilometern. Der Gletscher liegt am Lago Argentino, einer der größten Seen Südamerikas. Mit ein wenig Glück bietet sich ein unvergleichliches Naturschauspiel. Wenn mit einem ohrenbetäubenden Gedröhne von Zeit zu Zeit gigantische Eisschollen vom Perito wegbrechen und mit tosendem Krachen in den Lago Argentino stürzen. Ein Spektakel, dass im selben Augenblick erstaunen und erschaudern hervorruft. Ein aufwühlendes Schauspiel umgeben von einer atemberaubenden Landschaft.

»Wasser verrinnt, Steine bleiben.«

Volkswissen aus Rumänien

QUELLEN DES GLÜCKS

»Die größten Taten gehen unter, und nichts bleibt zurück. Märchen aber leben, wenn sie gut sind, sehr lange.«

Leo Tolstoi (1828 - 1910)

Amadis Amarrés

Elfen, Hexen & Kobolde

»Höre auf dein Herz und vertraue deinen Gefühlen.«

Märchen sind so alt, wie der Mensch das Abenteuer des Lebens zu bestehen hat. Oft sind es die ersten Geschichten, die uns erzählt werden. Märchen werden dazu überall verstanden. Da ihre Motive und Situationen selten regional beschränkt sind. Dementsprechend funktionieren Märchen und ihre Botschaften auf der ganzen Welt. Märchen sind eine Urform von Literatur, sie befassen sich mit dem gesamten Spektrum menschlicher Existenz. In Märchen sind die Grenzen zwischen dem, was ist, und dem, was sein könnte oder sollte überwiegend fließend. Märchengeschichten wollen, von der Kindheit bis ins Erwachsensein, vermitteln und raten: Sei vorsichtig, das Leben stellt Dir hin und wieder böse Fallen. Wir zeigen Dir, woran Du diese rechtzeitig erkennst. Damit Du in jenen Situationen richtig reagierst. So fragen Märchen beharrlich, wenn Sie so wollen naiv, nach Lebens- und Glücksmöglichkeiten. Welche in einer Welt, voller Chancen aber auch voller Herausforderungen, Tücken und Fallstricke steckt. Märchen sind heutzutage zum Teil verpönt und mit Vorurteilen behaftet. Schaut man genauer hin und betrachtet ihre Geschichten im Kontext zu der Zeit, in der sie entstanden sind, können wir deren aufklärerischen Absichten klar erkennen. Es sind Fingerzeige, die zum größten Teil noch heute wertvoll sind. Welche in nahezu in jedem Alter, unabhängig von der Herkunft verstanden werden.

In der Rubrik Hexen, Elfen & Kobolde dreht sich alles um das Thema Sagen, Märchen, Legenden und Geschichten. Geschichten die von Unvergesslichem, Vergangenem, von Einstigem und Zukünftigem erzählen. Märchen sind Wege-Geschichten, sie erzählen von den Weisheiten des Lebens. Märchen streben danach, uns zu trösten und uns Mut zu machen. Sie entführen uns in eine Welt von Königen und Prinzessinnen, Geistern, Rittern, Feen, Zauberern und weisen Frauen. Es gibt eine ganze Reihe guter Gründe, die für das Erzählen und Vermitteln der alten Mythen, Sagen und Legenden, die für das wunderbare Reich der Fantasie von Märchen sprechen. Es sind immer Reisen der Imagination, die überall auf der Welt und in allen Kulturen ihre Spuren hinterlassen haben. Sie erzählen vom Teufel, der Seelen kaufen will. Von guten Geistern, die zu Glück und Reichtum verhelfen. Es gibt skurrile Erlösungen, aus Not und Bedrängnis. Nicht minder, wie die unergründliche Tilgung des Bösen. Da sind all die schlauen Einfaltspinsel und die törichten Schlauberger. Schlemihle, die über das Glück stolpern wie über ihre eigenen Füße. Wir entdecken die geheimnisvollen Dschinn oder Genies, die uns Wünsche erfüllen mögen, freilich nur drei. Die vielen ideenreichen, gelegentlich sonderbaren Geschichten, mit all den Hexen, den sprechenden Tieren, Kobolden und Räubern. Diese kleinen hübschen Geschichten, die wir vornehmlich in der Kindheit von unseren Liebsten, des Nachts vor dem Einschlafen erzählt bekamen. Märchen mit all ihren kuriosen Protagonisten, die bis heute Jung und Alt faszinieren. Sämtliche großen Disney Filme schöpfen aus diesem unermesslichen Schatz. Selbst die modernen Märchenfilme wie die: »Star Wars« Reihe oder die »Harry Potter« Filme leben davon. Selbst Welterfolge wie »Game of Thrones«, bedienen sich und spielen mit den bekannten Versatzstücken aus der uns geläufigen Märchenwelt. Sich mit Märchen zu beschäftigen, bedeutet sich auf Spurensuche zu machen. Es ist die Suche nach dem Menschen und der Frage, was uns Menschen im Kern ausmacht. Häufig ist es vor allem der Umstand, was dahintersteckt, was hängen bleibt und uns im Laufe des Erwachsenwerdens zum Nachdenken anregt. Es sind Geschichten, die uns nicht mehr aus dem Kopf gehen. Vielmehr, Märchen begleiten uns ein Leben lang. Märchen sind Mut-Geschichten, denn sie erzählen uns vom Aufbruch, von bestandenen Krisen und vom glücklichen Ausgang. Oft lautet die Botschaft des Märchens: »Höre auf dein Herz und vertraue deinen Gefühlen.« Lassen Sie sich in Märchenwelten entführen, damit Sie das richtige Leben besser verstehen. Wie steht es immerfort geschrieben; »und sie lebten glücklich bis ans Ende ihrer Tage.«

»Ein Kind, dem nie Märchen erzählt worden sind,
wird ein Stück Feld in seiner Seele haben,
auf dem in späteren Jahren nichts mehr angebaut werden kann.«

Johann Gottfried von Herder (1744 - 1803)

Der Heilkünstler

Ein reiches Ehepaar saß mit der Tochter zu Tische, und es begab sich, dass dem Mägdlein beim Sprechen eine Fischgräte im Halse stecken blieb. Vergeblich versuchte sie, die Gräte zu entfernen. Eilends ließ der Vater die geschicktesten Ärzte der Stadt herbeirufen, damit sie dem Kinde, das heftige Beschwerden erduldete, helfen sollten. Keiner vermochte die Fischgräte zu fassen. Der berühmteste Heilkünstler der Stadt beteuerte: »Ich bin derselben Ansicht, wie alle anderen von dir gerufenen Meister der Heilkunst, dass nämlich Dein Kind gar keine Gräte im Schlund hat. Sei daher unbesorgt, in weniger als einer Stunde werden die Beschwerden aufhören.«

Die Eltern beruhigten sich; aber die Schmerzen ließen nicht nach. Das Kind jammerte, der Vater war ratlos, die Mutter aber sprach zu ihm: »Lass durch Boten in der ganzen Stadt ausrufen: Wer unserem Kind hilft, dem sollen tausend Denare ausgezahlt werden!« Der Vater befolgte diesen Rat. Die Mitbürger aber schüttelten die Köpfe und sprachen: »Es wird ihm nichts nutzen, nachdem die geschicktesten Ärzte der Stadt nichts gefunden haben.«

Nun lebte in der Stadt in einer armseligen Hütte ein armer Mensch, dessen Frau kam vom Marktplatz heim und redete dies zu ihm: »Jetzt hat Allah dir Gelegenheit gegeben, mit einem Schlag ein reicher Mann zu werden.« Und als er sie erstaunt ansah, erzählte sie ihm, was die Ausrufer verkündet hatten, und raunte ihm gleichzeitig ihren Plan zu. Der Mann überlegte und sprach: »Es sei.«

Amadis Amarrés

Bald darauf erschien vor dem Reichen in seltsamem Aufputz ein Mensch, der angab, ein fremder Heilkünstler zu sein und der sich erbot, die verschluckte Gräte herauszuholen. Das Kind wurde hereingeführt. Alsbald besprengte der Heilkünstler es mit Wasser, pustete es an, raufte sich die struppigen Haare, schnitt die drolligsten Gesichter und begann einen solchen Schwall unverständlicher Worte daherzureden, dass das Mädchen in ein schallendes Gelächter ausbrach. Dadurch löste sich die Gräte im Schlund und kam zum Vorschein. Und der Heilkünstler erhielt die versprochene Belohnung.

»Das Glück kommt zu denen, die lachen.«
Volkswissen aus Japan

Expeditionen & Entdeckungsreisen

Gehen wir auf Schatzsuche

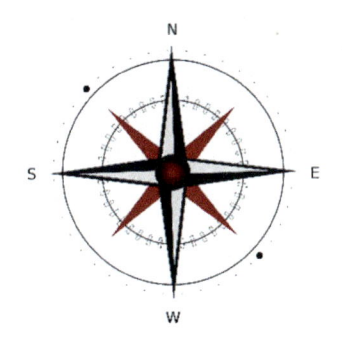

»Bleib stark, mein tapfres Herz! Frag nicht: Warum?«
Friedrich Nietzsche (1844 - 1900)

Im magischen Buch sind für Sie einige Schätze verborgen. Der Zeitpunkt ist gekommen, dass Sie sich auf Schatzsuche begeben. Während das Buch allmählich, mehr und mehr das Ihre wird, hält es immer wieder Überraschungen für Sie bereit. Der Schatz, den es zu heben gilt, ist eine Schatztruhe. Deren Inhalt wird Sie in Erstaunen versetzen. Darin finden Sie kein Gold, Silber, Schmuck oder Edelsteine. Es wird Sie verblüffen, es sind die einfachen Dinge, die Sie darin entdecken werden. Wie so oft im Leben, sind es diese Einblicke, die uns die Augen öffnen. Wofür, um das Wichtige im Leben vom Unwichtigen unterscheiden zu können. Damit sind sie kostbarer als mancher Diamant. Zu diesem Zweck übergebe ich das Wort und die Expeditionsleitung für die Schatzsuche Ihrem Buch, machen Sie sich im Anschluss auf die Suche, nur Mut!

Amadis Amarrés

Die Schatztruhe

> »Sorge ist ein kostbarer Schatz,
> den man nur den Freunden zeigt.«
>
> Volkswissen aus Madagaskar

Wenn die Seele um Hilfe schreit, sollten wir nicht allzu lang zögern, sondern unverzüglich, zu unserem Seelenwohl, handeln. Es ist ein großer Irrtum zu glauben, das geht schon alles auf irgendeine Art vorbei, letzten Endes ist es kein Beinbruch. Nein, ist es nicht, ich behaupte, es ist wesentlich schlimmer. Mit dem Abwarten wird es zudem nicht besser, im Gegenteil. Ein unkomplizierter Beinbruch ist heute mühelos zu heilen. Was man von einer zutiefst verletzten Seele leider nicht behaupten kann. Kommen wir zu einem besonderen Inhalt des Buches, der Schatztruhe. In ihr findest Du kleine vortreffliche Hilfsmittel, die Dir dabei helfen, Ausnahmesituationen in Deinem Leben besser zu bewältigen. Sie ist Deine Erste Hilfe für »Seelen-Notfälle«, es ist die »Notbremse« für Deinen Alltag. Es ist Dein Allerweltsmittel, wenn Du einen Tag, eine Situation erlebst, die Dich erschöpft. Oder wenn andere, Dich an Deine Grenzen bringen. Es ist der Ausweg, wenn Du alles am liebsten stehen und liegen lassen willst. Sie ist für jene Momente gedacht, in denen Du einfach nicht mehr kannst oder nicht mehr weiter weißt. Dann ist der Zeitpunkt gekommen unverzüglich in Deiner Schatztruhe nach den passenden »Notfalltropfen« zu greifen, um sie unverzüglich anzuwenden. Damit Deine Seele für jetzt und die Zukunft keinen Schaden nimmt.

Zwischendurch begleite ich Dich von Herzen gern und geh mit Dir gemeinsam auf Schatzsuche. Unsere Expeditionen sind nicht allzu kompliziert, Du benötigst weder Spaten noch Schaufel. Von Nutzen sind, ein empfängliches Herz, offene Ohren und Augen. Hilfreich sind ein feines Gespür und Dein Bauchgefühl. Du wirst darüber noch genügend hören und lesen. Nach dieser Fasson kannst Du das gewonnene Wissen immer wieder in Taten umsetzen. Lass Dich dabei stets von Deinen Gefühlen leiten. Sie werden Dich zum Kostbarsten führen, was Du in Deinem Leben je entdecken wirst, Dich selbst.

»Die Reise zu Dir selbst kann zu Deinem größten Abenteuer werden.«

©Amadis Amarrés

Zögere nicht mit einem Griff in die Schatztruhe und zu einer der Anwendungen! Nimm Deine ganze Wut, Deinen Schmerz, Deine Verzweiflung, Deine Trauer nimm all das, was immer Dich gerade erschüttern und erbeben lässt und wende, ohne lange abzuwägen, einen der Schatztruhen »Tröster«, »Problem Löser« und »Glücklich Macher« an. Höre dabei auf Deinen Bauch und lass ihn für Dich wählen. Die Schatztruhe zielt darauf ab, Dir unverzüglich dabei behilflich zu sein, Dich erst einmal zu beruhigen und zu trösten, um Dein inneres Gleichgewicht wieder herzustellen. Die Schatztruhe versucht Dir augenblicklich neue, stärkende Gefühle, vor allem Glücksgefühle in Deine Seele und damit in Deinen Körper zurückzubefördern. Um es auf einen Nenner zu bringen, sie schenken Dir neuen Mut.

Das ist es, was Du jetzt am dringendsten bedarfst. Mit diesen kleinen Ritualen und Tricks beeinflusst Du Dich selbst, zu einer optimistischeren Sicht. Damit Dein Blick in der Folge wieder objektiver wird. Es unterstützt Deine Seele dabei, sich zu beruhigen, in der Folge hast Du die

Möglichkeit, Dich wieder zu sammeln. Dementsprechend bist Du in der Lage Deine Situation in Ruhe zu betrachten. Dies gibt Dir frische Kraft um die neue Herausforderung, die Dir das Leben heute stellt, mutig anzugehen. Abermals, wenn Du vor Müdigkeit, Wut, Ärger, Angst, Sorgen und Trauer nicht mehr weiter weißt, so halte jetzt unbedingt inne. Wenn etwas Unerwartetes Dein Leben durcheinanderwirbelt, Du könntest nur noch schreien, toben oder weinen. Dann mach Dir bewusst, dass es Zeit ist für eine Generalpause! Mach einen mutigen Griff in die Schatztruhe. Versuche einen dieser Problemlöser und hilfreichen Kostbarkeiten aus. Damit Du bald wieder unbeschwert bist. Wenn Dir dies nicht sofort und in vollem Ausmaß gelingt, macht das nichts. Gleichwohl ist es Dir dabei behilflich, erste Schritte in eine neue Richtung zu gehen, nur Mut!

» *Das Leben ist kurz, wenn man nur die Zeit des Glücks Leben heißt.* «
Jean de La Bruyère (1645 - 1696)

Die Etappen der Schatzsuche

Wenn ein Notfall eintritt, geschieht dies mehrheitlich urplötzlich aus heiterem Himmel. Es gehört zum Leben dazu, dass es uns bedauerlicherweise immer wieder unliebsame Überraschungen auf den Weg legt. Es ist hilfreich, dass Du in jenen Momenten nicht beschwerlich nach »symbolischen Schätzen in Truhen« suchen musst. Dazu ist jeweils keine Zeit, was Du brauchst, sind gezielte unkomplizierte Informationen. Deshalb erhältst Du hier eine Liste mit den Kapiteln, um rasch und gezielt zu finden, was Du suchst.

Es rappelt in der Kiste

Dieses Ritual löst Seelen-Knoten, es befreit Dich von Wut und es entlastet. Es ist ein einfach auszuführendes kleines Ritual, das erstaunlich befreiend wirkt. Trample Deine ganze Wut und Verletzungen spielend aus Dir heraus. Zurück bleiben eine alte zerknitterte Schachtel und Deine erleichterte Seele.

Die Kraft heilsamer Musik

Musik kann uns trösten, entspannen, stimulieren, anspornen und inspirieren. Musik hält unser Gehirn und unseren Körper jung. Musik hilft uns eindrucksvoll, unsere Seele zu besänftigen und zu heilen. Sie stimmt uns zudem froh.

Mein Ort der Ruhe

Gelegentlich benötigt es einen geeigneten Rückzugsort, um wieder zur Ruhe zu kommen. Verbringst Du dort einige Zeit, manchmal Stunden, bist Du mit der Zeit wieder geerdet. Damit lädst Du Deinen »Akku« neu auf, gewinnst wieder Abstand zum Alltag und schöpfst neue Kraft.

Höre »nur« Musik

Lass Dich von der Musik Deines Herzens hinwegtragen. Dorthin wo Du und Deine Seele einen Kurzurlaub erleben. Musik ist ein Allerweltsmittel, sie beeinflusst uns, wann immer sie in unser Ohr dringt. Schon Martin Luther sagte: »Musik ist das beste Labsal eines betrübten Menschen.« Diese Übung wird Dich im Rhythmus und mit der Magie Deiner Musik heilen.

Alles will tanzen

Die Rede ist nicht von Formationstanz und komplizierten Tanzschritten. Es ist völlig egal welche Form von Tanz, es ist völlig gleichgültig, wie Du Dich zur Musik bewegst. Nur eines zählt, Du tanzt und alles in Dir bewegt sich zu Deiner Musik. Das Wichtigste ist, Du kommst zur Ruhe, weil Tanzschritte hier keine Rolle spielen, sondern die Freude.

Reise mit Deiner Fantasie

Mit seiner Fantasie reisen ist die bequemste Art zu reisen. Solche Reisen kosten nichts. Es gibt keine Staus. Du stehst in keiner Warteschlange vor dem Check-in Schalter. Es gibt keine Wartezeiten und kein Gepäck. Fantasiereisen fördern und unterstützen Dein ganzheitliches Wohlbefinden. Fantasiereisen aktivieren Deine Selbstheilungskräfte. Sie helfen dabei Dein geistiges, seelisches und emotionales Gleichgewicht wieder zu erlangen. Fantasiereisen an entfernte Traumziele lassen Deine Seele dort baumeln wie und wo Du möchtest.

Die Kraft der Lunge

Indem wir bewusst atmen, lässt sich auch unser Gemütszustand beeinflussen. Vereinfacht könnte man sagen, Stress lässt sich ganz einfach mit ein wenig Übung wegatmen. Der österreichische Poet Karl Miziolek schrieb einst: »Ein Spaziergang in der Natur hilft der Seele atmen.« Atmen kann einer der Wege sein, Stress loszulassen. Unser Leben beginnt mit unserem ersten Atemzug und hört mit dem letzten auf. Das dazwischen, ist Kummer und Sorgen manchmal wegatmen. Richtig atmen kann unseren Körper und Geist gesunden lassen.

Schlafen ist heilsam

Er ist ein wesentlicher Bestandteil unseres Lebens, der Schlaf. Ohne Schlaf können wir nicht überleben. Dass Schlaf heilsam ist, ist eine Binsenweisheit. Das viele in schwierigen Lebenslagen keinen Schlaf finden, genauso. Es ist ein Teufelskreis, den es zu durchbrechen gilt, hier findest Du viele Tricks, Mittel und Wege zu einem erholsamen Schlaf. Während des Schlafens regeneriert sich unser Körper. Dadurch werden Krankheiten abgewehrt. Schlaf hilft, Stress zu verarbeiten. Erholsamer Schlaf ist der Schlüssel zu einem körperlich und geistig gesunden Leben.

QUELLEN DES GLÜCKS

Deine Schatzkarte für die Schatzsuche

Die QR-Codes zu den Playlisten

Alles will tanzen

Entspannen

Naturgeräusche

Traumreisen

Playlist zum Buch

Playlist v. Amadis Amarrés

Der Experimentierkasten

»Alles ist im Entstehen, alles ist Kindheit.«
Ralph Waldo Emerson (1803 - 1882)

Erinnern Sie sich an Ihre Kindheit, wie haben wir es geliebt, Dinge auszuprobieren und zu beobachten. Leider haben wir viel Schönes aus unserer Kindheit verloren. Entweder wurde es uns aberzogen. Oder wir haben von anderen gelernt, endlich erwachsen zu werden und für unseren eigenen Vorteil zu kämpfen. Wenn beispielsweise ein Kind sieht, dass ein anderes Kind weint, dann versucht es, als erstes dieses zu trösten. Dieses Verhalten ist uns leider im Erwachsensein ein klein wenig verschüttgegangen, wie so vieles Kindliches leider auch.

Ehrlicherweise ist das Kindliche uns nicht nur abhandengekommen, das Kindliche ist uns, wenn man so will enteignet worden. Währenddessen absolvierten wir einige Prozeduren. Viele handelten dabei mit Methode. Andere mit purer Gewalt. Nicht zu vergessen, die heute noch immer meist unbemerkte, psychische Gewalt, denn sie wird immer unübersehbarer. Bei zu vielen kommen traumatische Erlebnisse oder Ereignisse hinzu. Die Kindheit ist ein geballtes Geflecht aus Erfahrungen, guten wie schlechten. Einige, es sind nicht wenige, machen Erfahrungen in ihrer Kindheit, die Kinder niemals erleben dürften. Ist es ein Wunder, wenn viele an diesen zerstörerischen Taten zerbrechen.

All dies gilt es im Auge zu behalten, wenn wir andere beurteilen, kritisieren, bewerten, attackieren, stigmatisieren und sie am Ende der leidvollen Liste verurteilen, aus welchen Gründen auch immer. Wenn Kindheit abhandenkommt, geht damit viel Schönes und wertvolles verloren. Wir müssen einfach alles dafür in Bewegung setzen, dass wir wenigstens ein Stück davon in unser erwachsenes Leben retten und mitnehmen können. Mit Kindheit im Gepäck lässt es sich spielend durchs Leben reisen.

Was wir unternehmen können, ist zu versuchen uns bewusst in unsere Kindheit zurückzuversetzen, uns in sie zurückzudenken. Versuchen wir nochmals, Kind zu sein, wenn auch nur für einige Momente oder Stunden, immerhin! Es tut niemandem weh, auch Ihnen nicht. Lassen Sie sich überraschen, was geschieht, wenn man das Erwachsensein mit dem Kindlichen geschickt mixt. Es entstehen äußerst spannende und interessante, erfahrungsreiche Erlebnisse daraus. Erfahrungen, die sich sofort in ihren Erwachsenen Alltag einbauen lassen.

Erinnern Sie sich, was Sie in Ihrer Kindheit alles anstellten. Einige von uns versuchten sich dabei bei kleineren oder größeren Experimenten in der Küche. Die ersten Backversuche gingen dabei völlig in die Hose. Das Ergebnis, die Küche war ein weißes Chaos und wir waren hinterher von oben bis unten mit Mehl bepudert. Es gab naturgemäß auch das eine oder andere Erfolgserlebnis. Wie das Baumhaus, es war mein zweites zu Hause. Und da war jener Tag, an dem die Garage erbebte, bei dem Versuch eine Rakete zu bauen. Der Start missglückte völlig, bereits vor dem Countdown explodierte unsere Apollomission, nicht nur Houston hatte ein Problem, danach wurde die Garage umfangreich renoviert.

Den Anfang mit der Rakete nahm es mit meinem Experimentierkasten. Erinnern Sie sich an diese bunten Kartons voller aufregender Gegenstände, Pülverchen und Experimentiergefäßen. Es waren Sammlungen aus spielerischen Experimenten, in denen wir uns ausprobierten. Vieles brachte uns damit die Grundregeln der Physik, Chemie oder Biologie spielerisch näher. Nach derselben Art und Weise lade ich Sie zum einen oder anderen gemeinsamen Experiment ein. Zu Beginn bat ich Sie, was Sie auf Anhieb nicht anspricht, nicht interessiert, dessen ungeachtet dennoch auszuprobieren. Eventuell machen Sie ja eine neue Entdeckung. Stürzen Sie sich wie ein Kind an Weihnachten, auf den Spielzeug Katalog, in ihr Leben. Seien- und bleiben Sie neugierig darauf, was das Leben Ihnen auf den Weg legt. Nicht immer ist es etwas Schlechtes. Wenn Sie dazu bereit sind, beginnen wir gleich mit unserem ersten harmlosen, aber dennoch aufregenden Experiment, entscheiden Sie sich für Flip-Flops oder Wanderschuhe, nur Mut!

»Gedanken wollen oft wie Kinder und Hunde, daß man mit ihnen im Freien spazieren geht.«
Christian Morgenstern (1871 - 1914)

Amadis Amarrés

»Die Natur ist ein sehr gutes Beruhigungsmittel.«
Anton Pawlowitsch Tschechow (1860 - 1904)

Der Experimentierkasten

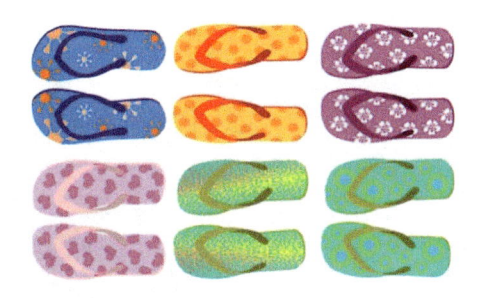

Flip-Flops oder Wanderschuhe

Wir alle erleben Tage, die kräfteraubend sind. Sei es ein anstrengender Familientag, an dem alles misslingt. Ein mühevoller Arbeitstag, an dem wir am Abend das Gefühl haben, es ist so gut wie nichts erledigt. Es kann ein Tag sein, an dem wir mit dem falschen Fuß aufgestanden sind, und wir uns mühsam durch den Tag quälen. Da hilft manchmal nur eines, eine Auszeit. Eines der besten Mittel, um in solchen Momenten abzuschalten und die inneren Akkus wieder aufzuladen, ist die Natur. Also nichts wie los, hinaus in den Schoss von Mutter Natur! Zelebrieren Sie für einmal eine Entspannungsübung namens »Blüten-Meditation.« Betrachten Sie in Ruhe, was um Sie herum blüht und gedeiht, verlieren Sie sich dabei. Rennen Sie für einmal nicht durch den Park, sondern gehen Sie gemächlich und gelassen durch seine blühenden Wiesen und Rabatten. Entdecken Sie das Geheimnis der Blumen, spielen Sie für einmal Schmetterling und Biene und lassen Sie sich von ihren lieblichen Düften anlocken. Riechen Sie an Blütenzweigen, entdecken Sie die betörenden Duftspiele. Ist es nicht faszinierend und verführerisch zugleich. Nehmen Sie sich die Zeit dazu, viel Zeit.

Legen Sie Ihr Smartphone beiseite, oder versetzen Sie es gleich in den Flugmodus. Ziehen Sie ins Grüne, flanieren Sie durch Wiesen, durchwandern Sie den Wald mit seinen vielfältigen Geheimnissen. Erfreuen sie sich an einer bildschönen Rose am Wegesrand, riechen Sie den Duft, der ihre Knospe verströmt, betrachten Sie ihre makellose Eleganz. Erinnern Sie sich daran, wie sie einst als Kind die Natur durchstreiften. Wir haben früher beispielsweise Rotkleeblüten gezupft und gegessen, sie sind honigsüß an ihren weißen Enden. Naschen Sie von frischen Walderdbeeren. Streifen Sie gemächlich durch die Natur und entdecken Sie, wie Sie allmählich wieder zur Ruhe kommen. Das funktioniert nur, wenn Sie Ihr Smartphone in Ruhe lässt. Oder war es andersherum? Schließlich nimmt dieser Tag für Sie endlich eine gute Wende. Alle Aufregung und Anstrengungen weichen. Die Natur um Sie schafft Raum, für erfrischende, belebende, entspannende, wohlige Gefühle. Es ist erstaunlich, was die Natur, wenn wir es denn zulassen, in uns bewirkt. Wie die Natur uns dazu ermutigt, über uns und unser Leben zu sinnieren. In der Praxis funktioniert das alles ohne Apps. Egal wo Sie sich in der Natur bewegen, hoch zu Berge in Wanderschuhen, barfuß auf einer Wiese oder bedächtig in einem erfrischenden Wald. Sei es an einem endlosen Strand, an dem Sie Muscheln oder Strandholz suchen. Tun Sie es vollständig ohne Fahrrad! Fabrizieren Sie daraus keine Walking-Tour! Es ist kein Training. Denn Muße und Müßiggang ist heute Ihr Ziel! Überlassen Sie Ihren Körper einmal der Ruhe!

Tun Sie es zu Fuß mit offenen Augen und Sinnen. Nehmen Sie die Gerüche wahr. Lauschen Sie dem Zirpen der Grillen, dem sanften Plätschern eines Bachs. Berauschen Sie sich an der Vielfältigkeit und der bunten Schönheit der Natur. Hören Sie dem aufgeregten Zwitschern der verschiedenen Vögel zu. Sie werden wie verwandelt heimkehren. Genau dies ist Sinn und Zweck dieser Übung, die ein wahres Vergnügen ist. Frönen Sie der Langsamkeit. Wenn Sie es ohne Tempo nicht aushalten, sollten Sie erst recht darin verweilen. Bis es Ihnen gelingt, in der Ruhe Kraft zu schöpfen. Nicht die Bedächtigkeit ist schlecht, sondern die Art und Weise wie wir mit ihr umgehen.

Blütenglück & Pflanzenzauber

*»Im Wald habe ich hundert Mal mehr Energie,
Willenskraft und Mut. Dort bin ich stark wie ein Baum,
Unbeschwert wie ein Vogel und gleichgültig wie ein kleines Steinchen.«*

Violette Leduc (1907 – 1972)

In diesem Abschnitt betrachten wir jeweils die Wunderwelt der Fauna und Flora. Wir staunen, welche Geheimnisse sie verbergen. Mit ihrer Hilfe gelingt es uns, ein wenig Frieden in unsere Seele zurückzubringen. Es sind besondere Lebewesen, die mit ihrer Schönheit, Balsam für unsere Seele sind. Sie schenken uns durch ihren Anblick Freude, sie vermitteln uns Botschaften. Manche kommunizieren mit uns, wie die Mimose, die ihre Blätter auf magische Weise schließt, wenn wir sie berühren. Tauchen wir ein in die bunte, faszinierende Welt der Pflanzen und ihren geheimnisvollen Gaben und Kräften.

Blütenglück & Pflanzenzauber

Schlichte Schönheit

»Efeu und ein zärtlich Gemüt heftet sich an und grünt und blüht. Kann es weder Stamm noch Mauer finden, es muss verdorren, es muss verschwinden.«

Johann Wolfgang von Goethe (1749 - 1832)

Machen wir den Anfang mit einer Pflanze, an der wir beinahe täglich gedankenlos vorbeilaufen. Nur weil sie aufs Erste etwas unscheinbar wirkt, ist sie dennoch eine sehr spannende und alte Pflanze. Auf den ersten Blick ist der Efeu leicht zu übersehen. Aber das Pflänzchen hat einen eisernen Willen. Es kleidet unsere Umgebung in ein saftig grünes Gewand. Stellen Sie sich ein Märchenschloss ohne die romantischen Efeuranken vor, es ist undenkbar. Der Efeu steht für Liebe, Treue, Freundschaft und ewiges Leben. Dichter wurden mit Efeu bekränzt, weil er als heilige Pflanze der Musen galt. Der Efeu ist eine schlichte Schönheit, voller Ausdauer und Beständigkeit, um ihn ranken so manche Geheimnisse.

Dem Menschen ähnlich, verändert der Efeu mit zunehmendem Alter sein Aussehen, er altert wie wir. Nur bei wenigen Pflanzen ist die Altersform so ausgeprägt wie beim Efeu. Beispielsweise Eukalyptus altert ähnlich und bildet in den diversen Lebensphasen unterschiedliche Blattformen. Bis zum Alter von zehn Jahren zeigt sich der Efeu in erster Linie als Kletterpflanze, die fünf-lappige Blätter an langen Ranken bilden. Nach etwa zehn Jahren entwickelt Efeu seine Altersform, dabei verändert sich vor allem das Erscheinungsbild der Blätter. Diese sind nun nicht mehr gezackt, sondern erhalten eine Herzform. Wir können jedoch beide Altersformen an ein und derselben Pflanze entdecken. Das jeweilige Alter spielt ebenso bei seiner Vermehrung eine besondere Rolle. Die Pflanze verholzt stärker und ähnelt so mit der Zeit eher einem Strauch. Sehr alter Efeu sieht Bäumen recht ähnlich. Der Efeu kann ein beachtliches Alter von bis zu vierhundert Jahren erreichen. Die landläufig herrschende Meinung, Efeu schade den Bäumen, an denen er haftet, stimmt nicht. Weder beschädigen die Haftwurzeln den Stamm, noch dringen sie in seine Rinde und das Holz ein. Die Pflanze bezieht auf diese Weise auch kein Wasser oder andere Nährstoffe vom Baum. Der Efeu ist definitiv kein Schmarotzer, der Baum bietet ihm weiter nichts als halt. Einzig wenn der Efeu zu mächtig und damit zu schwer für so manchen Baum wird, kann er ihn durch sein Gewicht beschädigen. Demgegenüber bildet er ein Zuhause für so manchen Untermieter, vorwiegend verschiedenen Vogelarten. Efeu ist kein Parasit, er saugt die Bäume nicht aus. Er will nur hoch hinaus.

Efeu erklimmt durchaus eine Höhe bis zu zwanzig Metern. Nach gemessener Zeit beendet er die Kletterei und verlegt sich aufs Blühen.

Seit der Antike gilt Efeu als Symbol für Treue und Freundschaft. Ebenso ist er ein Symbol für die Ewigkeit. Deshalb wird er mit Vorliebe in Hochzeitssträuße eingebunden. Früher wurde er auch »Ewig«, »Ewigheu« oder »Ep-heu« genannt. Daraus entstand sein heutiger Name Efeu. Die frühen Christen betteten ihre Toten auf Efeu Laub, als Zeichen von Liebe und Zuneigung, verbunden mit dem Symbol der Unsterblichkeit. In Griechenland gibt es den Brauch, als Zeichen der ewigen Liebe und Treue dem Brautpaar einen Efeuzweig zu schenken. Efeu ist eine äußerst mystische Pflanze. So sagt man, wer in der Walpurgisnacht einen Efeuzweig bei sich trägt, dem würde er magische Kräfte verleihen, dadurch könne man Hexen sehen und sie erkennen.

In der Legende von Tristan und Isolde überwindet der Efeu überdies den Tod. Auf den voneinander getrennten Gräbern wächst jeweils ein Efeustrauch, im Laufe der Zeit überwindet der Efeu den Tod der Liebenden, indem die zwei Efeu zusammenwachsen und sich verschlingen. Es gibt in England beispielsweise den Weihnachtsbrauch, Häuser und Kirchen mit immergrünen Pflanzen zu schmücken. Dabei bindet man Sträuße bestehend aus Efeu, Lorbeer, Rosmarin und Stechpalme.

In der Antike war die Heilkraft der Pflanze bereits bekannt. Hildegard von Bingen wusste diese zu schätzen. Sie empfahl Anwendungen mit Efeu gegen die Gelbsucht. Noch heute wird in der Naturheilkunde Efeu innerlich und äußerlich angewendet. Seine heilkräftigen Anwendungen sind vielseitig. Er wird in Bädern angewendet. Efeu hilft bei Bronchitis, Cellulitis, Hühneraugen, Keuchhusten, Luftröhrenentzündungen, Ödemen, Rheumatismus, Schwangerschaftsstreifen, Sonnenbrand und Verbrennungen. Obschon Anwendungen mit Heilkräutern oft eine positive Wirkung auf Beschwerden haben, empfiehlt es sich, vor Heilpflanzenanwendungen immer Rücksprache mit einem Arzt oder Apotheker zu halten.

Zum Schluss noch dies: Ziehen Sie Efeu ausdrücklich nicht in Gärten, in denen sich Kinder und Haustiere aufhalten. Junger Efeu ist weniger gefährlich, die Blätter sind aber bereits in schwacher Form giftig. Gefährlich wird Efeu allerdings im Alter von rund zwanzig Jahren. Blühende und fruchttragende Efeusträucher bilden eine Gefahr. Die Früchte sind hochgiftig und stellen eine ernsthafte Vergiftungsgefahr für Mensch und Tier dar. Bei Aufnahme großer Mengen führt es bei Kindern zu Brechdurchfällen und Krämpfen. Glücklicherweise sind aufgrund seines bitteren Geschmacks und der zudem sehr harten Früchte, Vergiftungen mit Todesfolge äußerst selten. Mit gewissem Alter gewinnt der Efeu auch an Hartnäckigkeit, im Laufe der Zeit breitet er sich gerne aus. Er überwuchert Mauern und unterwandert mit meterlangen Trieben dazu Rasenflächen. Die größte Freude bereitet es dem Efeu, wenn er bei seinem flinken Wachstum, auf seinem Weg auf einen Baumstamm trifft. Diesen erklimmt er sofort, wenn er nicht davon abgehalten wird. Geben Sie acht, er wird es beharrlich immer wieder versuchen!

QUELLEN DES GLÜCKS

»Wie sich kein Efeu um eine Eissäule schlingt, so klammert sich auch keine Kinderseele an ein eiskaltes, liebeleeres Herz.«

Lorenz Kellner (1811 - 1892)

Amadis Amarrés

Die Schatztruhe

Es rappelt in der Kiste

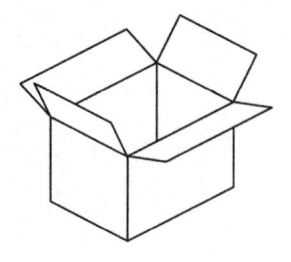

„Wer barfuß geht, den drücken keine Schuhe."

Sorbische Redensart

Dieses kleine unscheinbare, seltsam wirkende Ritual löst Seelen-Knoten. Es entlastet und wirkt erstaunlich befreiend. Bestimmt wird Dir unser nächstes kleines Experiment gefallen aber vor allem eines, wohltun. So launig es im ersten Moment scheint, so traurig ist sein Hintergrund. Um was handelt es sich? Wie Du im Abschnitt zuvor gelesen hast, müssen wir uns im Leben so einiges anhören. Da ist manches mit dabei, auf das könnten wir gerne verzichten. Wir wollen hier nicht über Verleumdungen, Intrigen oder Lügen sprechen. Die Rede ist von Beschimpfungen. Es geht um jene Herabwürdigungen und Beleidigungen, die im Stande sind, unsere Seele kurz- oder langfristig zu verletzen. Oder diese hinterlassen in ihr meist blaue Flecken. Genau um jenen Trümmerhaufen, und die blauen Flecken bestehend aus verletztem Stolz, dem Verlust des Selbstwerts, den Scham usw., um diesen unheiligen Mix von Altlasten wollen wir uns jetzt kümmern. Kommen wir zum Rappelkarton, es ist möglich, mit seiner Hilfe alte Verletzungen und Demütigungen zu entsorgen!

Dazu benötigst Du nur eine alte Schuhschachtel oder einen kleinen Karton mit Deckel. Einige Notizzettel und ein Schreibzeug. Schreibe Dir auf jedem Zettel eine der Beschimpfungen und Beleidigungen und die Namen derer, welche sie ausgesprochen haben. Es sind die Beleidigungen, die in Dir immer wieder hochkommen, solche die Dich verletzten. Leg diese aufgeschriebene Sammlung von Verbalattacken und Formen verbaler Gewalt in den dafür bereitgestellten Karton. Schließ den Karton mit dem Deckel und stelle ihn auf den Boden. Achte bitte darauf das der Karton und Du, bei der Aktion nicht ausrutschen. Such Dir eine rutschfeste Unterlage! Kommen wir zum vergnüglichen Teil der Übung. Du wirst gleich ein wenig Fitness betreiben, indem Du auf dem Karton mit Deinen Füssen herumtrampelst und stampfst. Es muss nicht, aber es wäre hilfreich, Du bist ja bestimmt allein, wenn Du ein solches Ritual ausführst. Bestimmt kennst Du den Abzählreim, der deutschen Kinderfernsehserie »Rappelkiste« aus den 1970er und 1980er-Jahren. Los gehts, die Melodie dazu ist Dir gewiss noch vertraut: »Ene mene miste, es rappelt in der Kiste. Ene mene muh-ja und raus bist Du!« Dabei immer kräftig auf dem Karton herumtrampeln, nur Mut!

Ist alle Wut, sind alle Verletzung aus Dir herausgetrampelt und der Karton Flach wie eine Flunder, Bravo! Da Humor in beinahe jeder Situation des Lebens hilfreich ist, kannst Du hinterher gewiss über die Situation und diese kleine, aber feine Aktion und über Dich selbst, herzhaft lachen. Was solls, wenn es hilft, mit diesem Ritual Demütigungen loszulassen. Atme hinterher einige Male tief durch, das wär's schon. Fühlst Du Dich besser? Sehr gut, Du weißt, kleine Rituale erleichtern uns das Leben. Wirf den Karton hinterher weg oder gib ihn zum Altpapier oder verbrenne ihn, geh mit den Überbleibseln so achtlos um, wie man es mit Dir getan hat. Probiere es aus, nur Mut!

Amadis Amarrés

Zum Schluss noch dies: Eine Klientin, der ich das »Rappelkisten-Ritual« empfohlen hatte, schrieb mir hinterher, als sie es ausprobiert hatte: »Ich habe mir soeben zehn paar neue Schuhe gekauft, damit ich künftig genügend Schuhkartons habe für die nächsten Rituale!«

»Wer barfuß geht, den drücken keine Schuhe.«
Sorbische Redensart

QUELLEN DES GLÜCKS

»Spieglein, Spieglein an der Wand ...«

*»Äußere Schönheit ist eine Ansichtssache,
innere Schönheit eine Herzensangelegenheit.«*

Ernst Ferstl (1955)

Lassen Sie uns mit unserem ersten gemeinsamen kleinen Experiment einsteigen, sind Sie dazu bereit? Es tut nicht weh, versprochen. Es ist nur ein Spiel, über Sinn und Zweck reden wir später. Das Beste wird sein, Sie denken gar nicht erst darüber nach, beginnen Sie einfach mit dem Mini-Abenteuer. Machen Sie daraus vor allem keine Affäre, nur Mut!

Es mag sein, dass für einige von Ihnen gleich ein unerquickliches Abenteuer folgt. Genau genommen halte ich es für ein Leichtes. Lassen Sie uns mit Ihnen und Ihrem Spiegelbild einsteigen. Sie finden das grauenhaft, dann wagen Sie es erst recht. Es ist weiter nichts als eine Spielart, ein wenig Frieden mit Ihrem Spiegelbild zu schließen. Wir könnten es, »Erkenne Dich selbst« nennen. Ich möchte nichts weiter, als dass Sie einen Spiegel zur Hand nehmen und kurz Ihr Abbild im Spiegel betrachten. Es geht in diesem Moment nicht um Äußerlichkeiten wie Schönheit, Jugendlichkeit oder irgendwelche Makel die Sie als störend empfinden! Es wäre schön, wenn Sie sich einige Gedanken darüber machen, wie Sie ihr eigenes Spiegelbild beurteilen. Betrachten Sie sich, wie wenn sie sich zum ersten Mal sehen. Wie wenn Sie eine Ihnen fremde Person bewerten und beurteilen. Es folgt der knifflige Teil, betrachten Sie sich möglichst objektiv! Es ist mir bewusst, das ist so gut wie unmöglich, aber wenigstens einen Versuch wert. Vornehmlich dann, wenn Sie dies noch nie so aufmerksam gemacht haben. Gemeint ist nicht das tägliche Betrachten im Badspiegel bei der Morgentoilette.

Es wäre dabei hilfreich, wenn Sie für dieses Experiment ihren Lebens-ICE oder TGV, der sie im Eiltempo durchs Leben fährt, beim nächsten Halt verlassen, um für einen kleinen kostbaren Moment innezuhalten. Setzen Sie sich bequem an einen Tisch. Nehmen Sie einen kleinen Spiegel zur Hand und betrachten Sie ihr Gegenüber eine Weile darin. Denn nur so sind Sie in der Lage sich darüber Gedanken zu machen, an welchem Punkt sie in ihrem Leben sind. Ich bitte Sie aufs Neue, kümmern Sie sich nicht um oberflächliche Anzeichen des Alterns und der Schönheit! Hier und jetzt geht es explizit um andere Aspekte. Gleichgültig wohin Sie wollen, egal woher Sie kommen. Stellen Sie sich Fragen wie: Wo stehe ich in meinem Leben und wie fühlt es sich an? Wie wirken Sie auf sich? Was fällt Ihnen als Erstes auf? Wirken Sie glücklich, traurig, munter, fröhlich, melancholisch, müde, überarbeitet, frisch, heiter, was ist ihre Stimmungslage? Erstellen Sie einige Notizen darüber, was Sie im Spiegelbild an- und in sich erkennen. Wer sitzt Ihnen da im Spiegel gegenüber?

QUELLEN DES GLÜCKS

Im Spiegel sehe ich ...

Amadis Amarrés

Das Essay

Liebe, Mut & Mitgefühl!

»Jede Krise ist ein Geschenk des Lebens, an einen lernenden Menschen.«

©Amadis Amarrés

(Dieses Kapitel entstand zu Beginn der Pandemie)

Tatsächlich finden wir uns zuweilen in Lebenslagen wieder, die uns nicht besonders behagen. Von denen wir gar nicht wissen, wie wir da hineingeraten sind. In solchen Situationen fühlt es sich an, als wäre man soeben im Nirgendwo gestrandet. Zeiten wie diese verunsichern zusätzlich. Schlimmstenfalls wecken sie in uns diffuse Ängste. Auf unserem Lebensweg begleiten uns etliche Stürme und Krisen bis zu unserem Lebensende. Früher oder später sind wir alle, dereinst von einer Lebenskrise betroffen. Deshalb ist es wichtig, sich bewusst zu machen. Entscheidend ist nicht, wie wir eine Krise bewältigen, sondern, dass wir sie bewältigen!

Quellen des Glücks

Eine Glücksformel, um mit den Herausforderungen, die uns das Leben stellt, umzugehen und uns gestärkt aus ihnen hervorgehen lässt, lautet: Glücklich mit Liebe, Mut & Mitgefühl leben! Zu Beginn einer jeden Krise bedeutet es vor allem eines, sich ihr zu stellen. Die Krise anzunehmen. Erst wenn wir etwas annehmen, können wir darangehen, damit umzugehen. Dazu gehören, Kraft, Entschlossenheit, Geduld, gute Nerven und letztlich Mut. Sämtliche Vorgänge werden gesteuert und beherrscht von unseren Gefühlen. Ein jedes dieser Gefühle hat seine Berechtigung. Dies trifft für die Schönen und guten Gefühle zu. Diese spornen uns an und beflügeln uns. Gesellen sich Glücksgefühle hinzu, erzeugen diese die viel zitierten Schmetterlinge im Bauch. Glücklicherweise gehören auch jene Gefühle dazu, die uns eher Angst und Kummer bereiten. Gefühle, die uns manchmal traurig, oft auch unglücklich stimmen. Dessen ungeachtet glücklicherweise! Weil wir gerade aus jenen Gefühlen am meisten an Erfahrung, Erkenntnis und Einsicht gewinnen. Im Endeffekt gewinnen wir an Stärke. Dementsprechend sind Krisen wertvoll für unser Leben und unsere Zukunft. Im Leben gehören Momente des Misserfolgs mit zum Erfolg, wie der Schatten zum Licht. Was entscheidet zwischen Erfolg oder Scheitern?

Wie wir unser Leben meistern oder Krisen bewältigen, hängt nicht allein vom Zufall ab. Einigen Menschen gelingt es besser, mit Krisen umzugehen. Sie sind wie der allgegenwärtige Begriff besagt; resilient. Was nichts anderes meint wie: robust, belastbar, taff *(tough)*, der Volksmund nennt es, hart gesotten! Dies betrifft etwa ein Drittel der Menschen. Sie können einfach besser mit sogenannten Schicksalsschlägen oder Krisen umgehen.

Zwei Drittel, also eine Mehrheit, zu der auch ich gehöre, muss mühsam lernen, damit besser oder anders umzugehen. Aus eigener Erfahrung weiß ich, es ist dessen ungeachtet möglich, Krisen zu bewältigen. Und diese dahingehend zu nutzen, um an ihnen zu wachsen. Wie auch immer, manchmal benötigt dies eine gehörige Portion Glück, in jenen Lebensabschnitten die richtigen Menschen, um sich zu haben. Bedauerlicherweise ist dies nicht immer der Fall, oder möglich! Krisen sind fast immer Zeiten des Umbruchs. Sie beinhalten oft die Chance, unsere Weichen neu zu stellen, um neue Wege einzuschlagen. Auf unserem Lebens-Pilgerweg kommen wir alle einmal an den Punkt, an dem wir zweifeln und uns nach dem Sinn unseres Lebens fragen. Es tauchen Fragen auf wie: Was ist meine Bestimmung im Leben? Will ich das oder jenes wirklich weiter verfolgen? Wo stehe ich hier und heute in meinem Leben? Nur wer seinen Lebensweg stetig, Schritt für Schritt abwandert, kommt zu möglichen Antworten. Dies gehört zum Menschsein dazu. Wir alle erleben Situationen, wie eine verpatzte Prüfung, einen Jobverlust, eine schwere Erkrankung, eine plötzliche Trennung. Manche erleben Gewalt, einen heftigen Unfall, den Verlust eines geliebten Menschen. Dies sind Konstellationen, die uns zutiefst erschüttern und bewegen. Sie treffen uns besonders hart, wenn wir eben das Gefühl hatten, dass unser Leben gerade noch in geordneten Bahnen verlief. Am härtesten ist es, wenn schon einiges in Schieflage geraten ist. Wenn eh keine überflüssige Kraft oder Reserven vorhanden sind und dann noch ein harter Schlag hinzukommt. Bekanntlich treffen uns solche Ereignisse ohnehin ohne Ankündigung. Insbesondere in unseren Gesellschaften, in denen wir dem Anschein nach alles kontrollieren können, alles kontrollieren wollen. Alles in unseren Leben wird optimiert. Unsere Freizeit ist bis zur letzten Minute verplant und getaktet. Fitness Armbänder und Apps herrschen nicht nur über unseren Körper, sondern auch über unseren Alltag, unsere Freizeit, unser Leben. Das Smartphone besitzt inzwischen die absolute Befehlsgewalt, dies auf vielschichtige Weise. In unserem heutigen Verständnis von Freiheit beanspruchen wir die Kontrolle über unser Leben. Das gibt uns ein Gefühl der Sicherheit und Geborgenheit. Sind wir gezwungenermaßen gehalten, die Kontrolle abzugeben, fühlen wir uns fremdbestimmt. Dagegen steht in großem Widerspruch, dass wir die Kontrolle an das Smartphone freiwillig abgeben. Nur das diese Kontrolle nicht in diesen kleinen attraktiven und talentierten Geräten endet. Am anderen Ende stehen Weltkonzerne, die einiges mit uns und unserem Leben generieren. Das geringste davon ist unser Geld. In Tat und Wahrheit beraubt es uns im Verborgenen sukzessive unserer Freiheit, somit sind wir in letzter Konsequenz unfrei.

Die Begleitumstände haben in den letzten Jahren, verstärkt durch die Pandemie, zusätzlich viele von uns aus der Bahn geworfen. Die Wahrscheinlichkeit, dass diese bedrückenden, einengenden, freiheitsraubenden Situationen bei vielen, psychosomatische Reaktionen, Burn-outs oder Depressionen auslösen, ist dementsprechend gegeben. Die Corona-Krise beeinflusste unser Leben erheblich. Uns fehlten die sozialen Kontakte! Zusätzlich waren so gut wie alle lebensbejahenden Zerstreuungen nicht mehr möglich. Genau genommen ganz normale Dinge wie; schön Essen gehen, Familienfeiern, Kino, Theater, Wellness, Schwimmen, Konzerte, Reisen, Feierlichkeiten. All jenes was unser Leben lebenswert, abwechslungsreich macht, es verschönert, sie waren nicht, nur zeitweise oder nur stark eingeschränkt möglich. Zudem schwebte über allem, bewusst oder unbewusst, dieses Damoklesschwert Namens »Corona«. All dies hinterlässt, und erzeugte eine um sich greifende allgemeine Erschöpfung.

Heute sind wir bei genauerer Betrachtung alle im Kollektiv posttraumatisiert. Wir sind wütend, wir sind in einer wahrhaftigen Trauerphase. Wir haben drei unruhige Jahre hinter uns, die wirklich schwierig waren. Wir reden aber nicht darüber. Wir tun so, als hätte es das nie gegeben. Manche erlebten zum ersten Mal Todesangst in ihrem Leben. Aber darüber sprechen wir nicht. Wir sind erzürnt und in dieser Wut Phase fangen alle an, auf ihre Art durchzudrehen. Einige zetteln Kriege an, grenzen aus und geben allem die Schuld nur nicht dem Hauptgrund, der globalen Traumatisierung. Mit der Pandemie, aber besonders, nach der Pandemie haben wir unser Gefühl von Sicherheit verloren. Die Gewissheit das wir Menschen alles beherrschen, alles leisten können. Und dann kam diese ernüchternde Erkenntnis, diese Sicherheit gab es nie und wird es nie geben. Jeder reagiert anders auf ein Trauma. Einer der vielen Gründe, weshalb sich die Welt gerade spaltet. Aber wir nennen uns zivilisiert, dann sollten wir uns auch nach diesen Grundsätzen verhalten. Denn eine Zivilisation ist dazu da, dass sie sich gegenseitig Grenzen setzt, genau das nennt man Zivilisation. Es ist Zeit, dass an den Tag zu legen, was uns Menschen letzten Endes ausmacht, die Menschlichkeit.

Inzwischen ist diese kollektive Erschöpfung, schlicht eine Tatsache, die Ärzte und Wissenschaftlerinnen zunehmend beunruhigen. Die Zwänge, die heute alle Bevölkerungsschichten belasten, erzeugen ein Gefühl allgemeiner Erschöpfung. Doch was ist »normale« Müdigkeit und wann beginnen die Anzeichen von Burn-outs? Gewöhnlich tritt Müdigkeit nach körperlicher oder geistiger Anstrengung auf. Nach einer

Wanderung beispielsweise, fühlen wir uns müde und erschöpft, dessen ungeachtet ist es »gute Müdigkeit«. Diese Art der Ermüdung führt zu einer gesunden Ruhefähigkeit. Das Ergebnis ist ein erholsamer Schlaf.

Was verstehen wir dagegen unter »schlechter Müdigkeit?« Sogenannte »schlechte Müdigkeit« bietet uns keine Erholung oder seelische Ruhe. Wir fallen beispielsweise müde und erschöpft ins Bett und kriegen trotzdem kein Auge zu. Am nächsten Morgen fühlen wir uns beim Aufstehen bereits wieder müde und abgespannt! Diese Situation tritt im Besonderen in Verbindung mit Stress, Disharmonie und Überforderung und Ähnlichem auf. In der heutigen globalen Situation mit ihren vielen Krisen verstärkte die Covid-19-Pandemie und ihre Auswirkungen diese sozialen Phänomene beträchtlich. Was wir gerade erleben, entspricht einem explosiven Cocktail. Die gesundheitliche Sachlage bestimmt und prägt die beruflichen und familiären Situationen beträchtlich.

Bekanntlich lassen sich Krisen nicht einplanen. Lebens-Krisen erst recht nicht. Gleichwohl gehören sie zum Leben, wie das Atmen. Wenn wir lernen, mit Krisen besser umzugehen, oder zumindest anders damit umzugehen, gelingt es uns manche von ihnen leichter zu überwinden. Die Fähigkeit, eine Krise zu bewältigen ist nicht einfach, dennoch nicht unmöglich. Ein wichtiges Element spielt dabei die Zeit. Gewisse Krisen beanspruchen schlicht ihren Raum in unserer Seele, sie fordern damit Geduld mit uns selbst. Hierdurch erhalten erfahrener Schmerz, Verletzungen und Ängste ihre Zeit, um Heilung zu finden. In der Tat gibt es einige Regeln und Kniffe, wie wir Krisen besser überwinden. Einige davon mögen überraschen, wie eine der wohl stärksten Waffen gegen eine Krise, der Humor. Das treffendste Beispiel ist ein Leichenmahl. Die meisten von uns kennen dieses gesellige Beisammensein nach einer Beisetzung. Gewiss dieser Anlass hat nichts Erheiterndes, dessen ungeachtet wird bei dieser Gelegenheit oft und gerne gelacht. Der humorige Austausch mit anderen Trauernden kann bei der Trauerbewältigung helfen. Nicht selten ist es ein erster, wichtiger Schritt in der Trauerarbeit eines jeden einzelnen. Denn jeder Erinnerung geht erst einmal der Abschied voraus. Leider wurde uns in Zeiten der Pandemie selbst diese Möglichkeit teilweise genommen. Gewiss wir haben die Möglichkeit therapeutische Hilfe aufzusuchen, in Form einer Psychotherapie. Oder ähnlichen Formen der seelischen Heilung, wie eine Regression. Für jeden Menschen gilt es die individuell richtige Lösung zu finden, um Trost und Heilung zu erfahren.

Krisen kommen und gehen, das ist kein Vergnügen aber die Realität. Eines ist sicher, wir Menschen haben etwas gemeinsam, wir sind darin alle gleich, wir werden geboren, werden erwachsen und begehren geliebt zu werden. Wir werden zu Erwachsenen, die auf der Suche nach Liebe sind. Uns verbindet alle das Bedürfnis nach Liebe. Diese können wir nur durch Mut und Mitgefühl erlangen. Gerade heute ist es wichtiger denn je, für sich aber auch für andere einzustehen. Lassen Sie mich, diesen eher nachdenklich gewordenen Artikel, gleichwohl mit einer Prise Humor beenden. Die diversen aktuellen Beispiele der Pandemie zeigen auf, welche extremen Formen Krisen annehmen. Oder hätten Sie sich jemals vorstellen können, dass Kirchen und Bordelle aus ein und demselben Grund geschlossen werden?

»Dein Herz leitet dich besser durch jede
Krise als dein Verstand.«

©Amadis Amarrés

Amadis Amarrés

Lebenslust & Lebenskraft

Biografien sind oft ein Gemisch zwischen Erzählung, Wahrheit und Lüge. Gelegentlich sind es glänzende Selbstinszenierungen. Andere strotzen nur so von gekonnter Selbstdarstellung, was dann in sogenannte Memoiren übergeht. Der Begriff Biografie stammt aus dem Griechischen. Präziser aus dem altgriechischen biographia, es setzt sich aus bíos (Leben) und gráphō (schreiben) zusammen, was faktisch Lebensbeschreibung meint. Aufgrund ihres subjektiven Charakters dürfen Memoiren, was ihren Wahrheitsgehalt betrifft, nur mit Vorsicht betrachtet werden. Es gibt fraglos Memoiren, die eindrücklich, berührend und erfrischend ehrlich sind. Eines steht fest, der Schlüssel zu jedem Menschen sind die Geschichten seines Lebens. In einigen von ihnen erkennen wir Anteile, die unserem Leben ähneln. So ist es nicht weiter verwunderlich das auf dem Büchermarkt Autobiografien stetig boomen. Selbst der moderne Mensch lässt in den sozialen Medien, andere an seinem Leben teilnehmen. Damit tut er nichts anderes, als seine Lebensgeschichte anderen mitzuteilen. Wenn man so will, erzählen wir in unseren Social Media Posts, kleine Episoden unseres Lebens, unsere Biografie.

QUELLEN DES GLÜCKS

Wir erfahren aus Lebensgeschichten von Persönlichkeiten, aus Kunst, Politik, der Geschichte oder »normalen« Menschen, die ein ereignisreiches Leben führten, etwas Wichtiges. Wir erhalten Einblicke, Erkenntnisse, Eindrücke und Erfahrungen. Dies alles, ohne selbst dafür mit dem eigenen Leben herhalten zu müssen. Wir erleben eindrucksvolle Lebenskrisen, hautnah und doch nur indirekt aus sicherer Distanz. Einige Episoden lassen uns schmunzeln. Einzelne bringen uns zum Lachen, andere Trösten und einige erzählen von bedingungsloser Liebe. Schon immer haben Biografien uns Menschen fasziniert. Was gibt es Spannenderes als das echte Leben. Daran hat sich bis heute nichts verändert. Wir lieben es von den Geschichten anderer überrascht, beeindruckt, und in unsern Bann gezogen zu werden. Denn in den meisten dieser Lebenserzählungen erfahren wir wichtige Erkenntnisse für unser eigenes Leben. Ein Leben ist stets voller Krisen, die Herkunft spielt dabei keine Rolle. Lebensläufe zeigen uns, wie andere Menschen mit ihren Herausforderungen umgehen. Wie sie an ihnen scheitern und weshalb. Wie die ganze Welt aktuell beobachten kann, machen Krisen auch vor Königshäusern nicht Halt. Wobei wir nahezu wieder bei den Märchen angekommen sind. Man mag darüber denken, was man möchte, aber auch Königinnen und Könige sind nur Menschen, und eine jede Krise trifft sie genauso, wie uns alle.

Die französische Künstlerin Amanda Lear, ist Sängerin, Malerin, Moderatorin, Autorin und Schauspielerin. Sie war in der zweiten Hälfte der 1970er-Jahre eine gefeierte Disco-Queen. Sie war mit dem Künstler Salvador Dali befreundet, sie galt als seine Muse. Aktuell spielt sie in Paris erfolgreich Boulevardtheater. Amanda Lear erlebte auf dem Höhepunkt ihrer Karriere Folgendes. In einem Interview berichtete sie: »Man rief mich während der Aufzeichnung einer Fernsehsendung an und sagte mir. Ihr Haus hat gebrannt! Ihr Mann ist dabei an einer Rauchvergiftung gestorben. Das war natürlich ein Riesendrama, eine schreckliche Tragödie. Es war schrecklich, das hat mein Leben total durcheinander geworfen. Bis dahin hatte ich ein tolles

Leben. So viel Glück, alles gelang mir. Ich war Model, Sängerin, hatte berühmte Liebhaber. Alles ging gut und dann auf einmal, zerbrach alles, einfach alles. Ich verlor die Liebe meines Lebens. Mein Haus, meine Kleider, meine Bilder, meine Erinnerungen. Alles, alles war weg. Das war der Moment, indem ich alles infrage stellte. Was sollte ich tun? Sollte ich mich umbringen? Das war der erste Gedanke. Oder sollte ich weiter machen? Was tun? Man wendet sich an Gott und fragt warum? Warum ist das mir passiert? Das ist so ungerecht. Und dann kommt die Antwort. Warum nicht dir? Du bist wie alle anderen. Gerade du, berühmt wie du bist und Millionen Platten verkauft hast. Du bist wie alle. Auch du kannst eine Krankheit aufschnappen oder einen Unfall haben, wie alle. Du bist nicht unverwundbar, niemand ist das. Man ist nicht privilegiert. Es kann einem alles passieren. Man ist nicht geschützt. Vor keiner Tragödie. Ich hatte die Wahl, soll ich mich umbringen, nein! Also habe ich mir gesagt, ich mache weiter.« Dies die Aussagen von Amanda Lear.

 Das Leben verbeugt sich nicht vor Macht, Ruhm und Reichtum. Im Gegenteil es macht nicht den geringsten Unterschied. Denn berühmten dieser Welt hilft all ihr Reichtum, ihre Macht mitunter nicht, diese eine Krise zu bewältigen. Selbst ein König muss dann manchmal erfinderisch sein, um die Situation auf andere Art zu bewältigen. Wie wir alle wissen, schreibt die besten Geschichten das Leben selbst. Dementsprechend begegnen wir in dieser Rubrik auf ergreifende Porträts. Von Menschen, deren Lebensgeschichten nicht selten in den Geschichtsbüchern endeten. Die meisten von ihnen waren entweder berühmt, reich, schön und mächtig oder sie waren schlicht Genies. Dessen ungeachtet sind sie vor allem eines, menschlich! Dies ist einer der Gründe, weshalb uns ihre wahren Erlebnisse, bisweilen staunen lassen und uns berühren. Häufig fiebern wir mit den Protagonistinnen mit. Wir fragen uns beim Lesen wiederholt, was wir in manchen Situationen an ihrer Stelle getan hätten, wie hätten wir auf so manche Tragödie selbst reagiert? Es sind Berichte vom packenden Überlebenskampf. Es geht darin um Liebe, Neid, Erfolg, Intrigen, Rache,

Macht und Abenteuer. Dabei spielen sich wahre Dramen ab. Es sind einfühlsame Geschichten, die uns mitten ins Herz treffen. Zahlreiche Familiendramen bestimmen die Leben von Künstlerinnen mit ihren Höhenflügen und Abstürzen, bis hin zum Freitod. Andere erreichen mit Geduld, Ehrgeiz und Beharrlichkeit ihre Ziele, sie schaffen den Weg von ganz unten nach ganz oben. Dies, um hinterher alles wieder zu verlieren. Einmal soll es der schönste Tag im Leben werden, jedoch hat das Leben andere Pläne, der Tag endet im Fiasko. Häufig geht es um edle Werte. Einige Episoden vermitteln uns; selbst nach größten Krisen, wendet sich das Leben wieder zum Guten hin. Unsere Protagonistinnen zeigen uns wie man stark bleibt. Sie lehren uns, nicht zu schnell aufzugeben. Selbst wenn das Leben noch so garstig mit uns umspringt. Die meisten machen weiter, sie kämpfen für ihr Leben, für ihre Kunst, für ihre Liebe. Es sind Lebensgeschichten, die uns stärken und uns Mut machen. Gelegentlich akzeptieren wir betroffen, dass wir dem Leben mit seinen Herausforderungen machtlos gegenüberstehen und wir ihnen nichts entgegenzusetzen haben. Dann gilt es diese Herausforderungen anzunehmen und sich ihnen zu stellen. Dies mit offenem Ergebnis. Nicht immer meint es das Leben schlecht mit uns, wenn es uns ein Bein stellt. Unter Umständen werden wir dadurch vor etwas Schlimmeren bewahrt, und das Leben erweist uns damit in Wirklichkeit einen Gefallen. Wir erkennen dies allerdings erst viel später. Ab und zu reiben wir uns ungläubig die Augen und fragen uns, wie soll man so ein Leben aushalten, es leben? Wir finden in den vielen Lebensgeschichten, darauf manchmal ansatzweise Antworten. Zumindest liefert das eine oder andere gelebte Leben genug Inspirationen für unseren eigenen Lebensweg. Wahre Geschichten fesseln uns mit ihrer Palette an Emotionen. Häufig sind sie humorvoll, herzerwärmend und erfrischend ehrlich. Im Endeffekt zeigen sie uns, dass Menschen immer Probleme und Krisen im Leben haben, ob arm, reich, berühmt, begabt, schön oder mächtig. Das Leben gestattet keine Unterschiede, das ist tröstlich. Den Auftakt macht eine kleine zierliche Frau mit einer umso größeren Stimme.

Amadis Amarrés

»Die ganze Weltgeschichte verdichtet sich in die
Lebensgeschichte weniger und ernsthafter Menschen.«
Ralph Waldo Emerson (1803 - 1882)

Lebenslust & Lebenskraft

»Non, je ne regrette rien«

»Ich bereue nichts, ich überdenke nichts, ich genieße alles.«
Charles Joseph de Ligne (1735 - 1814)

In einem ihrer erfolgreichsten und berühmtesten Chansons, besingt die legendäre Sängerin ihr Lebensmotto; »Non, je ne regrette rien« (Nein, ich bereue nichts). Die ein Meter siebenundvierzig große Édith Piaf, der »Spatz von Paris«, wie man sie auch nannte, sang von der Liebe und vom Leid, das sie mitunter verursacht. Sie lebte exzessiv, sie liebte enthusiastisch. Viele ihrer Protegés sind heute legendär wie die Piaf selbst. Wenn Édith ihre Stimme erhob und sang, versprühte sie pure Magie, sie entblößte sich und ihre Seele bis zum Exzess. Die Piaf ist eine Ikone, für viele Franzosen wird Édith immer die Seele und die Stimme ihres Landes bleiben.

Die Piaf schenkte ihre charakteristische Stimme einem weiteren erfolgreichen Chanson: »La vie en rose« *(Das Leben in Rosa)*. Keine wusste es besser, dass es nur zeitweise rosa ist. Dessen ungeachtet hat sie es geliebt und ihr Leben gelebt. Édiths viel zu kurzes Leben war geprägt von unzähligen Liebschaften. Zwei Ehen, Krisen, Glück, schwere Krankheit und eine daraus resultierende Sucht prägten ihr Dasein.

»Mein ganzes Leben gleicht einem beinahe unglaublichen Roman«, schrieb Édith Piaf in ihren Memoiren. »Ich habe das Gefühl, dass selbst ich unwillkürlich lügen müsste, wenn ich davon erzählte«.

Die Sängerin liebte es, gemeinsam mit der Regenbogenpresse, selbst dafür zu sorgen, indem sie an ihrer eigenen Legende strickte. Schon um ihre Geburt ranken einige Versionen. Fest steht, dass Édith Giovanna Gassion, am 19. Dezember 1915 zur Welt kam. Aber wo genau? Im Pariser Stadtteil Belleville, angeblich auf der Straße. Das ist eine der vielen Legenden. Obwohl sie laut Klinikprotokoll ganz alltäglich im Pariser Hôpital Tenon das Licht der Welt erblickte. Mit vier Jahren erkrankte die kleine Édith an einer Augenkrankheit, an der sie nahezu erblindete. Hier geht es erneut legendär weiter. Angeblich legten die Damen des großmütterlichen Bordells in der Normandie zusammen, um Édith eine Wallfahrt zur heiligen Thérèse von Lisieux zu ermöglichen. Zu ihrem Glück verlief die Pilgerreise erfolgreich. Das kleine Mädchen erhielt auf wundersame Weise, sein Augenlicht zurück. Édith Piaf hatte ihre Meinung dazu: »Mein Glaube an etwas Größeres, Stärkeres, Reineres als alles, was es hier auf Erden gibt, ist grenzenlos.«

Édith küsst ihr kleines Kreuz vor jedem Konzert, jenes Kruzifix, das sie an ihre Heilung erinnert. Sie betet ein Leben lang zu der heiligen Thérèse von Lisieux. Im Alter von fünfzehn Jahren wird Édith vom Kabarettbesitzer Louis Leplée entdeckt. Eine beispiellose Karriere nimmt ihren Anfang. Die Piaf lebt ihr Leben leidenschaftlich, sie verschwendet ihr Geld und teilt mit vielen ihr Bett. Der Chansonnier, Schauspieler und einer ihrer Liebhaber Ives Montand äußerte sich dazu in einem Interview: »Édith Piaf sang schön, wenn sie verliebt war, sie brauchte das körperlich verliebt zu sein. Sie lebte dann nur noch ganz für den Mann, den sie liebte, schaute nicht nach anderen Männern.«

Wie ihr Biograf Jens Rosteck folgerichtig beschreibt, sah sie sich, als Berufene mit einer klaren Mission; »die Menschen mitten ins Herz zu treffen.« Dass ihr dies gelang, darüber besteht kein Zweifel. Die Piaf erklärte es auf ihre Art: »Meine Chansons, das bin ich, das ist mein Fleisch, mein Blut, mein Kopf, mein Herz, meine Seele«.

Ihre Chansons: »L'Hymne à l'amour« oder »La vie en rose« gehen heute noch unter die Haut. Ihr Freund, der Schriftsteller, Filmregisseur und Maler Jean Cocteau hat es drastischer ausgedrückt: »Jedes Mal, wenn sie singt, meint man, sie risse sich endgültig die Seele aus dem Leib.«

Diese Sehnsucht und Intensität, ihrer Liebens- und Leidensfähigkeit trieb die Piaf ruhelos von einem Mann zum nächsten. Da wäre zunächst Yves Montand, dem sie persönlich das Macho-Gehabe austrieb. Gleichzeitig schubste sie seine Karriere an. Genauso brachte die Piaf die Karriere des inzwischen legendären Charles Aznavour in Schwung. Dies gilt ebenso für Georges Moustaki, der für sie das Chanson »Milord« komponierte. Neben ihrer eigenen Karriere förderte sie viele andere bekannte französische Künstler wie, Gilbert Bécaud, Eddie Constantine, Jacques Pills, nicht zu vergessen, den Film-Komponisten und Oscar-Preisträger Francis Lai. Doch kaum war das Feuer der Liebe für einen Mann bei Édith Piaf entfacht, sei es ein Musiker, Filmschauspieler oder einen Sportler, da wandte sich die Piaf schon wieder ab. Sie erklärte einmal selbst: »Nie konnte ich den, den ich liebte, lang in den Armen halten.« Édith war es lieber, die Männer zurückzulassen, bevor diese die Piaf zurückließen. Ihre Angst war zu groß allein zu sein oder gar verlassen zu werden.

Ausgerechnet Édith Piafs große Liebe, der Boxer Marcel Cerdan kam bei einem Flugzeugabsturz 1949 über den Azoren ums Leben. Als die Todesnachricht die Piaf damals in New York erreicht, wo sie gastiert, erleidet sie einen Zusammenbruch. Die Piaf steht pflichtbewusst noch am selben Abend wieder auf der Bühne und singt eines ihrer eindringlichsten Chansons: »Mon Dieu«, es ist nach etlichen Aussagen ihrer großen Liebe, Marcel Cerdan gewidmet. Indem sie in einer Zeile inständig bittet: »Mon Dieu! Laissez-le-moi encore un peu mon amoureux«! *(Mein Gott, lass ihn mir noch ein bisschen, meinen Geliebten).* Georges Moustaki brachte es auf den Punkt: »Zu lieben und zu singen das waren die Triebkräfte ihres Lebens. An dem Tag, an dem diese Quellen in ihr versiegten, hatte sie keine Lust mehr zu leben.«

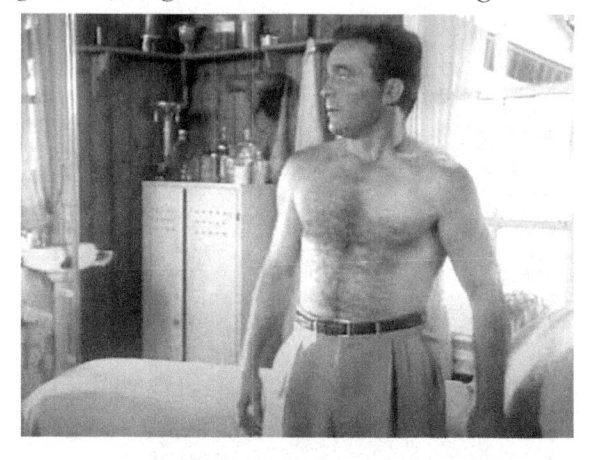

Im September 1959 hatten die beiden auf einer Spritzfahrt einen gravierenden Verkehrsunfall. Édith Piaf wurde in der Folge schwer verletzt. Monatelang musste sie sich mehrfach Operationen unterziehen.

Während der Krankenhausaufenthalte behandelte man ihre Schmerzen, wie zu der Zeit üblich, wiederholt mit Morphium. Dies führte sie in eine Abhängigkeit, die sie bis zu ihrem Tod begleitete. Die Aussage, Édith Piaf war im Übrigen drogensüchtig, rückt ihre sogenannte Sucht unter diesem Aspekt in ein anderes Licht. Édith war hingegen mit Sicherheit trockene Alkoholikerin. Des Weiteren litt sie an schweren rheumatischen Erkrankungen. Wenn jemand aber von Alkohol- und Medikamentenentzug, von Diäten und Ruhe sprach, sagte sie immer nur zurückweisend: »Ich gehorche nie, niemandem!« Nach Cerdans Tod tröstete sie sich, mit dem ihr inzwischen vertrauten Morphium und Alkohol, sie bedurfte Beruhigungs- und Aufputschmittel. Ein teuflischer Mix, der nicht ohne Folgen blieb. Immer wieder brach Édith bei ihren Auftritten zusammen. Alle Versuche mit Entzugskuren blieben bis zuletzt erfolglos.

Als der Komponist Charles Dumont in ihr Leben trat, schien die Piaf längst am Ende. Wiederholt versuchten Dumont und sein Freund der Texter Michel Vaucaire, Édith Piaf ihr neuestes Chanson zu präsentieren. Erfolglos, mehrfach wurden sie an Piafs Wohnungstür abgewiesen. Bis auf das eine Mal, als Piaf aus dem Schlafzimmer die Debatten an der Türe belauscht. Die Piaf soll darauf aus dem Zimmer durch die ganze Wohnung gerufen haben: »Wenn die Herren schon da seien, sollen sie halt bleiben.«

Dumont schilderte die Episode später so: »Dass sie an jenem Nachmittag am 5. Oktober 1960 eine geschlagene Stunde auf die 44-Jährige warten mussten.« Doch dann bekamen die Musiker ihre Chance. Dumont intoniert an Édiths Flügel, vor der Sängerin »Non, je ne regrette rien«. Verzückt bittet ihn die Piaf, das Chanson zu wiederholen. Konsterniert fragt sie ihn: »Haben sie das wirklich geschrieben?« Als er Piafs Frage bejaht, antwortet sie rasend vor Begeisterung: »Darauf habe ich mein ganzes Leben gewartet. Dieses Chanson wird die Welt erobern!« Nach Aussage ihrer Freundin Simone Berteaut wurde die gesamte Entourage der Sängerin herbeizitiert, um Dumonts Lied zu begutachten. Die ganze Nacht saß der Komponist am Klavier, um dieses, sein Chanson abermals zu wiederholen. »Das bin ich! Es ist das, was ich fühle, was ich denke! Es ist sogar noch mehr, es ist mein Testament«, soll die Sängerin dazu aufgewühlt geäußert haben.

Édith Piaf sollte recht behalten. Dieses ihr Chanson, es wurde zum Inbegriff des französischen Chansons schlechthin. Nicht eine einzige Cover-Version erreichte jemals Piafs Interpretation nur ansatzweise. Niemand schmetterte den Zuhörern das »Je me fous du passé!« (*Die Vergangenheit ist mir egal!*) Dermaßen markig ins Auditorium, wie die kleine Frau im schlichten schwarzen Kleid. Gerade weil es im turbulenten, zu kurzen Leben der Piaf, scheinbar einiges zu bereuen gäbe, ging jeder Zuhörerin dieses aufwühlende Chanson und Piafs Interpretation, unter die Haut.

Am 29. Dezember 1960 kehrt die Sängerin, gezeichnet von Krankheit, Sucht und Schmerzen zum letzten Mal zurück auf die große Bühne des legendären Pariser Olympia. Etwas unsicher, steif, beinahe durchsichtig blass, wie in den Zeitungen damals berichtet wurde. Abermals in ihrem schwarzen Kleid, einzig geschmückt von einem mit sieben Smaragden besetzten Kreuz, ein Geschenk ihrer Freundin Marlene Dietrich. Es sollte ihr viel beachtetes Comeback werden. Und gleichzeitig das finanziell angeschlagene Pariser Olympia-Theater vor dem Ruin retten.

Der letzte Liebhaber von Édith Piaf, ist der zwanzig Jahre jüngere griechische Friseur, Theophánis Lamboukas. Édith nennt ihn fortan Théo Sarapo. Wie viele seiner Vorgänger zerrt sie Théo vor ein Mikrofon für das gemeinsame Duett: »À quoi ça sert l'amour« (*Was ist der Sinn der Liebe*).

Édith heiratet 1962 den jüngeren Théo, sie ist zu diesem Zeitpunkt längst schwer krank. Am 9. Oktober, ein Dienstag, treten die beiden in einer griechisch-orthodoxen Kirche in Paris, vor den Traualtar. Im August 1963 reist der Impresario Louis Barrier, gemeinsam mit Sarapo und der erkrankten Piaf, in das kleine Örtchen Plascassier, in die Nähe von Grasse. Umsorgt von einer Krankenschwester und Danielle Bonel, die ursprünglich Schauspielerin war und 1937 Édith Piaf begegnete. Die beiden Frauen waren unzertrennlich. Bonel kümmerte sich 26 Jahre um Édiths Angelegenheiten. Édith starb in den armen ihrer langjährigen Freundin, sie war es, die Édiths Augen schloss. Danielle Bonel will sich in einer Fernsehdokumentation nicht an den genauen Todeszeitpunkt erinnern, sagt aber Édith Piaf sei am 10. Oktober 1963 gegen 12.45 Uhr gestorben. Ihr Mann Théo war zu diesem Zeitpunkt auf Tournee. Nach ihrem Tod beschlossen, Sarapo, Bonel und Barrier, entgegen den Vorschriften den Leichnam insgeheim und unbemerkt nach Paris zu überführen. Bonel besorgte einen Krankenwagen. Gegen 20 Uhr traten sie alle gemeinsam Piafs letzte Reise nach Paris an. Danielle Bonel begründete dies damals damit: »Édith musste einfach in Paris sterben«.

Piafs Arzt erklärte sich in derselben Nacht bereit, einen gefälschten Totenschein auszustellen. Édith Piaf wurde am 11. Oktober 1963 um 8 Uhr morgens offiziell für tot erklärt, als Sterbeort gab der Arzt Paris an. Am selben Tag, an jenem 11. Oktober 1963 stirbt auch ihr Freund Jean Cocteau. Der Le Parisien titelte: »LA MORT D'EDITH PIAF A TUÉ JEAN COCTEAU« *(Der Tod von Édith Piaf tötete Jean Cocteau)*. In den Schlagzeilen wurden die beiden damals als »Brautpaar des Todes« bezeichnet.

Am 13. Oktober 1963 wurde Édith Piaf auf dem Pariser Friedhof Père-Lachaise zu Grabe getragen. Flankiert von Tausenden von Menschen, die seit 8 Uhr morgens betroffen an den Straßenrändern warteten. Sie sind nicht aus Neugierde gekommen, es war ihre Liebe zu der Sängerin ihrer Herzen. Es war unglaublich ruhig, trotz der Menschenmenge. Der mit Blumen, Kränzen und Sargbouquets überladene Leichenwagen, war unter dem Blumenmeer kaum noch auszumachen. Er wurde von einer Abordnung von motorisierten Polizisten eskortiert. Der Boulevard de Ménilmontant war, soweit das Auge reicht, voller Menschen. Als der Zug in den Boulevard einbog, konnte man beobachten, wie die Menschen Tränen verdrückten. Vor den Toren des Père Lachaise stieß der merklich betroffene Théo Sarapo hinzu. Teilnahmslos schritt Sarapo dem Leichenwagen hinterher. Hernach drängte sich die unkontrollierte Menschenmenge auf den Friedhof. Die Polizei vermochte nichts gegen das Gerangel zu unternehmen. Alles verlief völlig unvorbereitet und chaotisch. Niemand hatte damit gerech-

net, dass geschätzt, mindestens vierzigtausend Menschen hierher kamen um von »ihrer Piaf« Abschied zu nehmen.

Piafs enge Freundin Marlene Dietrich, ist in Tiefes schwarz gehüllt. Sie trägt ein schwarzes Kopftuch. Die Dietrich ist im Wesentlichen an der Organisation der Bestattung beteiligt. Sie wartet schon lange an Édiths offenem Grab. Sie war eine der Einzigen die zuvor den Friedhof betreten durfte. Die entfesselte Menschenmenge verteilte sich zwischen all den Gräbern, auf Bäumen und Wegen um die Division 97 herum, wo sich das Familiengrab der Gassions noch heute befindet, um wenigstens einen letzten Blick auf ihr Idol zu werfen. Nach der Bestattung zogen die Anwesenden in Kolonnen an Édiths Grab vorbei und bekreuzigten sich. Die Emotionen lagen sichtlich brach. Die Menschen verabschiedeten sich nicht von der Sängerin Piaf, es war mehr, es war ein letztes Adieu für eine große Französin, ihre Menschlichkeit machte sie zu einer von Ihnen. Édith Piaf ist bestattet mit ihrer Tochter und ihrem letzten Mann Théo Sarapo, der am 28. August 1970 starb. Während meiner Recherchen war ich zu allen Jahreszeiten an Piafs Grab. Immer lag mindestens eine rote Rose auf Édiths Grab. Zumeist war es aber immer umgeben von vielen frischen Blumen, die Menschen aus der ganzen Welt, zu ehren der kleinen großen Sängerin bewegt an ihrem Grab niederlegten.

Zum Schluss noch dies: Wenn Sie sich in Paris befinden, arrangieren Sie doch einen Besuch im »Musée Édith Piaf«. Das Museum befindet sich in der Privatwohnung von Bernard Marchois, es ist nur zwei erstaunliche Zimmer groß. Der freundliche Museumsführer, Verehrer und Bekannte von Édith Piaf, erzählt auf Anfrage spannende Geschichten zu den verschiedenen Ausstellungsstücken. Zu sehen sind ihr berühmtes »kleines Schwarzes«, das Lieblingskleid von Édith. Diverse Schriftstücke, wie persönliche Briefe. Außerdem eine große Anzahl an Fotos und verschiedene Objekte, die in Édith Piafs Leben eine wichtige Rolle gespielt haben. Ein Besuch des Museums ist ausnahmslos nur mit telefonischer Voranmeldung möglich. Man erhält den für Paris so typischen Tür Code, quetscht sich in den engen Aufzug und klingelt an Bernard Marchois Haustür. Mehr als acht Personen gleichzeitig empfängt der ältere Herr nicht. Das Museum befindet sich, vom Père-Lachaise, ca. 1000 Meter entfernt, rund 15 Gehminuten. Der Besuch des Museums ist kostenlos. Als Aufmerksamkeit sollte man dennoch ein großzügiges Trinkgeld für die Gastfreundschaft hinterlassen.

Die Adresse: M. Bernard Marchois, 5 Rue Crespin du Gast, 75011 Paris, Telefon: +33 1 43 55 52 72.   Eventuell besuchen sie noch die Place Édith Piaf, ca. 10 Gehminuten vom Père-Lachaise entfernt. Der Platz erscheint relativ in altem Glanz, als gäbe es noch ein Stück aus dem alten Bilderbuch-Paris. Hier laden Bänke zum Verweilen ein. Dort erinnert eine Bronze Statue, geschaffen von der Künstlerin Lisbeth Delisle an Édith Piaf. Die Skulptur »Hommage an Édith Piaf«, wurde von der Gießerei Clementi hergestellt und im Jahr 2003 auf der Place Édith Piaf eingeweiht. Hier steht sie nun, mitten im Herzen des 20. Arrondissement. Édith hebt das Gesicht zum Himmel, reißt die Arme empor, als wolle sie sagen: »Seht her, da bin ich! Gebrochen, aber nicht besiegt. Ich habe mich durchgeboxt, bis ganz nach oben.«

QUELLEN DES GLÜCKS

»Wenn der liebe Gott sich im Himmel langweilt, dann öffnet er das Fenster und betrachtet die Boulevards von Paris.«

Heinrich Heine (1797 - 1856)

Amadis Amarrés

Die Schatztruhe

Die Kraft heilsamer Musik

Wir sollten die heilsame Fähigkeit und Energie von Musik nicht unterschätzen. »Die Musik spricht von einer Seele zur anderen«. Dieser eine Satz von Arthur Schopenhauer veranschaulicht die Kraft von Musik. Ihre Fähigkeit, das auszudrücken, was anders nicht gesagt, nicht gefühlt und erlebt werden kann. Ihre Botschaft ist so mühelos wie schön, Musik spricht von Menschlichkeit. Wenn alles nicht mehr hilft und Dir ergeht es, wie »Calimero« im Trickfilm, und Du denkst Dir; »die ganze Welt ist schlecht«, was sie in Tat und Wahrheit, in Teilen auch ist! Aber wer möchte in jenen Momenten so etwas hören, geschweige denn darüber nachdenken. Dann hilft mitunter nur eines, Musik! Die Sprache der Musik wird auf der ganzen Welt verstanden, der Grund ist einfach und sehr emotional. Musik spricht unmittelbar mit unserer Seele. Mozart, Beyoncé, Andrea Berg, Louane, Taylor Swift, Ella Fitzgerald, Rihanna oder Maria Callas, jede Künstlerin, egal aus welchem Genre, sie alle entfachen mit ihrer Musik in unserer Seele die unterschiedlichsten Emotionen. Musik will uns trösten, beruhigen, stimulieren, anregen oder inspirieren. Musik hält unser Gehirn jung und hilft uns, dabei unsere Seele zu heilen. Welche Musik ist die Richtige, in welcher Situation? Welches Genre beruhigt, welches stimuliert uns, welche Klänge leisten wahrlich Magisches. Worin liegt die uneingeschränkte Kraft von Musik? Wie gelingt es ihre Attribute, für uns jetzt und heute zu nutzen? Musik ist auf gewisse Weise Yoga für unsere Ohren und Balsam für die Seele.

Mit Musik ist es wie mit dem Lieblingshaustier, dass sich zärtlich an uns schmiegt, um gestreichelt zu werden. Nur das es sich bei der Musik andersherum verhält. Die Musik, wenn es die eine Richtige ist, fängt an sich an uns anzuschmiegen. Musik beginnt mit ihren Tönen dabei unsere Seele zu streicheln. Dies fühlt sich nicht nur ausgesprochen wohltuend an, es ist in der Tat heilsam. Es ist derart wirksam, dass wenn Du es einmal erlebt hast, es immer wieder tun wirst. Es ist in gewisser Weise Yoga für die Ohren und Balsam für die Seele.

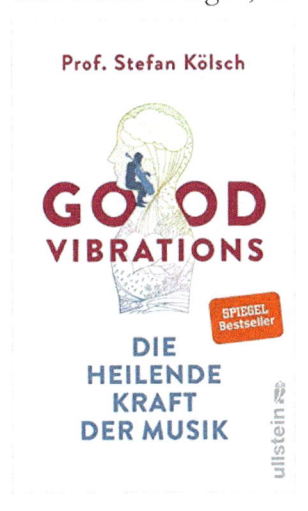

Der norwegische Neurowissenschaftler und Musikpsychologe der Universität Bergen, Prof. Dr. Stefan Kölsch kommt in seinen Forschungen zum Schluss; »dass die neuronalen Prozesse der Musik- und Sprachverarbeitung zu einem erheblichen Teil identisch sind und dass die Aktivität jeder Hirnstruktur, die eine kausale Rolle für die Entstehung von Emotionen hat, durch Musik beeinflusst werden kann«. Prof. Kölsch bewertet Musik so: »Musik hält fit und macht gesund ..., sobald wir Musik hören, die wir angenehm finden und noch mehr, wenn wir uns an Musik beteiligen, findet im Gehirn ein Feuerwerk von Botenstoffen statt: Sogenannte Neurotransmitter, Hormone und andere Botenstoffe, die sich auf unser Gehirn auswirken; aber auch auf den Rest unseres Körpers, zum Beispiel auf unser Stress- und Immunsystem.«

Einmal mehr kommt unser körpereigenes »Hormon-Labor« ins Spiel und damit das Glückshormon Dopamin. Prof. Kölsch hat herausgefunden, das Dopamin im Besonderen beim Musizieren ausgeschüttet wird. Es sei ein wahrer Jungbrunnen für das Gehirn. Prof. Kölsch, setzt zudem auf die heilende Kraft der Musik bei Erkrankungen wie Alzheimer, Parkinson, Demenz oder Depressionen. Wer mehr darüber erfahren möchte dem empfehle ich sein Buch: »Good Vibrations«, erschienen im Ullstein Verlag. Musik bewegt zutiefst. Musik bewegt Dich damit aber auch weit weg, weg von Deinen momentanen Sorgen, Deiner Wut oder was immer Dich aus dem Gleichgewicht gebracht hat. Das Wichtigste, es muss zweifelsohne die Musik sein, die Dir am Herzen liegt. Musik, die Du liebst. Wenn es die Musik von DJ David Guetta ist, die Dich regelrecht ausflippen lässt, prima. Oder Musik, die Dich in andere Sphären katapultiert, wie das Harfenkonzert von Mozart, dann ist es die richtige Wahl. Wenn Dich Andrea Bergs; »Viel zu schön, um wahr zu sein«, Dein Herz vor Freude tanzen lässt, perfekt. Egal welches Genre es ist. Wenn wir Musik hören, fällt es uns leichter, unsere Gedanken schweifen zu lassen und unsere Seele im Takt baumeln zu lassen. Welche Musik Dich zutiefst berührt, wirst nur Du herausfinden und entscheiden. Wer mit Musik seine Mühe hat, für jene gibt es ausgezeichnete Alternativen. Es sind Naturgeräusche, wie das Rauschen des Meeres oder es inspiriert und entspannt Dich buntes Vogelgezwitscher des Urwaldes.   Dabei ist entscheidend, welche Musik, welche Klänge mit Dir Dinge tun, wie sonst nichts! Nimm Dir vorher die Zeit, und überlege es Dir gründlich. Suche nach der Musik, die in Dir die allerschönsten Gefühle auslöst, die ist genau die richtige. Mit der perfekten Auswahl steht und fällt der Erfolg dieser Übung! Du hast noch Zweifel? Dann stelle ich Dir zwei einfache Fragen. Weshalb wird in Kaufhäusern und Geschäften, übrigens auch in der Werbung gezielt und speziell ausgesuchte Musik unterlegt? Wieso ist die Musik in Kinofilmen so wichtig? Weil Musik beinahe alle Bereiche unseres Lebens durchdringt. Oft ist von ihrer verbindenden Kraft die Rede. Für Filmmusik gilt dies im Besonderen, Musik ist der Herzschlag eines Films. Der Western »Spiel mir das Lied vom Tod« ohne Mundharmonika klänge, James Bond ohne seine Erkennungsmelodie, es wäre langweilig und würde uns kein bisschen emotional berühren. Die Musik wird in allen Beispielen dazu angewandt, in uns eine riesige Palette von Emotionen auszulösen. Je nach Strategie, um uns im Supermarkt in Kauflaune, im Freizeitpark in Freizeitlaune zu versetzen. In der Werbung wird sie als Memory Effekt oder als Wiedererkennungswert verwendet. Je nach Musik geht es mit unseren Gefühlen in die eine oder andere Richtung. Angst oder Freude, Spaß, Trost, oder Entspannung, die Palette ist unendlich vielfältig. Am Ende ist es in allen Fällen eine Tatsache, wir werden dadurch manipuliert, genau diesen Effekt wollen wir uns jetzt selbst zunutze machen und uns positiv manipulieren.

Musik erzeugt in uns Stimmungen und damit unendlich viele Gefühle. Diese dürfen wir für unsere persönlichen Zwecke nutzen. Lade Deine Akkus wieder auf, mit Musik im Ohr, im Kopf, im Herzen und im Bauch. Probiere es aus und lass Dich auf Deine Musik ein, tauche ein in die Welt der Töne und Klänge. Versinke gänzlich in ihr und vergiss dabei allmählich Deine aktuellen Sorgen, lass Dich von Musik streicheln und berühren. Lass Dich hinwegtragen und damit heilen, nur Mut!

Amadis Amarrés

»Die Musik drückt aus, was nicht gesagt werden kann
und worüber es unmöglich ist, zu schweigen.«

Victor Hugo (1802 - 1885)

QUELLEN DES GLÜCKS

Das Essay

Das Leben feiern und es leben

»Ein großes Geheimnis ist das Leben, das nur die letzte Stunde begreift.«

Alessandro Manzoni (1785 - 1873)

Um das Leben zu feiern und es nach Herzenslust zu leben, kann es hilfreich sein, wenn wir uns zuvor seinem Ende zuwenden. In unseren letzten Stunden beschäftigen wir uns mit den Entscheidungen und Versäumnissen unseres Lebens. In den letzten Wochen und Tagen machen wir uns meist Vorwürfe. Wir bedauern dieses oder jenes in unserem Leben nicht getan, nicht erledigt zu haben. Bei einigen geht es so weit, das sie sich selbst vorhalten, nicht das Leben gelebt zu haben, dass sie sich gewünscht hatten. Mit der ernüchternden Erkenntnis das es dafür nun zu spät ist. Manche bereuen jene Entscheidungen die ihrem Leben, nach ihrer jetzigen Einsicht, die falsche Richtung gaben. Sie klagen sich selbst an, einen Menschen bewusst losgelassen zu haben. Anstatt ihn damals festzuhalten, ihn zu lieben. Jetzt wo er nicht neben ihnen sitzt, um ihre Hand zu halten, vermissen sie diesen einen Menschen schmerzlich. Sie erkennen am Ende ihres Lebens ihre große und wahre Liebe zu spät, eine bittere Wahrheit.

Amadis Amarrés

Es betrübt mich manchmal, wenn ich feststelle, dass nicht wenige jüngere Klientinnen und ein Teil der Jugendlichen keinen näheren Bezug zu älteren Menschen haben. Sie suchen und pflegen ihn nicht, es mangelt ihnen oft an Empathie. Es ist eine Form der Altersdiskriminierung. Andersherum erkenne ich bei älteren Klientinnen öfters keine Annäherung an die Jugend. Dieses Verhalten trägt genauso diskriminierende Züge. Es fehlt an Verständnis für die Jugend. Beiden Seiten ist die Neugier aufeinander und ein Generationenaustausch abhandengekommen. Hinzu kommt, dass es oft an der Fähigkeit einer selbstkritischen Rückschau in die eigene Jugend mangelt. Es herrscht eine regelrechte Kluft zwischen den Generationen. Selbst in den jeweiligen Gruppen walten jede Menge Vorbehalte gegenüber allem und jedem unbekannten. Teilweise ist das gegenseitige Verhalten respektlos. Irgendwann war mir klar, was einer der Gründe sein könnte. Es viel mir Folgendes auf. Solche Menschen, ob jung oder alt, handeln oft auch respektlos gegenüber der Natur. Sie haben selten einen Bezug zu Tieren. Selbst habe ich folgendes schockierende Verhalten miterlebt. Das erste Zusammentreffen mit unserer Katze Smilla war kein schöner Anblick. Wir gingen eines Tages aus dem Haus, da lief uns ein junges Tiger Kätzchen hinterher. Wir konnten nicht verhindern, dass uns das Tier nachlief. Als wir den Zebrastreifen überquerten, kam eine Fahrradfahrerin die Straße heruntergerast. Wir erreichten den sicheren Gehweg. Was dem kleinen Tier leider nicht gelang. Die Fahrradfahrerin, sie war etwa Mitte 20, erwischte das arme Tier und überfuhr es. Die kleine Katze flog durch die Luft und landete unsanft auf der Straße. Die Radfahrerin blieb weiter unten stehen. Dies zu einem einzigen Zweck, um zu kontrollieren, ob ihr Rad bei dem Unfall gelitten hatte. Danach fuhr sie einfach weiter. Sprachlos blieben wir zurück. Das Kätzchen lief verstört davon. Wenig später entdeckten wir Smilla in unserem Garten, indem Sie die Nacht verbrachte. Wir schauten von Zeit zu Zeit nach ihr. Es schien ihr so weit gut zu gehen. Am nächsten Morgen war sie weg. Wir unterrichteten ihre ehemalige Besitzerin vom Vorfall. Sie ging noch am selben Tag mit dem Tier zum Arzt, dass Kätzchen hatte den Unfall unbeschadet überlebt. Dieses Beispiel zeigt, wie wenig Sensibilität manchmal zu einem anderen Lebewesen vorhanden ist. Überraschenderweise findet man dieses Verhalten in gleichem Maße bei solchen Zeitgenossen, gegen sich selbst. Indem sie mit neustem Hightech und der medizinischen Chirurgie, mit Hilfsmitteln wie Botox, Hyaluron, Infusionen usw., ihren Körper andauernd optimieren wollen. Es stellt sich die Frage: Wann ist jener Punkt erreicht, an dem sie sich und ihr Leben als optimal erachten? Oder bleiben sie ein Leben lang auf der Suche und rennen jedem neuen Trend hinterher? Mit dem Ergebnis, das sie und ihr Körper eines Tages ausgelaugt kapitulieren. Ausnahmen bilden die sogenannte Wiederherstellungschirurgie, die nach Unfällen sehr hilfreich sein kann. Außerdem geschlechtsangleichende Operationen, für Transpersonen, sogenannte Gender-Operationen. Weshalb fordere ich diesen Respekt ein, weshalb ist er so wichtig? Respekt fordere ich nicht des Alters wegen ein, sondern weil jeder Mensch Respekt verdient, vom Baby bis zum Greisen. Es geht mir nicht einmal um den Respekt, den halte ich für selbstverständlich. Es ist eher die Besorgnis darüber, was sich ein Teil der Jugendlichen und der Senioren damit entgehen lassen. Als Jugendlicher suchte ich schon immer auch den Kontakt zu älteren Menschen. Wenn ich darüber nachdenke, begann es schon in meiner Kindheit. Ich hielt mich immer gern da auf, wo Erwachsene sich unterhielten. Die Gewohnheit behielt ich als Erwachsener bei, ich habe damit gute Erfahrungen gemacht. Es war faszinierend, welche Geschichten ich manchmal zu hören bekam.

Ein verstorbener Freund, berichtete mir einmal in allen Details von seinem Besuch in der Mailänder Scala. Er war von seinem damaligen Partner eingeladen worden. Der Abend war ein Ereignis, keine geringere stand auf der Bühne als die Diva Assoluta Maria Callas. Sie sang die Nor-

Amadis Amarrés

ma, bis und mit dem letzten Akt. Nicht genug, er war hinterher zu einem Galaempfang eingeladen, wo er der Sängerin in einem kurzen Gespräch begegnete. Zeitzeugenberichte sind etwas vom aufregendsten, wenn sie gut erzählt werden, sind es Fenster in die Vergangenheit.

Ein anderes Erlebnis hatte ich bei einem befreundeten Professor, den unsere Männergruppe damals in unseren Kreis aufgenommen hatte. Erwähnenswert ist die Tatsache, der Mann genoss es, von jungen Männern umgeben zu sein. Dabei gab es nie den geringsten Übergriff, weder mündlich noch sonst wie. Dazu war der Mann viel zu kultiviert. An jenem Abend waren wir alle eingeladen an seinen reich gedeckten Tisch, wir saßen gut gelaunt beim Essen. Da erwähnte er nebenbei; »es ist euch aufgefallen das wir heute mit einem exklusiven Gedeck speisen. Das Porzellan stammt aus dem Elternhaus von Kaiserin Elisabeth, von Sisi der Tochter von Herzog Max in Bayern«. Er setzte noch eines drauf. »Das Besteck, mit dem ihr esst, stammt aus demselben Haus«. Augenblicklich wurde es still am Tisch. Verkünde an einem Tisch voller schwuler Männer das sie gerade auf den Tellern, und mit demselben Besteck essen, mit dem womöglich einmal die »Sissi« gegessen hatte. Kreisch-Alarm ist da die geringste Gemütsregung. Vorsichtig wurde ein Teller nach dem anderen auf Augenhöhe gehalten, da war er der Beweis, das blau-weiße Rautenschild des bayrischen Wappens. Der Professor erklärte uns, dass es sich um Porzellan aus der Manufaktur Nymphenburg handelte, und die Geschichte des bayrischen Königshauses Wittelsbach untrennbar mit der Manufaktur verbunden sei. Der Professor war ein leidenschaftlicher Antiquitätensammler und stolz auf seine neuste Errungenschaft.

Dies sind nur zwei Beispiele, was man erleben und erfahren kann, wenn man sich hin und wieder mit älteren Menschen umgibt, es ist eine Bereicherung. Es ist verstörend zu erleben, wie heute teilweise mit dem Thema Alter und älteren Menschen umgegangen wird. Noch diskriminierender wird es beim Thema Sex, dem alte Menschen, nach der Meinung vieler Jungen, besser abschwören sollten. Die Schauspielerin Cheryl Shepard hat die Situation treffend beschrieben: »Es herrscht ein an Rassismus erinnernder Jugendwahn. Jugend gilt als Ideal, deshalb wird Sex im Alter tabuisiert. Sex hat nichts mit dem Zerfall des Körpers zu tun. Guter Sex hat auch sehr viel mit Erfahrung zu tun. Wenn man nicht sagt, was man sich wünscht und wie, kann es sein, dass man ein ganzes Leben, das bekommt, was man nicht will«.

Ich lege Wert darauf zu erwähnen, ich schreibe nicht gegen einen Teil der heutigen jungen Generation, sondern, für diese jungen Menschen. Ich möchte dabei nicht besserwisserisch sein. Es geht, mir einzig darum ihnen aufzuzeigen, in gewissen Lebenssituationen anders zu handeln oder anders damit umzugehen. Dies zu ihrem eigenen Glück. Was im Übrigen genauso für die ältere Generation wichtig wäre. Einfach in umgekehrter

Reihenfolge, alte Gewohnheiten in bestimmten Situationen auch mal abzulegen, um sich neu zu orientieren. Für die Generation dazwischen ist es am komplexesten. Für sie gilt dasselbe, mit dem großen Unterschied, dass sie an beiden Fronten arbeiten sollten. Bereits antrainierte Gewohnheiten wieder loszulassen und Vorurteile gegenüber der Jugend zu überdenken.

Tröstlich ist der Umstand, wenn man etwas älter ist, kennt man den Rhythmus des Lebens bereits und wie schnell er mit uns durchs Leben tanzt. Plötzlich ist man alt und weiß gar nicht so recht wie schnell dies alles geschah. Deshalb wäre es schön, wenn wir alle zeitig verstehen lernen, dass unser Leben, uns in jedem Alter Schönes zu bieten hat. Und dass wir uns und anderen zugestehen, jede Lebensphase mit Freude zu genießen und zu durchlaufen, auf unserer Wanderschaft durchs Leben. Es wäre hilfreich, zu verstehen, dass wir aus einem gelebten Erfahrungsschatz nur lernen und schöpfen können. Wie die folgende Anekdote zeigt, ist es zudem amüsant, gemeinsam mit älteren Menschen Spaß zu haben.

Vor etlichen Jahren hatte ich meine besten Freundinnen am Vorabend von Silvester zum Essen eingeladen. Da wir alle drei Silvester andernorts feierten, holten wir den Abend vor. Gemeinsam hatten wir einen amüsanten Abend, dem Anlass angemessen stießen wir mit Champagner auf das neue Jahr an. Wir wollten den Abend dementsprechend draußen mit etwas Feuerwerk beenden. Allerdings war es spät geworden, es war weit nach Mitternacht. Wir entschieden uns, das Feuerwerk gleichwohl abzufeuern, ungeachtet der späten Stunde.

Draußen auf den Straßen war so gut wie niemand unterwegs. Die Fenster waren alle schon dunkel, es war mucksmäuschenstill. Wir gingen mit unserer, über 70-jährigen Freundin, an den nahe gelegenen Fluss. Mit Vorfreude bereitete ich die Feuerwerksbatterie Namens »Magic Moments«. Die Aufschrift der Verpackung versprach; »Diese Batterie macht den Profis Konkurrenz!« Wir ahnten nicht, dass die Werbung keineswegs zu viel versprach. Wir zündeten das Paket an der langen Zündschnur an und brachten uns in Sicherheit. Einen Moment hörte man lediglich das Zischen der Zündschnur, doch dann brach das Chaos aus. Mit schrillem Pfeifen stieg etwas in die Luft. In einer Höhe von schätzungsweise hundert Metern explodierte es mit einem höllischen Donnerknall. Alles wurde urplötzlich taghell, in der Folge explodierte von den 236 versprochenen Schuss ein jeder gezielt, mit großzügigem Effekt, einer nach dem anderen. Es war ein prächtiges Schauspiel, aber vor allem war es entsetzlich laut. Es hörte nicht auf, alles wurde mehr, größer und lauter. Dieser nicht enden wollende Rabatz dauerte neun unendlich lange Minuten. Auf unserer und der gegenüberliegenden Flussseite öffnete sich ein Fenster nach dem andern.

Die ersten Nachbarn begannen sich, lauter als das Feuerwerk selbst, zu beschweren. Eilig verabschiedeten wir uns verstohlen. Wir hielten es für klüger rasch zu verschwinden, bevor die Polizei auftauchte. Jeder rannte in seine Richtung. Meine ältere Freundin rannte lachend, wie ein Lausemädchen nach einem Streich, nach Hause.

Amadis Amarrés

Während wir alle auf und davon rannten, setzte sich das imposante Finale in Gang. Es rundete dieses Komplettfeuerwerk mit rauschen, donnern, zischen, knallen und pfeifen ab, es übertraf alles, wir hörten es, bis wir zu Hause waren. So sollte ein Schlussbouquet eines Feuerwerks enden.

Wie ich am nächsten Morgen von meiner Freundin erfuhr, wurde sie von ihrer besorgten Tochter bereits erwartet: »Ich habe mir Sorgen gemacht, wo du bleibst. Es war eine Gruppe Nachtbuben unterwegs, sie haben mit Feuerwerk gespielt und die halbe Stadt aufgeweckt, die Idioten. Ich bin froh, dass du jetzt da bist.« Das bei den Nachtbuben, auch ein Nachtmädchen mit dabei war, genauer die eigene Mutter, erfuhr die Tochter erst später. Man kann im Leben viel spass haben, das Alter spielt dabei keine Rolle.

Kommen wir zurück zu den letzten Stunden. Wie wir in einem der letzten Kapitel erfahren haben, feierte Frankreichs berühmte Chansonnière Édith Piaf 1960 ein Comeback. Von Krankheit gezeichnet, dem Tode näher als dem Leben, sang sie auf der Bühne des Pariser Olympia: »Non, rien de rien, non, je ne regrette rien!« *(Nein, gar nichts, nein, ich bereue nichts!)* Drei Jahre später starb Piaf, nur 47 Jahre jung, an Krebs und Leberzirrhose. Glücklich ist, wer vor dem nahenden Tod ohne Reue zurückblicken und erfüllt und friedlich sterben kann. Es ist eine Binsenwahrheit, dass sich so manch verpasste Gelegenheit im Leben, später nicht mehr nachholen lässt, aber sie ist erschreckend wahr. Am Ende eines jeden Lebens stellen sich die großen Fragen: Was zählt wirklich? Was hätte ich besser machen können? Welche Fehler habe ich begangen? Was habe ich verpasst? Wer Menschen auf dem Sterbebett danach fragt, erhält immer wieder dieselben Antworten. In meinen Sterbebegleitungen habe ich ähnliche Erfahrung gemacht. Es ist eindrücklich, und ich betrachte es als Geschenk der Sterbenden an ihre Begleitung. Es ist ein Privileg, an solchen Gesprächen teilnehmen zu dürfen. Da zu sein, zuzuhören ist das Geschenk an die Sterbenden. Es lohnt sich in jedem Alter, hinzuhören was Menschen zu erzählen haben. Besonders in jenen Momenten, wo vertuschen, verschweigen und Lügen keinen Platz haben und wertlos sind. Es sind die ehrlichsten Stunden unseres Lebens.

QUELLEN DES GLÜCKS

»Den größten Fehler, den man im Leben begehen kann,
ist sich selbst zu belügen.«

© Amadis Amarrés

Amadis Amarrés

Die Wahrheit der letzten Stunden

»Zunächst müssen wir übers Sterben nachdenken, wenn wir ein glückliches Leben führen wollen.«

© Amadis Amarrés

Aus all diesen Gründen mache ich Sie mit der Autorin Bronnie Ware und einem ihrer Bücher bekannt, dass den Titel trägt: **»5 Dinge die Sterbende am meisten bereuen.«**

Nicht allen ergeht es wie der Sängerin Édith Piaf, dass sie nichts bereuen. Und letztlich wissen wir nicht, ob dies nur ein großartiges Chanson für sie war. Vielleicht gab es da Dinge, die der Mensch Édith am Ende ihres erfolgreichen Lebens auch bereute. Etliche bereuen am Ende ihres Lebens immer wieder dasselbe. In diesen Momenten, minutiös hinzuhören, kann uns viel Kummer und Leid ersparen. Bronnie Ware hat hingehört. Sie kennt die Gedanken, Ängste und Zweifel von Sterbenden. Die australische Krankenschwester war acht Jahre Palliativpflegerin. Als solche begleitete Bronnie Menschen in den letzten drei bis zwölf Wochen ihres Lebens am Sterbebett bis zu ihrem Tod. Wenn der Tod nicht eben mal vorbeischaut, wie bei einem Unfall oder einem anderen unvermittelt eintretenden Tod, kommen wir darum herum. Haben wir aber die Zeit, uns damit auseinanderzusetzen, ist es meist ein herzbewegender Weg.

Sterben kann ein schwieriger, anspruchsvoller, aber auch ein erkenntnisreicher und erlösender Prozess sein. In jenen Wochen, Tagen und Stunden reflektieren wir zwangsläufig unser Leben. In diesen Augenblicken kämpfen wir Menschen mit Ablehnung, Angst, Wut, Reue, noch mehr Ablehnung und noch mehr Wut.

Letzten Endes weicht alles der Akzeptanz. Was Bronnie Ware dazu schreibt, wirkt tröstlich: »Jeder einzelne Patient fand seinen Frieden, bevor sein Leben zu Ende ging, jeder einzelne.«

Die Autorin hat diese Gelegenheit genutzt, ältere und auch jüngere sterbende Menschen dazu zu befragen, was sie nachträglich am meisten bereuen. Bronnie hörte sich viele spannende Geschichten an. Ihr Inhalt und ihre Erkenntnisse, waren immer dieselben. Die Mehrheit gab immer die gleichen fünf Antworten. Die meisten von ihnen begannen mit dem Satz: Ich wünschte, ich hätte ...!

Weshalb uns solche Gedanken am Ende eines Lebens quälen, ist einfach zu erklären. Zu diesem Zeitpunkt wird uns bewusst, an welchen Stellen im Leben wir falsche Entscheidungen getroffen haben. Ein einziger Entscheid, der einmal vor Jahrzehnten getroffen wurde, wie auch immer, es war die falsche Entscheidung. Diese eine Entscheidung hat das Leben in eine falsche Richtung gewiesen. Unsere »falschen« Entscheidungen, unsere Versäumnisse bewegen uns Menschen in den letzten Stunden. Um welche Fehlentscheidungen und Versäumnisse handelt es sich?

»Ich wünschte, ich hätte den Mut gehabt, mein eigenes Leben zu leben«, ist die erstaunliche Aussage, die am häufigsten geäußert wurde. Die meisten Menschen bereuen, nicht den Mut zu haben, das eigene Leben zu leben. Es ist die Reue darüber das viele von uns lieber die Erwartungen anderer erfüllen. Um ihren Wünschen und Vorstellungen zu entsprechen und aus diesen Gründen auf ein eigenes Leben zu verzichten. Wie Grace die jahrzehntelang das tut, was von ihr erwartet wird. Sie heiratet, bekommt Kinder, opfert sich für Familie und Haushalt auf. Grace arrangiert sich in einer Ehe, in der sie von ihrem Ehemann tyrannisiert wird. Als ihr Mann in ein Pflegeheim eingewiesen wird, ist sie regelrecht erleichtert. Wie Bronnie Ware in ihrem Buch schreibt, Grace atmete auf: »Sie dachte, sie könnte danach ein neues Leben beginnen.« Das Leben hat andere Pläne mit Grace, innerhalb weniger Monate wird Grace todkrank. Die kranke Frau hadert mit sich und ringt ihrer Pflegerin Bronnie, das Versprechen ab, »sich niemals von jemandem von dem abbringen zu lassen, was du machen willst.« Ware gibt Grace das Versprechen, die Frau stirbt. Bronnie sagt dazu: »Das bedauern fast alle Menschen. Es gibt so viele Menschen, die durchs Leben gehen und die meiste Zeit Dinge tun, von denen sie glauben, dass andere sie von ihnen erwarten.«

»Ich wünschte, ich hätte nicht so viel gearbeitet«, diese Aussage machten zahlreiche ihrer männlichen Patienten. Durch die viele Arbeit, ihren Karrieren geschuldet, verpassen viele Männer damit die Jugend ihrer Kinder und die Gemeinsamkeit mit ihren Frauen. Aber auch Frauen erwähnten mit der Zeit diese Tatsache. Da viele Frauen einer älteren Generation angehörten, waren viele von ihnen nicht Hauptverdienerinnen in den Familien. So erzählt Bronnie Ware die Geschichte von Margaret, die Fünfzehn lange Jahre darauf wartet, dass ihr Mann endlich in Rente geht. Nach unzähligem Streit und Diskussionen willigt er endlich ein. Margaret beginnt überstürzt mit der Planung, von Reisen, die sie all die Jahre zusammen machen wollten. Sie blüht förmlich dadurch auf. Es kommt zu keiner einzigen Reise, Margaret wird krank und stirbt. Der Witwer John erklärt seiner Pflegerin in seinem Sterbebett: »Natürlich habe ich meine Arbeit geliebt, aber wofür? Das wirklich wichtige, meine geliebte Margaret, habe ich aus den Augen verloren.« John bereute, dass es ihm zu wichtig war, was sein Umfeld dachte. Er bereute, dass ihm seine Karriere so viel wichtiger war. Bronnie Ware macht dazu noch eine erschütternde Aussage: »Alle Männer, die ich gepflegt habe, haben das gesagt. Fast alle haben zu viel gearbeitet und zu wenig gelebt, weil sie Angst hatten, nicht genug Geld zu verdienen, oder ihrer Karriere wegen.«

»Ich wünschte, ich hätte den Mut gehabt, meine Gefühle auszudrücken.« Wie ernüchternd ist diese Aussage? Ausgerechnet das, was uns Menschen am meisten ausmacht, das versuchen wir mit viel Aufwand zu verbergen und zu unterdrücken. Um am Ende festzustellen, was für ein großer Fehler dies war. Eine Ursache ist die Angst! Angst enttäuscht zu werden. Angst jemanden zu verletzen. Angst abgelehnt zu werden. Angst die Harmonie zu stören oder dem Frieden zuliebe. Es kann auch die Angst vor der Wahrheit sein, wie in der nächsten Geschichte. Wir werden im Verlaufe dieses Buches noch mehr darüber erfahren. Bronnie Ware erzählt die berührende Geschichte von dem Holocaust Überlebenden Jozsef. Er wanderte nach dem Krieg mit seiner Frau nach Australien aus und realisiert erst kurz vor seinem Tod: »Ich hätte mir gewünscht, dass meine Familie mich wirklich gekannt hätte.« Sie haben verpasst den wirklichen Jozsef und sein Leben kennen und verstehen zu lernen. Ware beobachtete, dass viele dieser Menschen aufgrund ihrer Verbitterung mit der Zeit Krankheiten entwickelten. Deshalb ist es unumgänglich, dass wir unsere Gefühle leben. Dass wir unseren Gefühlen Raum schaffen in unserem Leben. Und das Wichtigste, dass wir bereit und im Stande sind, unsere Gefühle mit den Menschen zu teilen, die uns und unser Leben begleiten. Es ist nicht immer einfach, aber letzten Endes ist es für alle eine Bereicherung.

»Ich wünschte mir, ich hätte den Kontakt zu meinen Freunden aufrechterhalten.« Am Lebensende bereuen viele zuinnerst, dass sie viel zu wenig Zeit für Freundschaften aufgewendet haben. Sich mit Freunden zu wenig Mühe gaben. Sie fanden damals, neue Freunde stehen bereits vor der Tür. Dabei verloren sie sich aus den Augen und aus dem Leben. Manchmal sind es läppische Streitigkeiten, die dazu führten. Öfter war es ein bewusster Entscheid, eine Freundschaft zu beenden. Wie gehabt kommt erneut der Beruf und die Karriere ins Spiel. Heute sind viele mit ihren diversen Aktivitäten und ihrer Karriere derart ausgelastet, dass kein Platz für echte Freundschaften mehr bleibt. Andere Varianten sind, arbeitsbedingte Ortswechsel oder die Gründung einer Familie. Nun kommt wieder Bronnie Ware ins Spiel, sie sagt dazu: »In den letzten Lebenswochen aber, ist alles, was bleibt, Liebe und Beziehungen.«

Diese Tatsachen blieben auch mir nicht verborgen. Als ich einst für kurze Zeit als Sterbebegleiter oder Sterbebeistand, Menschen in ihren letzten Wochen begleitete. Da meine Patienten damals äußerst jung starben, der jüngste war 26 Jahre alt, waren Freundschaften kein rares Gut. Beendete man eine Freundschaft, tauchte an der nächsten Ecke schon eine neue auf. Wenn das Leben aber eine Fermate befiehlt, ist es abrupt zu spät, um Freundschaften zu knüpfen oder zu pflegen.

Zwei meiner Patienten starben ohne familiäre Begleitung oder Freunde. Beim einen war die Familie schlicht desinteressiert. Da der Patient an Aids verstarb, und Aidspatienten damals ausgesprochen stigmatisiert waren. Es gab keine Krankenbesuche. Niemand in der Familie sah sich in der Lage diesem jungen Menschen in seinen schwersten Stunden beizustehen. Er war 26 Jahre jung und keineswegs bereit zu gehen. Er wollte nicht gehen, er war nicht bereit dazu. Er wollte leben und das schrie er auch laut durchs ganze Zimmer, dies immer wieder. Wie ich ihn verstand. Ich war damals kaum älter. Es ist kein Alter, um dem Leben adieu zu sagen. Jene Stunden gehören zu den schwersten meines Lebens aber auch zu den innigsten. Dieser junge mutige Mann hatte es schließlich akzeptiert, er ging mit einem Lächeln. Ich hatte in diesen Tagen und Stunden die wichtigste Lektion meines Lebens erhalten, lebe! Der andere Patient hatte niemand. Keine Familie, keine Freunde, keiner der sich um ihn kümmerte. Meine Kolleginnen und ich waren für ihn die einzigen. Wir hielten ihm in seinen letzten Momenten die Hand. Streng genommen ist dies wenig, in jenen Stunden jedoch viel, wenn nicht alles.

Ware schreibt zum Thema Freunde, »viele meiner Patienten bedauerten, dass sie nicht genügend Zeit in ihre Freundschaften investiert hatten. Jeder vermisst seine Freunde, wenn er stirbt.«

»Ich wünschte, ich hätte mir erlaubt, glücklicher zu sein«, welch trauriger Gedanke, welch schmerzliche Erkenntnis.

Mein Buch befasst sich damit, Ihnen und Ihrem Leben zu so viel Glück wie möglich zu verhelfen. Das Glück regelrecht, wie bei einem Zopf mit ihrem Leben zu verknüpfen. Damit das Glück ein untrennbarer Bestandteil ihres Lebens wird. Sie haben schon vieles darüber gelesen, mit Bronnie Wares Geschichten haben sie den Beleg dafür, weshalb es so wichtig und entscheidend ist. Man kann das Glück wohl nicht bezwingen, man kann es aber herzlich in sein Leben einladen und es pflegen, wenn es schon einmal da ist. Eines gilt es dabei zu beachten, Glück ist flüchtig wie ein Parfüm, es verduftet nur allzu leicht. Bronnie Ware trifft in ihrer Pflegearbeit auf Rosemary, sie ist aufgestiegen zu einer der ersten weiblichen Topmanagerinnen ihres Unternehmens. Darüber scheitert ihre Ehe, sie verwindet diesen Verlust nie mehr. Bronnie trifft darum auf eine verbitterte Frau. Rosemary realisiert erst wenige Tage vor ihrem Tod, dass Ware recht hat, wenn sie sagt: »Wir haben die Freiheit zu wählen. Viele Patienten erkennen das erst zum Schluss. Sie stecken in alten Mustern und Gewohnheiten und dem Komfort der Gewohnheit fest.«

Weshalb handeln wir so und nicht anders? Denn eines steht fest, in aller Regel haben wir immer die Wahl. Wir leben in Zeiten, in denen allein das Ergebnis zählt. Wie dieses entsteht, was es mit denen macht die diesen Umstand herbeiführen, dieser Gedanke spielt in den Chefetagen keinerlei Rolle mehr. Doch einige Managerinnen und CEOs dieser Welt, sind die Vergessenen von morgen. Was werden sie bereuen, wenn sie dereinst ihre letzten Stunden verbringen? Aus all diesen Gründen dürfen wir niemandem überlassen, wie wir unser Leben leben. Wie wir es führen, mit wem wir es leben, und was wir damit anstellen. Das Leben gehört jedem Einzelnen von uns. Wie wir es formen, bleibt uns überlassen. Diesen Umstand dürfen wir uns selbst zugestehen. Wir sollten dabei nicht über die eigene Ignoranz stolpern.

Geben wir das Wort ein letztes Mal Bronnie Ware, die über die Erlebnisse mit Ihren Patientinnen abschließend sagt: »Wenn sie sterben, kommt eine Menge Furcht und Ärger aus den Menschen heraus und dieses; ich wünschte, ich hätte …, das kommt auch immer wieder.« Für sich selbst hat Bronnie entschieden, dass sie nur noch das macht, was sie wirklich will. »Ich weiß ja, was ich sonst auf meinem Sterbebett bereue.«

Ware gibt aber zu, dass längst nicht alle etwas bedauerten: »Es gab Menschen ohne Reue, die mit einem Lächeln im Gesicht starben.« Wahrscheinlich hatten sie in ihrem Leben immer getan was sie wollten und damit alles richtig gemacht …!

Es ist leider eine Tatsache, das Leben verzeiht selten einen Fehler. Um unseren Lebensweg zu gehen, benötigen wir absolute Konzentration, besonders in Zeiten wie diesen. Ein falscher Blick, eine falsche Entscheidung, einmal kurz abgelenkt, einmal irrtümlich abgebogen, und wir bewegen uns in die falsche Richtung. Wenn wir im Entferntesten spüren, dass etwas mit unserer Richtung nicht stimmt, dann gilt es innezuhalten. Dann ist Zeit, um eine Generalpause einzulegen. Um darüber nachzudenken oder besser, in uns zu gehen um unseren Bauch zu spüren. Denn eine jede Richtung sind wir in der Lage, jederzeit zu ändern und neu einzuschlagen. Konzentrieren wir uns wieder auf unsere Gefühle, unseren Instinkt. Ansonsten schreiten wir immerfort auf demselben falschen Weg diesem einen kleinen unachtsamen Fehler hinterher. Somit kommen wir nicht aus der falschen Spur und nähern uns unseren Zielen. Das mit dem Wünschen ist so eine Sache. Wir können oft wünschen, wie wir wollen, manche Dinge lassen sich nicht herbeiwünschen. Weil wir nicht die geringste Wahl haben. Vieles im Leben, das wir nicht wahrnehmen, könnten wir uns durchaus wünschen und tun es nicht. Wie der Beitrag zeigt.

Das Wünschen ist das eine, ob es das Richtige ist, was wir uns zuweilen Wünschen, ist die entscheidende Frage. Manchmal ist nicht entscheidend, was wir uns wünschen, sondern dass wir wissen, was wir im Leben haben möchten. Am wichtigsten ist zu wissen, wozu in unserem Leben kein Platz ist. Damit wir richtig entscheiden, dazu benötigen wir genügend Ruhe und Zeit, um gründlich darüber nachzudenken. Da es daran in unseren hektischen Leben mangelt, stellen viele am Ende ihres Lebens fest: Ich wünschte, ich hätte …!

(Die in diesem Text verwendeten Fotos sind Symbolbilder)

»Der Tod ist nie endgültig.
Es gibt immer die Erinnerung an ein großzügiges Herz,
an offene Hände, an wache Augen, an das gemeinsame Leben.«

Paul Éluard (1895 -1952)

Amadis Amarrés

»Alles, was am Schluss bleibt, sind Beziehungen.«
©Bronnie Ware

Elfen, Hexen & Kobolde

Afrika besitzt einen reichen Märchenschatz. Aber Afrika ist groß, es ist drei Mal so groß wie Nordamerika. Deshalb stammen diese Märchen aus ganz unterschiedlichen Traditionen, abhängig von der jeweiligen Region.

Es sind Geschichten und Erzählungen aus Nordostafrika wie Ägypten, dem Sudan oder aus Ghana. Es gibt Erzählungen aus Westafrika wie Mali, Nigeria, Liberia. Es gibt Geschichten die aus Südafrika, wie Tswana, Tsonga und Zulu stammen. In Zentralafrika erzählt man sich alte Sagen, so in Kamerun und dem Tschad. Einer hat einst viele von diesen Fabeln, Märchen und Sagen gesammelt, es war Carl Einstein. Einstein war deutscher

Amadis Amarrés

Kunsthistoriker und Schriftsteller. Er wurde am 26. April 1885 in eine deutsch jüdische Familie geboren. Zu seinen Freunden zählten; George Grosz, Georges Braque und Picasso. Als einer der ersten Wissenschaftler beschäftigte sich Einstein mit der Kunst Afrikas. Nicht die ethnologischen Gesichtspunkte weckten sein Interesse, es waren die ästhetischen Aspekte, die ihn an den verschiedenen Kulturen faszinierten. Damals gab es kaum fundierte Schriften über die Kunst Afrikas. Nach Reisen durch Italien zog es Einstein 1928 nach Paris zurück. Einstein heiratet 1932 die Französin Lyda Guévrékian, eine Armenierin, die in Persien aufgewachsen ist. Ihr Trauzeuge war der Maler Georges Braque. Nach dem Ausbruch des spanischen Bürgerkrieges zog Einstein mit seiner Frau 1936 nach Barcelona. Nach dem Sieg Francos floh er 1939 zurück nach Paris. Doch Frankreich konnte nur für gewisse Zeit Sicherheit bieten. Aufgrund seiner deutschen Staatsangehörigkeit wurde er im Frühjahr 1940 bei Bordeaux interniert und im Juni wieder entlassen. Der ehemalige Brigadier im spanischen Bürgerkrieg wählte, wie Walter Benjamin in den französischen Pyrenäen den Freitod.

Der Löwenzahn

Ewöl, der große Löwe aus Ostafrika, wohnte in der weiten Savanne. Es gab in der ganzen Gegend niemanden, der sich an ihn herantraute. Aus gutem Grund: Ewöl sah gefährlich aus und man erzählte unter den Tieren, dass er jeden mit Haut und Haaren verspeist, der sich ihm auf zwanzig Meter nähert. Suam, die kleine chinesische Wüstenrennmaus, war gerade erst in die Savanne gezogen.

Amadis Amarrés

Alle Tiere hatten sie gewarnt, dass sie sich keine Wohnung in der Nachbarschaft von Ewöl suchen sollte, der in letzter Zeit Tag und Nacht nur noch laut herumbrüllte. Doch Suam machte sich nichts daraus. Sie wollte ihn wenigstens persönlich kennen lernen, nahm ein Stück ihres besten Käses mit und wollte ihren Nachbarn begrüßen. Ewöl brüllte sie an, aber entschuldigte sich sofort.

»Alle laufen sofort weg, wenn sie mich sehen!«, sagte er traurig. Er klagte über fürchterliche Zahnschmerzen. Suam, die klein und mutig war, kroch in sein Maul und zog den schmerzenden Zahn mit aller Kraft heraus. Ewöl war so erleichtert und glücklich, dass er sich bei Suam bedankte. Damit begann eine wunderbare Nachbarschaft und Freundschaft.

Carl Einstein

QUELLEN DES GLÜCKS

»Meere, Berge, Wüsten und Wälder
bergen für uns Menschen erhebliche Gefahren.
Bedrohlicher ist es hingegen,
die falschen Menschen um sich zu haben.
Mit jenen Menschen gebe ich mich nicht ab,
mit ihnen habe ich nur zu tun.«

©Amadis Amarrés

Amadis Amarrés

Leidenschaftliche Worte & ihre Autorinnen

Thérèse von Lisieux

Erinnern Sie sich, man hat mit der vierjährigen Édith, wegen ihrer Augenerkrankung eine Wallfahrt zur heiligen Thérèse, nach Lisieux unternommen. Lassen Sie uns an dieser Stelle einen Kurztrip an die französische Atlantikküste, in die Normandie in die Kleinstadt Lisieux, den Wirkungsort von Therese, unternehmen. Mit seinen kilometerlangen Stränden, den reizvollen Städtchen und den ungezählten Apfelbaumwiesen ist es eine äußerst reizvolle Region. Diese Genussregion ist geprägt von Cidre, Camembert und Calvados. Lisieux liegt im Departement Calvados, das nach den an der Küste vorgelagerten Riffs, dem Plateau du Calvados, benannt ist. Nicht wie man fälschlicherweise annehmen könnte, nach dem Edelbrand auf der Basis von Apfelwein, dem populären Calvados. Seine Herkunftsbezeichnung ist im Übrigen geschützt, ähnlich wie Champagner und Cognac, sie umfasst exakt elf festgelegte Anbaugebiete. Thérèse von Lisieux, oder Thérèse Martin, war eine bemerkenswerte Persönlichkeit des 19. Jahrhunderts, deren Einfluss weit über ihr kurzes Leben hinausreicht. Ihre Lehren und ihre Fähigkeit, mit den Herausforderungen des Lebens umzugehen, machen sie zu einer inspirierenden Figur für Gläubige und Suchende, sie war eine moderne Frau.

Als die kleine Thérèse am 2. Januar 1873 in der Rue Saint-Blaise in Alençon, als jüngstes von neun Kindern in einer gut bürgerlichen Familie zur Welt kommt, waren kurz nach der Geburt ihre Aussichten zu Überleben ungewiss. Wegen ihres schwächlichen Befindens vertraute ihre Mutter, Marie-Azélie »Zélie« Martin ihr kleines Mädchen einer Amme an. Rose Taillé, hatte schon zwei ihrer Kinder gestillt. Nachdem Thérèse vier Jahre alt ist, stirbt ihre Mutter. Das kleine Mädchen hat damit zu kämpfen, sie leidet öfter an einer Form von Depression. Die Ärzte sind damals machtlos. Mit zehn Jahren äußerte Thérèse überraschenderweise den Wunsch, wie ihre große Schwester ins Kloster einzutreten.

Thérèse Vater, Louis Martin wollte als jugendlicher Mönch werden. Er versuchte bei den Augustiner-Chorherren am schweizerischen Alpenpass Großer St. Bernhard einzutreten. Er wurde jedoch wegen fehlender Lateinkenntnisse abgewiesen. Es ist jenes Kloster, das bekannt war für seine Bernhardinerzucht. Diese wurde im Jahr 2005 aus organisatorischen Gründen an die Fondation Barry verkauft.

Martin war ein gläubiger Mann und unternahm etliche Wallfahrten nach Chartres, Lourdes, nach Deutschland und Österreich, nach Rom und Konstantinopel (das heutige Istanbul). Vor seinem Tod plante er noch eine Reise ins Heilige Land. Martin wurde später Uhrmacher und heiratete die Spitzenhändlerin Zélie Guérin. Nach dem Tod seiner Frau veräußerte er ihr Spitzwarengeschäft und setzte sich zur Ruhe. Er zog mit seinen Kindern nach Lisieux, wo die Familie seines Schwagers lebte.

Thérèse wurde von ihren Schwestern umhegt und verwöhnt, sie erhielt daneben Privatunterricht. Im Jahr 1886 um Weihnachten herum verwandelte sich das Verhalten der erst Vierzehnjährigen. Sie erschien auffallend reifer und legte ihr kindliches Verhalten nach und nach ab. Mit

Gewissenhaftigkeit und reife strebte sie wie zwei ihrer Schwestern die Mitgliedschaft des in Lisieux ansässigen Karmeliter-Ordens an. Gemeinsam mit ihrer Familie stellte sie mit fünfzehn Jahren ein Aufnahmegesuch. Aber Thérèse wird zum einen wegen ihres jugendlichen Alters, zum andern wegen ihren beiden Schwestern und ihrer Mitgliedschaft im Konvent abgelehnt, das mehrfach. Letztlich gewährt der Bischof von Bayeux, ein Dispens und Thérèse folgt Pauline und Marie, ihren Schwestern, in den Karmel von Lisieux. Sie wählte ihren Ordensnamen, Thérèse de l'Enfant Jésus *(Thérèse vom Kinde Jesus)*. Später fügte sie, Attribut et de la Sainte Face *(und vom Heiligen Antlitz)*, hinzu.

Aber die Novizin hatte nicht im Sinn sich in die Ordnung und die Gepflogenheiten des Ordens unterzuordnen. Die junge Klosterfrau war außer ihren beiden Schwestern, umgeben von älteren Frauen. Da gab es die zwei konkurrierenden Nonnen des Klosters, Marie de Gonzague und Thérèses ältere Schwester Agnes de Jésus. Die beiden übernahmen die Betreuung der Novizin. Dessen ungeachtet widersetzt sich Thérèse dem Druck, sie hat eigene Ideen und Visionen. Thérèse verfolgt eigene theologische Studien und verstört damit ihre anderen Mitschwestern des Konvents. Diese hatten konventionelle Glaubensvorstellungen, Thérèse aber war eine religiöse Rebellin. Die junge Thérèse sah ihren Lebensweg aus Hingabe an ihre Mitmenschen und an Gott. Sie war überzeugt davon, dass sich dies auf diesem ihrem Weg, in den kleinen Gesten des Alltags äußerte. Sie nannte es ihren »kleinen Weg« der Liebe. Als Klosterfrau durften die anderen Ordensschwestern ihr nichts entgegensetzen. Thérèse selbst lebte ihr eigenes Leben als Nonne in strenger Klausur. Sie bewohnte eine kleine Zelle mit Tisch und Bett auf sechs Quadratmetern. Sie verbrachte darin die meiste Zeit mit Schreibarbeit, die sie liebte. Häufig beschäftigte sie sich damit ihre Erinnerungen niederzuschreiben. Darunter sind fünfzehn Gedichte. Ihr Weg wurde aber jäh unterbrochen, die junge Nonne erkrankt an Tuberkulose. Im Jahr 1897 stirbt Thérèse mit 24 Jahren an ihrer Erkrankung. Ihrer Priorin *(Äbtissin)* Marie de Gonzagues erstrebte, dass die Klosterfrau ihr Wirken hinterließ. Sie forderte sie auf, dieses niederzuschreiben. Zwei Jahre nach ihrem Tod wurden sie unter dem Titel »L'histoire d'une âme« *(Geschichte einer Seele)* veröffentlicht. Bis heute wurden davon weltweit 500 Millionen Exemplare verkauft. Doch diese Veröffentlichung enthielt massive Änderungen ihrer Mitschwestern. Erst siebzig Jahre später erschien eine Veröffentlichung ihrer unredigierten Manuskripte. Der Theologe Andreas Wollbold sieht in Thérèse von Lisieux: »Eine hochbegabte, kühne junge Frau, die ihrer Zeit voraus gewesen sei. Darum sei sie immer wieder missverstanden worden, so als habe sie eine andere Lehre entwickelt. Man sagt von ihr, sie habe anstelle des Bildes vom gerechten Gott das des barmherzigen Vaters gesetzt, an die Stelle der Leistung das blinde Vertrauen, an die Stelle von Sünde, Umkehr und Streben nach Vollkommenheit das einfache Sich-Lieben-Lassen. Sie hat vielmehr der Spiritualität mit Vertrauen und Liebe eine neue Mitte gegeben.«

Der Rest ist römisch-katholische Kirchengeschichte. 1923 wird Thérèse von Lisieux selig- und am 17. Mai 1925 von Papst Pius XI. heiliggesprochen. Während des Krieges pilgern unzählige Menschen nach Lisieux, um der Wirkungsstätte von Thérèse nahe zu sein. Im selben Jahr entscheidet die Kirche, in Lisieux eine Kathedrale zu ehren, der Heiligen zu errichten. Die Grundsteinlegung findet 1929 statt. Papst Pius XI.

erklärte sie am 14. Dezember 1927 zur Patronin der Weltmission. Am 19. Oktober 1997 wird Thérèse von Lisieux von Papst Johannes Paul II. zur Kirchenlehrerin erhoben. Werfen wir noch kurz einen Blick auf die prächtige Kathedrale von Lisieux. Sie erhebt sich auf einem Hügel am Rande von Lisieux 90 Meter in den Himmel. Das nötige Geld für den Bau stammt von Spenden aus der ganzen Welt. Am 11. Juli 1937 wurde die Basilika vom päpstlichen Gesandten Eugenio Kardinal Pacelli, dem späteren Papst Pius XII. eingeweiht. Durch den Zweiten Weltkrieg wurden die Bauarbeiten unterbrochen. Die Bomben zerstörten zwei Drittel der Stadt Lisieux. Nur wenige Teile der Kirche, die vor dem Krieg erbaut wurden, nahmen durch das Bombardement geringen Schaden. Der Erzbischof von Rouen, Joseph-Marie Martin, nimmt die Konsekration *(Einweihung)* am 11. Juli 1951 vor. Thérèses letzter Satz in ihr Manuskript vor ihrem Tod: »je m'avance vers dieu par la confiance et l'amour«, *(Ich gehe mit Vertrauen und Liebe auf Gott zu)*.

Das Kirchengebäude ist im neobyzantinischen Stil erbaut. Die Basilika ist eine der größten Kirchen, die im zwanzigsten Jahrhundert errichtet wurden. Sie fasst bis zu fünftausend Menschen. Die Decken sind reich mit kostbaren Mosaiken geschmückt. Es sind Darstellungen und Szenen aus dem Leben der heiligen Thérèse. Ihre Taufe, die Erstkommunion und ihr Eintritt in den Karmel Orden. Die Krypta selbst hat die Größe von fünfzehn Tennisplätzen!

Ihre Decken sind reich mit Art déco Mosaiken verziert. Darunter finden sich Darstellungen von insgesamt 149 Vögeln, die alle anders gestaltet sind. Nach Lourdes ist Lisieux und seine Basilika Sainte-Thérèse der Wallfahrtsort mit den meisten Besuchern und Pilgern. Es sind jährlich um die zwei Millionen. Ein herausragendes Erlebnis ist der Klang der Orgel. Sie wurde 1936 für die Weltausstellung in Brüssel gebaut und 1943 in die zwei Orgelhäuser der Kathedrale eingebaut. Im Jahr 2013 veröffentlichten die kanadische Sängerin Natasha Saint-Pier und die französische Künstlerin Anggun ein Album mit dem Titel: »Thérèse-Vivre d'amour« in dem ein vertontes Gedicht von Thérèse enthalten ist.

Amadis Amarrés

„Eine Seele ohne Schweigen ist wie eine Stadt ohne Schutz, und wer das Schweigen pflegt, bewahrt seine Seele."

Therese von Lisieux (1873 – 1897)

Liebesworte, Schwüre & Mätressen

Man in Black

„Und ich fühle, dass Kleinigkeiten die Summe des Lebens ausmachen."

Charles Dickens (1812-1870)

Er war die wohl zornigste, aber auch die ehrlichste Stimme Amerikas. In der Tat hat die Liebe zwischen June Carter und Johnny Cash schon zu Lebzeiten Millionen Menschen berührt und inspiriert. Sie waren 35 Jahre verheiratet, und kannten sich insgesamt 48 Jahre. June Carter Cash und ihr Mann Johnny waren eines der unzertrennlichsten Paare der amerikanischen Musikszene. June trat meist für ihren großen Johnny in den Hintergrund. In Wirklichkeit war sie weit mehr als nur die starke Frau im Hintergrund. Sie war der Rückhalt für den Mann in Black, wie man Johnny wegen seiner dunklen Kleidung und seiner schwarzen Gitarre nannte.

Johnny traf June Carter, die aus der Country-Dynastie Carter Family stammt, das erste Mal 1956 in der Grand Ole Opry in Nashville. June sang Backing Vocals für niemanden Geringeren als Elvis Presley. Bei dieser flüchtigen Begegnung soll es geknistert haben. Bis June allerdings einen der zahlreichen Heiratsanträge Cashs annahm, vergingen für ihn lange 13 Jahre. Dies tat er dann freilich stilecht auf der Konzertbühne bei einem Konzert in London/Ontario vor 7.000 begeisterten Fans. Die beiden erlebten gemeinsam viele Höhen und Tiefen, zu Junes 65. Geburtstag schrieb er seiner June einen der romantischsten Liebesbriefe aller Zeiten:

»Liebe Geburtstags-Prinzessin,

wir werden alt und wir gewöhnen uns aneinander. Wir denken das Gleiche. Wir lesen die Gedanken des anderen. Wir wissen, was der andere will, ohne fragen zu müssen. Manchmal nerven wir uns ein bisschen. Vielleicht nehmen wir den anderen manchmal als selbstverständlich hin. Aber hin und wieder, so wie heute, denke ich darüber nach und mir wird klar, wie glücklich ich bin, mein Leben mit der tollsten Frau, die ich je kennengelernt habe, zu teilen. Du faszinierst und inspirierst mich immer noch. Du änderst mich zum Besseren. Du bist das Objekt meiner Begierde, der Grund für meine Existenz. Ich liebe Dich sehr.

Herzlichen Glückwunsch zum Geburtstag, Prinzessin

John«

Quellen des Glücks

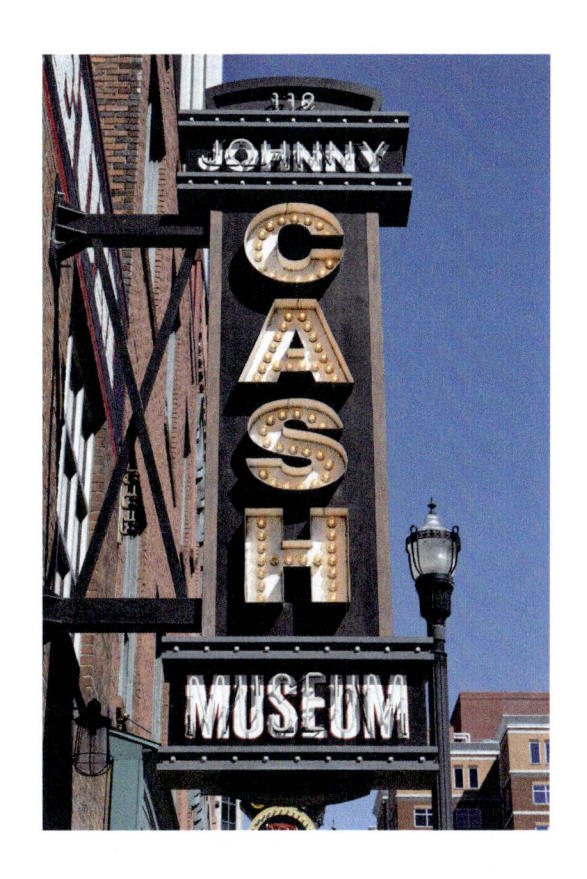

»Um einen guten Liebesbrief zu schreiben, musst du anfangen, ohne zu wissen, was du sagen willst, und endigen, ohne zu wissen, was du gesagt hast.«

Jean-Jacques Rousseau (1712 - 1778)

Amadis Amarrés

Blütenglück & Pflanzenzauber

Betörend mythischer Holunder

»Die Natur liebkost uns mit ihrer Schönheit.«

©Amadis Amarrés

An einem bildschönen Frühlingsmorgen bereitet es ein besonderes Vergnügen, am Waldrand spazieren zu gehen. Wenn Ihnen dabei betörende Wohlgerüche in der Nase kitzeln, kann es daran liegen, dass Sie an einem Holunderstrauch vorbei flanieren. Mit seinen süßlich duftenden Blüten verführt er Insekten und berührt auch unsere Sinne. In diesem Kapitel erfahren wir die unterschiedlichen Aspekte des Holunders, einschließlich seiner Verwendung in der Küche. In der Folklore hat Holunder eine besondere Bedeutung. In vielen Kulturen wird der Holunderbaum als heilig angesehen und mit Schutz und Glück verbunden. Es wird gesagt, dass der Holunderbaum böse Geister fernhält und das Haus vor Unglück schützt. Holunder hat des Weiteren eine lange Geschichte als Heilpflanze.

Die Blüten Dolden des Holunders gehören zu den Frühlingsboten, mit ihrem berückenden Duft. Aber Holunderblüten machen sich rar, wir finden sie nur wenige Wochen im Jahr, von Mai bis in den Juli hinein. Jedoch lässt sich mit ein wenig Aufwand ihr Zauber einfangen und haltbar machen. Sodass wir auch im Herbst oder Winter, Frühlingsgefühle an unserem Gaumen erleben. Haben Sie diesen Moment verpasst, kein Problem. Gedulden Sie sich, spätestens im August bis September, sind aus den Blütendolden köstliche dunkelviolette Beeren entstanden. Holunder ist ein Multitalent, gleich zweimal im Jahr beschenkt er uns reich mit seinen Gaben. Holunderblüten sind ein echtes Geschmackserlebnis. Wenn der Holunder in voller Blüte steht, und seine weißlich gelben Dolden mit ihrem verführerischen Duft locken, ist es der richtige Zeitpunkt, um die Blüten zu ernten. Der Holunder wirkt wahrlich zauberhaft in seinem Blütenkleid. Seit Jahrhunderten liefert er zahlreichen Tieren Nahrung, er beglückt unsere Speisekarten mit seinen leckeren Marmeladen, Gelees, Süßspeisen und Sirups. Holunder gehört zur Gattung der Moschuskrautgewächse. Weltweit gibt es etwas mehr als zwanzig Arten, drei davon sind in Mitteleuropa heimisch. Unser Holunder, den wir beispielsweise für unseren Sirup benötigen, ist der bekannteste, es ist der

Schwarze Holunder. Im Sprachgebrauch nennt man ihn meist verkürzt »Holunder«, sein Name variiert je nach Land und Region. In Österreich, Bayern und der Pfalz, nennt man ihn »Holler«, in Norddeutschland ist es ein »Fliederbeerbusch«, in der Schweiz und im Schwäbischen wird er »Holder« benannt. Man kennt ihn auch als, Husholder, Schwarzholder, Kisseke, Elderbaum und Schwitztee. Daneben gibt es noch den strauchförmigen roten Holunder und den staudenförmigen Zwerg-Holunder.

Volksglauben um den Holunder

Um den Holunder ranken zahlreiche Mythen, Sagen und Geschichten. Kaum eine andere Pflanze erhält so viel Achtung und Respekt in der Mythologie. So wird dem Holunder eine tiefe Beziehung zur Welt der Elfen und Naturwesen nachgesagt. Selbst in den Geschichten von Joanne Rowlings »Harry Potter« treffen wir auf ihn. Hinter Harry Potters Zauberstab, in Form des mächtigen Elder Stabes, der bekanntlich leistungsfähiger als andere Zauberstäbe sein soll, verbirgt sich nichts anderes als der Holunder, denn »Elder« ist das englische Wort für Holunder. Die Namensverwandtschaft von Holda, der Muttergöttin aus der germanischen Mythologie, ist nicht zufällig. So bedienten sich die Brüder Grimm in einem ihrer Märchen bei Holda. Aus Holda, auch Holla genannt, was nichts anderes als die Strahlende bedeutet, machten die Dichter die uns bestens bekannte, Frau Holle.

Frau Holle eine germanische Mutter- und Baumgöttin. Erinnern Sie sich, an die beiden Mädchen, an die Gold- und die Pechmarie. Die eine war zu faul und die andere ließ beim Bettenaufschütteln den Schnee zur Erde fallen. Holda wurde als Hausgöttin verehrt, es war geboten ihr zu Ehren Opfergaben zum Holunderbusch zu bringen. Holda war auch Schutzpatronin für Menschen und Pflanzen. Sie vermochte Menschen von Krankheiten zu heilen. Holda beschützte Pflanzen, Vieh, Haus, Hof und Mensch gegen die dunklen Mächte und bösen Geister. Sie behütete zudem Haus und Hof vor Feuer und Blitzschlag. Außerdem bot sie den Menschen Schutz vor schwarzer Magie und den Hexen. Holda herrschte über das Wetter, sie konnte mit ihrer Macht für gute Ernten sorgen und Wohlstand bringen. Überdies hatte die Göttin die Macht, über Geburten und Tod zu walten. Deshalb wurde sie häufig mit Opfern aus Milch, Brot und Bier verwöhnt. Man glaubte, dass der Holunderbusch wohlgesinnte Hausgeister beherbergt. Das führte dazu, dass der Strauch in vielen Hausgärten heimisch wurde. Daraus entstand der Spruch, dass man vor einem Hollerbusch den Hut ziehen müsse. Man steckte bei einem Begräbnis auf das Grab ein Kreuz aus Holunder. Wenn dieses nach einiger Zeit wieder grünte, galt das als Zeichen dafür, dass der Verstorbenen ein seliges Jenseits beschieden war.

Amadis Amarrés

Die Griechen, Römer und die Germanen liebten den Holunder. Sie hatten die Vorstellung, dass im Holunder gute Geister wohnen. Es war ein gutes Omen, ihn nah am Haus zu pflanzen. Allerdings niemals unter dem Schlafzimmer, da der schwere, süßliche Duft der Blüten benommen mache. In Irland zählte der Holunder zu den heiligen Bäumen. Es war verpönt einen Ast von ihm zu brechen. Auch in Russland glaubt man, dass der Holunder böse Geister fernhält. In Dänemark sagt der Volksmund: »Wer in der Mittsommernacht unter einem Holunder weilt, der sieht um Mitternacht den Elfenkönig mit all seinem Gefolge.« Man vermied es, in Dänemark und England einen Holunder zu fällen. Man war davon überzeugt, dass in seinem Stamm die Holunder Mutter wohnt. Die Germanen sahen den Holunder als Wohnsitz der Göttin Freya, die schützend und wohlwollend über Haus und Hof wachte. Kommen wir nochmals zum Märchen Frau Holle. Der Göttin Freya wird eine Verbindung zu Wasser und zu Quellen nachgesagt. Aus diesem Grund führt im Märchen der Weg durch einen Brunnen. Dies erklärt auch, weshalb sich Holunder häufig an heiligen Quellen findet.

Der Einfluss des Holunders im Volksglauben war so stark, dass man mit dem aufkommenden Christentum versuchte seine enge Bindung zu den Menschen zu zerstören. Deshalb wurden Gebete und Opfergaben unter Holunderbüschen mit Strafen belegt. Mit einem Mal spielte die Göttin die Rolle eines furchteinflößenden Gespenstes. Wer in sich hineinhorcht, begreift, weshalb unsere Vorfahren das Haupt vor dem Holunder neigten. Der Großmut des Holunders und seine ursprüngliche Kraft, seine Heilkunst und sein liebliches Wesen hat er bis heute nicht verloren. Wer diese Tradition und Beziehung wieder stärken möchte, der sollte einen schützenden Holunderbaum in seinem Garten pflanzen. Es gilt im Übrigen als Glückszeichen, wenn sich ein Holunder von selbst im Garten ansät.

Holunderblüten Sirup

Seine filigranen, elfenbeinfarbenen Blütendolden, riechen intensiv und betörend. Der Duft von Holunderblüten verleiht, mit ihrem süßlichen Aroma, vielen Speisen und Getränken einen einzigartigen Geschmack. Den verbreitet Holunder in einer bunten Palette an Gaumenfreuden. Ob als prickelnder und erfrischender Sirup. Ein Spritzer Sirup als Zugabe im Prosecco. Als sommerliches Sorbet oder einem leckeren Parfait, ein Semifreddo oder Halbgefrorenes Eis. Versuchen sie es, die Ergebnisse sprechen für sich. Sein Aroma ist unvergleichlich und weckt in uns die allerschönsten Frühlingsgefühle. Mit etwas Küchenarbeit zaubern Sie, einen erfrischenden Aperitif. Oder zaubern ein herrliches Sommerdessert auf die Teller. Und damit Ihren Gästen, ein zufriedenes Grinsen ins Gesicht.

Der absolute Star unter den Holunderblüten Rezepten ist sein Sirup. Selbst hergestellter Holunderblütensirup ist ferner ein willkommenes und köstliches Gastgeschenk. Die weißen Blütendolden lassen sich am besten von Mai bis in den Juli, an trockenen Tagen mit Vorliebe am Vormittag sammeln. Da ihr zarter Duft von der Sonne und der Hitze zu dieser Tageszeit weitgehend verschont bleiben. Regentage eignen sich dazu hingegen nicht, da sie seinen ganzen Duft und sein Aroma verwässern. Wer am Vormittag erntet, wird mit dem vollen Aroma belohnt.

Am geeignetsten ist dazu ein Korb. Für Plastiktüten ist die Pflanze mit ihrem duftenden Blütenstaub zu empfindlich. Brechen Sie die Dolden bitte nicht einfach ab! Verwenden Sie dazu eine Gartenschere. Ihr zarter, aber äußerst delikater Duft ist auch der Grund, weshalb man die Blüten Dolden nicht waschen, oder mit Wasser abbrausen soll. Sie würden zu viel von ihrem zarten Duft verlieren. Bitte ernten Sie jeweils nicht einen ganzen Holunderstrauch leer! Es soll immer noch genug Nahrung für Bienen und andere Insekten übrig bleiben. Denken Sie daran, dass der Strauch im Herbst auch noch Holunderbeeren ausbilden will. Gehen Sie deshalb von Strauch zu Strauch, entnehmen sie einige Blüten und gehen so zum nächsten. Das tut Ihnen und der Natur gut. Der Holunder wird es Ihnen mit einer reichen Ernte im Herbst danken. Nach dem pflücken lassen sich Käfer und andere Insekten, die in den Blüten verborgen sind, durch sanftes leichtes Klopfen leicht entfernen. Lassen Sie die Blüten danach noch etwas draußen liegen, was übersehen wurde, wird nun von allein das Weite suchen. Ich verrate Ihnen hier mein Lieblingsrezept, es stammt von meiner Mutter, die mich seit Jahren, Anfang Sommer mit einigen Flaschen selbst gemachtem Sirup verwöhnt.

Das Rezept
- 1 Liter Wasser
- 1 kg Zucker
- ca. 30 Blütendolden
- 25 g Zitronensäure
- 2 Zitronen
- 1 Orange

Die Zubereitung

Waschen Sie die Zitronen und die Orange gründlich und schneiden Sie diese in Scheiben, entsorgen Sie den Anschnitt. Verwenden Sie eine große Schüssel oder ein großes Einmachglas. Schichten Sie die Blüten, abwechslungsweise mit den Zitronen- und Orangenscheiben. Kochen Sie einen Liter Wasser gemeinsam mit dem Zucker und der Zitronensäure auf, bis es sprudelt. Übergießen Sie nun die geschichteten Zutaten sorgfältig mit dem heißen Zuckersirup. Decken Sie das Glas oder die Schüssel ab und lassen Sie alles drei Tage bei Zimmertemperatur ziehen. Rühren Sie ab und an alles sorgfältig um. Nach drei Tagen gießen Sie den Inhalt durch ein Sieb in eine Pfanne und kochen alles erneut kurz auf. Abschließend füllen Sie den kochend heißen Sirup in die sauberen Flaschen oder Gläser. Wie bei Marmelade wird eine angebrochene Flasche, im Kühlschrank aufbewahrt. Kreieren Sie Etiketten, damit geben Sie Ihrem selbst gemachten Sirup den edlen Look, den er verdient.

Verwenden Sie Ihren Sirup, in Süßspeisen, in Gebäck, diversen Cocktails und in vielen anderen Köstlichkeiten. Am besten schmeckt er als gekühlter Sirup. Wenn Sie den Sirup mit kohlesäurehaltigem Mineralwasser aufgießen, garnieren Sie das Glas mit einem Zweig frischer Pfefferminze. Damit erhalten Sie eine äußerst erfrischende Sommerlimonade.

Holunder ist eine alte Heilpflanze

Als Heilpflanze leistet die Holunderblüte gute Dienste. Hildegard von Bingen erkannte schon seine heilende Wirkung, man weiß sie heute noch zu schätzen. Holunderblütentee ist heilsam bei Erkältungskrankheiten, wie Schnupfen, Husten und Fieber. Mit seinem Aufguss oder Tee lässt sich der Infekt ausschwitzen, zudem befreit er Bronchien und Nasennebenhöhlen von Schleim. Holunder werden außerdem folgende Eigenschaften zugesprochen: Er wirkt anregend, antibakteriell, blutreinigend, entgiftend, entspannend, entzündungshemmend, harntreibend und schmerzstillend. Bei Augenschwäche, Bluthochdruck, Bronchitis, Gicht, Ischias, Halsschmerzen, Harnwegsentzündungen, hohen Cholesterinwerten, Rheuma und Schlafstörungen.

Hinweis! Es besteht Verwechslungsgefahr mit dem giftigen roten Holunder. Seine Beeren sind rot und im Gegensatz zum Schwarzen Holunder, riechen seine Blüten sehr unangenehm. Auch beim Schwarzen Holunder gilt es vorsichtig zu sein. Seine Beeren dürfen nur im reifen Zustand gepflückt, gekocht, verarbeitet und verzehrt werden. Rohe Beeren dürfen wegen der enthaltenen Blausäureglykoside nicht verzehrt werden! Selbst das Grüne der Pflanze ist leicht giftig, Durchfall, Brechreiz und starke Übelkeit sind die Folgen.

An der Blüte des Holunders meinten die Bauern, die Reichhaltigkeit der nachfolgenden Ernte ablesen zu können. Einige Bauernregeln sind nicht allzu ernst zu nehmen, aber es gibt viele regionale Regeln, die erstaunlich zuverlässig sind.

QUELLEN DES GLÜCKS

„Vor dem Wacholder soll man die Knie beugen
und vor dem Holunder den Hut ziehen."

Deutsches Sprichwort

Amadis Amarrés

L'Heure exquise – die zauberhafte Stunde

»Ô la belle vie ...«

»Schon wegen der Neugier ist das Leben lebenswert.«

Jüdisches Sprichwort

Höre ich den Satz: »Das Leben ist schön« erklingt Sacha Distels Chanson »La belle vie« in meinen Ohren. Gleichzeitig entstehen vor meinem geistigen Auge die Bilder aus Roberto Benignis herzergreifender Filmtragikomödie »La vita è bella«, für den Begnini zurecht dreifach Oscar gekrönt wurde. Und den französischen Filmpreis César erhielt. Besonders eine Szene hat sich in meinem Gedächtnis eingebrannt. Als Guido, mit seinem kleinen Sohn ins Konzentrationslager deportiert wird, gaukelt er seinem Kind vor, das Konzentrationslager wäre nur ein Spiel. Er erklärt seinem Giosuè, der Aufenthalt sei ein Spiel, dessen Regeln sie einhalten müssten. Um am Ende einen echten Panzer zu gewinnen. Unter den unmenschlichsten Bedingungen behält Guido seinen Humor, seine Fröhlichkeit und seine Fantasie. Denn sein Sohn Giosué soll weiter daran glauben, dass das Leben schön ist!

Ja, das Leben ist schön! Vorwiegend in dunkeln Stunden und Tagen ist es erwiesenermaßen wichtig uns daran zu erinnern. Sind Sie heute an einem Punkt, an dem es Ihnen schwerfällt, sich durchs Leben zu kämpfen? Haben Sie derzeit eine schwere Lebenslage zu verkraften? Einen Verlust, eine Scheidung oder Krankheit zu bewältigen? In dieser Zeit höre ich von Klientinnen folgenden Seufzer aus dem Geschäftsleben immer wieder: »Ich habe mein Bestes gegeben und jetzt stellt sich mir etwas- oder jemand in den Weg, ich fühle mich ausgemustert.«

Ungeachtet all dessen, ja das Leben ist schön! Und sei es nur für einen Moment. Indem Sie gemeinsam, ein leckeres Essen mit einer Freundin oder einem Freund genießen. Vielleicht sind es Stunden des absoluten Glücks, in die Sie sich gern zurückdenken. Oder Phasen beglückender Liebe, in denen Sie schwelgen. Haben Sie einst großes Glück gehabt, den Klauen des Todes zu entrinnen? Bei einer Operation, einem Unfall oder einer anderen brenzligen Situation in ihrem bisherigen Leben? Auch wenn Ihnen nicht besonders gefällt, was jetzt kommt, und sie womöglich ungläubig den Kopf schütteln. Alles, was Sie umgibt, ist ein Spiegelbild dessen, was der Zustand ihres inneren Seins ist. Tönt kompliziert, ist es aber nicht. Es ist das Spiegelbild des Zustandes ihrer Seele. Sie brauchen sich nur umzusehen, wenn Sie wissen möchten, was gerade in Ihrem Inneren ihrer Aufmerksamkeit bedarf.

Wir müssen nur wieder neu lernen, mehr in uns zu lauschen. Ein wenig Kindlichkeit hat noch niemandem geschadet im Gegenteil. Als Erwachsene für kurze Zeit wieder Kind zu sein, schenkt uns manch überraschende Einsicht. Oft verhält es sich so, dass es in unserem privaten wie geschäftlichen Umfeld Menschen gibt, die in ihrem sozialen Verhalten unterentwickelt sind. Dagegen sind sie in anderen Dingen äußerst großzügig. Mit Sicherheit gibt es Choleriker, die nur schwer zu ertragen sind. Öfter sind es genau sie, die in gewissen Situationen einfach nur warmherzig reagieren. Es gibt zahlreiche Charaktere, die im Ansatz sperrig und knorrig auf uns wirken. Ich bin dessen ungeachtet davon überzeugt, in jedem von ihnen werden wir etwas Gutes finden. Wir müssen uns manchmal nur etwas mehr beim Suchen und Finden anstrengen.

Schwierige Zeiten und Situationen, die uns zusetzen, wird es immer wieder geben. Das Leben verschenkt an uns manches, was wir nicht erwarten. Das eine »Geschenk« ist willkommen, das andere eher nicht. Es liegt fraglos nicht an uns, zu wählen. Es ist hingegen schwierig, wenn wir das eine oder andere »Geschenk« mit Starrsinn und Hartnäckigkeit ausschlagen. Was nichts anderes bedeutet, dass wir es aus Groll oder Resignation verstört festhalten. Damit wird unser Lebensfluss attackiert und in seinem Fluss gestört oder sogar unterbrochen. Dabei gilt es gerade schwere Stunden an uns vorüber fließen zu lassen und nicht unnötig auf- oder anzuhalten. Um mit uns und unserem Leben zu hadern. Es bremst eben diesen Fluss erheblich und hilft uns trotzdem nicht, im Gegenteil es verstärkt nur das vorhandene Elend und lässt es jedes Mal, wenn wir das tun, aufs Neue aufleben, im negativen Sinne. Wir nennen dies; »sich in Selbstmitleid suhlen«. Ich nenne es, unnötig Sand ins Getriebe streuen.

An dieser Stelle hilft ein Spruch, den ich nicht so gern verwende, weil er ansonsten selten hilfreich ist. Weil es für mich eine Variante der Vogel-Strauß-Taktik ist. Den Kopf in den Sand zu stecken, um den Problemen

QUELLEN DES GLÜCKS

nicht ins Auge sehen zu müssen. In der besprochenen Situation hilft aber gerade diese Strategie. Die da besagt; Augen zu und durch! Die moderne Variante davon verwenden Frauen heutzutage stimmig; »hinfallen, Krönchen richten und weiter gehen.« Was nichts anderes besagt, mit schweren Situationen, Veränderungen, wenn wir im Leben stolpern, damit wie eine Königin umzugehen. Wie eine Königin wieder aufzustehen, die Selbstachtung zu wahren. Und einfach im Lebensfluss weiterzugehen, um weiterzumachen.

Ja es stimmt, das Leben ist manchmal verworren und schwer, dennoch das Leben ist schön, von einfach war nie die Rede. Das ist die bittersüße Wahrheit, der wir uns jeden Tag wieder neu stellen müssen.

»Leben heißt, das Leben fühlen, heißt starke Eindrücke empfangen.«

Henri Stendhal (1783 - 1842)

Amadis Amarrés

»Träume dir dein Leben schön und mach aus diesen Träumen eine Realität.«

Marie Curie (1867 - 1934)

Quellen des Glücks

Wie es ist

»Du sagst,
dein Leben könnte so bunt,
so überraschungsreich, so lebenswert,
so traumhaft schön, so wunderbar sein,
wenn nicht ...
Wenn du das Wort »könnte«
Durch das Wort »ist« ersetzt
könnte es wirklich so werden, wie es ist.«

Ernst Ferstl (1955)

Amadis Amarrés

„Wie viele Sorgen verliert man, wenn man sich entschließt,
nicht etwas, sondern jemand zu sein."

Coco Chanel (1883 - 1971)

Der Experimentierkasten

Natürlich ist das »Neue Schön« natürlich!

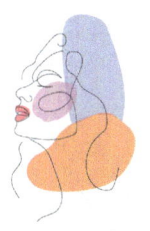

Äußere Schönheit ist ein Thema, das in unseren Gesellschaften eine große Rolle spielt. Oft wird ein bestimmtes Schönheitsideal propagiert, dem viele Menschen nacheifern. Jenes Ideal ist jedoch oft unrealistisch, es führt dazu, dass viele Menschen mit ihrem Aussehen unzufrieden sind. Falten, graue Haare all die Zeichen des Alterns sind ganz natürliche Prozesse, die wir alle durchlaufen. Es ist daher wenig sinnvoll, unsere gesamte Selbstachtung und unser Selbstwertgefühl auf unser Aussehen zu stützen. Es gibt viele Menschen, die äußerlich nicht dem gängigen Schönheitsideal entsprechen, aber dennoch als schön gelten. Schönheit liegt im Auge der Betrachtenden und jede hat ihre eigenen Vorlieben. Es ist wichtig, dass wir lernen, Schönheit in all ihren Formen zu schätzen und zu akzeptieren. Kann es sein, dass es Ihnen nicht gelingt sich von Ihrem Äußeren zu lösen? Ihr Alter, Ihr Aussehen, es ist Ihnen einfach zu wichtig. Dann gebe ich Ihnen Folgendes zu bedenken. Vergessen Sie dabei nie, Ihr Antlitz ist die Landkarte Ihres Lebens, jede schmerzvolle Etappe hinterlässt in Form eines Sorgen-Fältchens seine Spuren. So wie Ihre freudigen Ereignisse, ihre Lach-Fältchen Ihr Antlitz zieren. Wenn Sie sich dessen bewusst werden, frage ich Sie am Ende, wollen Sie wirklich all die Spuren Ihres Lebens verwischen?

Amadis Amarrés

*»Wer ein Herz für die Schönheit hat,
findet Schönheit überall.«*

Gustav Freytag (1816 - 1895)

Wahre Schönheit ist keine Frage des Äußerlichen. Wahre Schönheit kommt bevorzugt von innen. Das hat sich in Zeiten der boomenden Schönheitschirurgie nicht geändert. Vielmehr, alles womit wir uns beschäftigen alles, was uns umgibt, beeinflusst unsere Schönheit. Aber nennen wir es doch lieber, unser Aussehen. Wenn wir uns im Leben am falschen Ort bewegen, oder wir uns nicht mit dem für uns stimmigen Umfeld umgeben, so beeinträchtigt dies unser Aussehen. Wie gelingt es uns, vor Schönheit nur so zu strotzen, wenn wir unglücklich sind? Wie strahlen wir, wenn unser Inneres, unsere Seele trauert? Es ist schlicht unmöglich. Selbst die exzellentesten Schönheitseingriffe werden solche Defizite nie kompensieren können. Weil es einen Petzer gibt, der unseren Seelenzustand unmissverständlich verrät, es sind die Augen. Wer Augen lesen kann, weiß wie es um den Gemütszustand des Gegenübers gerade steht. Wie oft sehe ich hübsch chirurgisch hergestellte Frauen und Männer, mit total leerem, unglücklichem Blick.

»Wir hegen und pflegen den Garten aber wir erlauben ihm natürlich zu altern.«
Japanische Gartenlehre

Mit unserem Körper, der mit den Jahren, die eine oder andere gesundheitliche Krise zu überstehen hat, sind wir gut beraten dankbarer und respektvoller umzugehen. Dieser Umstand ist Jugendlichen und jungen Menschen in aller Regel nicht bewusst, wie älteren Menschen, die schon die eine oder andere Erfahrung damit gemacht haben. Das ist auch gut so. Feiern Sie Ihre Jugend und leben Sie, so wie wir es auch getan haben. Wir andern nehmen uns lieber ein Beispiel an der japanischen Gartenkunst. Die mit riesigem Aufwand und allen verfügbaren Mitteln und Kniffen den Garten in die Form und Schönheit bringt, die sie haben soll. Tun wir es den japanischen Gärtnern gleich, den Garten zu hegen und zu pflegen, aber erlauben wir ihm natürlich zu altern. Denn die Tektonik der Schönheitschirurgie ist an einer empfindlichen Bruchstelle angelangt, bisher galt: »Beinahe alles ist machbar!« Doch dieser Glaubenssatz scheint gerade gewaltig ins Wanken zu geraten. Wenn ein Pionier der Schönheitschirurgie wie Prof. Werner mang Alarm schlägt, und die vorherrschende Praxis mit seinem neusten Buch; »Abgründe der Schönheitschirurgie« *(Gräfe und Unzer Verlag)* anprangert.

In unserer modernen Welt bedeutet Schönheit, gleich Erfolg. Die bunten Magazine mit den Stars aus aller Welt veranschaulichen es tagtäglich. Influencerinnen die bereits mit 16 Jahren mit überdimensionalen Lippen, neuen Nasen, Body-Contouring *(Körperformung)* auftreten. Jedes Mittel scheint den Zweck zu heiligen. Wofür? Um Klicks, Likes und Herzchen zu generieren, auf Facebook Inster & Co. Dies alles, um eine Scheinwelt zu befriedigen, die es so eigentlich nicht gibt. Prof. Werner Mang verfolgt die Entwicklung der Schönheitschirurgie mit Entsetzen, die wie er schreibt: »…er nicht mehr mittragen will.«

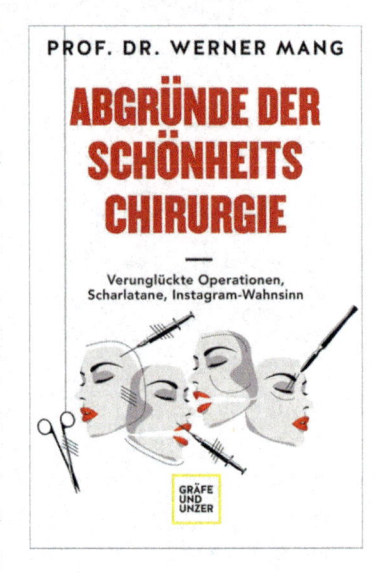

Die Wünsche, Vorstellungen und Forderungen der Patientinnen werden immer absurder. Er sieht sein neustes Buch als Ratgeber für Patientinnen. Vor allem aber als Hilfe für Eltern von operationswilligen Jugendlichen. Professor Mang ist strikt dagegen, dass sich schon 14 bis 16-jährige Mädchen die Lippen aufspritzen. Es ist sein Appell an alle, die eine oder andere geplante Korrektur zu überdenken. Jugendliche erscheinen bei ihm mit ihren besorgten Eltern in der Praxis. Ihre Vorlagen sind, durch Filter geschönte Selfies. Ihr Wunsch, sie wollen, dass er ihnen ihr Gesicht danach richtet. Das Ergebnis sind neutrale, immer gleiche Filtergesichter. Die andere Variante ist auszusehen, wie ihre Vorbilder. Beispielsweise wie Kylie Jenner, weil sie genauso berühmt, erfolgreich und reich werden möchten. All diese Mädchen und jungen Frauen sind nicht schuld, im Gegenteil ich halte sie in Teilen für Opfer. Was sich in Prof. Mangs und anderen Praxen abspielt, ist ein Abbild unserer Gesellschaft, die an einem Punkt angekommen ist, an dem die berechtigte Frage nach einer Umkehr im Raume steht. Denn die Alternative ist keine Option. **Nicht** siebzig, achtzig und älter zu werden, ist schlimmer. Das Äußere ist nur eine Begleiterscheinung, die wir nicht andauernd überbewerten sollten.

Anders sieht es mit der Wiederherstellungschirurgie, nach Unfällen oder Operationen aus. Was auch die geschlechtsangleichenden Operationen für Transmenschen betrifft. Sein Credo, vernünftige Schönheitschirurgie ja, Schönheitswahn nein. So schreibt Professor Mang in seiner Danksagung: »Das Buch soll einen Finger in die Wunde ästhetischer Chirurgie zum Wohle aller Patienten legen, die sich überlegen, in Zukunft eine Schönheitsoperation durchführen zu lassen.«

Das neue Credo müsste deshalb lieber lauten: Pflegen, pflegen und nochmals pflegen. Das ist Arbeit, aber alle Fachleute, die sich mit der Haut und ihrem Aussehen professionell beschäftigen, sind sich einig und wiederholen mantrisch. Morgens und ganz besonders abends, gilt es das Gesicht vor dem Schlafen gehen, gründlich und ausgiebig zu reinigen. Dies gilt besonders, für Frauen und Männer die sich Schminken. Es gilt die goldene Regel; unbedingt vor dem Schlafen, abschminken. Gesichtsreinigung ist ein Wundermittel, das nicht zu unterschätzen ist. Die Reinigung ist sogar wichtiger als die pflegende Nachtcreme danach.

Obendrein wäre es sinnvoll, unseren Körper generell von Kopf bis Fuß viel sorgfältiger zu hegen und zu pflegen. Mit unserer Seele sollten wir beginnen. Die Seele gehört intensiv gepflegt. Dies macht von innen schön und strahlt nach außen. Das ist gelebte Gesundheit. Es ist wichtig, uns im Leben so früh wie möglich bewusst zu werden, sich der Schönheitschirurgie zu verschreiben, ist ein unheiliger Weg, der in nicht allzu ferner Zukunft in die Irre führt. Dies betrifft nicht nur Jugendliche, auch Erwachsene, die diesem Wahn erliegen.

Ich stelle Ihnen eine ketzerische Frage: Würden Sie befürworten, ein Baby einem Schönheitseingriff zu unterziehen? Eingriffe und Operationen, die für die Gesundheit und das Wohl des Kindes wichtig sind, einmal ausgeschlossen. Ein Baby ist immer schön, es berührt uns gerade wegen seiner natürlichen Schönheit. Weshalb verlieren wir früher oder später diesen Respekt vor unserem Körper? Es müsste uns doch bewusst sein, dass dieser Respekt bis ins hohe Alter anhalten sollte. Würden Sie beispielsweise eine Antiquität, wie eine kostbare Kommode einfach bunt überpinseln? Oder einen eleganten unersetzlichen Oldtimer, einfach eben mal so abändern. Ihn mit einer grässlichen Farbe lackieren lassen. Oder um beim Bild des Oldtimers zu bleiben darin LED-Licht einbauen, nur weil es hübsch, bunt, modern, populär und möglich ist. Nein, natürlich nicht, sie werden es tunlichst lassen und die Kommode, wie das Auto sorgfältig hegen und pflegen. Damit es möglichst lange sein originales Aussehen und seinen Originalzustand behält. Fakt ist, nur so sichern Sie seinen Sammlerwert. Wenn Sie sich daran mokieren, dass ich Ihr Aussehen mit einer alten Kommode, oder einem Oldtimer vergleiche, will ich dazu sagen. Auch Sie sind ein kostbares unersetzliches Original, sozusagen ein Juwel. Ein Prachtexemplar, dass es zu schützen, zu hegen und zu pflegen gilt. Bekanntlich wird die Nachfrage nach wertvollen Originalen immer größer.

Eifern Sie lieber den japanischen Gärtnern nach. Wenden Sie alle möglichen Tricks an, um Ihr natürliches Altern wohlwollend zu unterstützen. Da gibt es jede Menge, dass Sie ohne Operationen, Injektionen,

Vampir Lifting, Botox, Lasern und anderen Eingriffen, für Ihre Schönheit tun können.

Da wären die erwähnte gründliche und tägliche Reinigung und Pflege. Regelmäßige Besuche bei einer professionellen Kosmetikerin ergänzen ihre Pflege. Die Behandlungen sind zusätzlich Anlass, zu einer kleinen Auszeit. Was obendrein Ihre Seele verwöhnt. Eine nicht zu unterschätzende Unterstützung ist eine wiederkehrende Ganzkörpermassage mit einer für Sie geeigneten Massagetechnik, bei einem Masseur oder einer Masseurin ihres Vertrauens. Damit halten Sie ihren gesamten Körper und ihren Organismus in Schwung. Des Weiteren unterstützen Sie japanische Gesichtsmassagen mit ihren raffinierten Techniken, bei Ihren Bemühungen. Die Ergebnisse sind nach einer fachgerecht ausgeführten Massage sofort sichtbar. Japanische Gesichtsmassagen haben bei regelmäßigen Anwendungen einen nicht zu unterschätzenden Lifting Effekt. Insbesondere wenn sie früh damit beginnen, gerade im jugendlichen Alter. Ihr Argument dagegen sind die vielen Kosten! Nun für den Preis der diversen Eingriffe können sie sich regelmäßig die diversen Anwendungen gönnen. Zudem belasten sie Ihren Körper nicht, im Gegenteil sie pflegen und aktivieren ihn. Hinzu kommt, sie erleiden keinen Schmerz, sondern können eine Auszeit genießen. Und noch ein Bonus, danach können Sie sich sofort unter die Leute mischen und sparen Geld.

Wenden Sie nach einer gründlichen Reinigung, regelmäßig Peelings, Masken und Packungen an. Unterschätzen und vergessen Sie nie den intensivsten Effekt. Er kostet nichts, lässt aber Ihr Gesicht jugendlich, schön, sympathisch und attraktiv erscheinen. Es ist Ihr herzliches offenes Lächeln. Das unbezahlbare, wirkungsvollste Elixier für die Schönheit ist leider nicht käuflich zu erwerben. Die Wirkung dieses geheimnisvollen Elixiers ist dagegen wissenschaftlich belegt. Da das Elixier unsere Hormone, die für die Schönheit ausschlaggebend sind, stimuliert und in Wallung bringt. Es ist die Liebe, wer verliebt ist oder liebt, hat eine unwiderstehliche Schönheit und Ausstrahlung.

Es ist mir sehr wichtig, an dieser Stelle festzuhalten, dass ich niemanden verurteile, der bereits Schönheitseingriffe und ähnliche Behandlungen hinter sich hat, oder plant. Es ist selbstverständlich Ihre Freiheit, was Sie mit Ihrem Körper tun und lassen. Das gilt es immer zu respektieren. Deshalb verstehen Sie diese Zeilen bitte nicht als Kritik! Meiner Meinung nach ist es vielmehr die Gesellschaft, die dafür verantwortlich ist. Die Werbeindustrie, die Modelabels und Teile der Medien- und Showbranche, mit ihrem Schönheitswahn und Teile der Schönheitsindustrie. Hinzu kommen die sozialen Medien, mit ihrem Bodyshaming. In allen Formen von Diskriminierung, Beleidigung, Mobbing oder Demütigungen. Die Menschen aufgrund ihres äußeren diskriminieren. Sie alle sind für die maßlose Verbreitung der Schönheitseingriffe mitverantwortlich und den daraus entstehenden Folgen für die Betroffenen.

Es tut mir in der Seele weh, wenn ich all die jungen, schönen und berühmten Stars, die Frauen und Männer betrachte. Die dem ganzen Druck Ausgesetz sind und deshalb sich andauernd optimieren. Ich verstehe die meisten von ihnen und habe Verständnis für ihre seelische Not. Weshalb, weil ich immer mehr den Eindruck gewinne, dass der Druck unbewusst oder bewusst der auf sie ausgeübt wird, noch nie so extrem und so groß war. Einem Druck, dem sich einige sogar vertraglich unterwerfen. Weshalb, um möglichst jugendlich und schön und damit erfolgreich zu sein. Nur aus einem einzigen Grund. Damit bei den Agenturen, den diversen Fernsehformaten, den Kinos und der Schönheitsindustrie die Kassen weiterhin kräftig klingeln.

Ich weine um alle die schönen Frauen und Männer die sich, mehr oder weniger freiwillig, Stück für Stück verletzen. Jene, die dies aus freien Stücken tun, sollen die Freiheit dazu haben! Aber für alle anderen sollten wir allmählich unsere Stimmen erheben, so wie es ein Vorreiter, ein Schönheitschirurg, Professor Werner Mang bereits getan hat.

Sie haben es in einem zurückliegenden Kapitel gelesen, was Menschen am Ende ihres Lebens am meisten bereuen. Die Schönheit war darin nie ein Thema! Ebenso gebe ich zu bedenken, das Ende eines Lebens ist dann gekommen, wenn es so weit ist. Das Leben folgt keiner Chronologie oder einem Schema, erst recht nicht unseren Wünschen. Das Altern ist lediglich eine Begleiterscheinung, die wir nicht immer und andauernd überbewerten und bekämpfen sollten. Dies kostet nicht nur viel Geld, sondern auch jede Menge Kraft und Energie. Alle drei können wir sinnvoller einsetzen. Ich erinnere Sie daran, so mancher Alte wird wieder jung, aber nicht jeder Junge wird alt. Letzten Endes geht es doch genau darum unser Leben möglichst lange und gesund genießen und leben zu können. Dies allein sollte im Mittelpunkt unseres Interesses stehen. Es ist daher sinnvoll immer und jederzeit das gefühlt Richtige für sich zu tun. Dies aus freien Stücken und es vor allem nicht auf übermorgen zu verschieben.

»Wozu dient die Schönheit, wenn hinter der schönsten Fassade ein unglückliches Herz schlägt?«

©Amadis Amarrés

Amadis Amarrés

Elfen, Hexen & Kobolde

Lassen Sie sich jetzt nach Indien entführen. Genauer ins Märchenhafte Rajasthan. Dort begegnen Ihnen in der Stadt Jaipur zauberhafte Dinge. Wegen der vielen rosarot gefärbten Gebäude im Altstadtviertel von Jaipur wird diese liebevoll die »rosa Stadt« genannt. Rosarot ist Rajasthans traditionelle Farbe der Gastlichkeit. Der Stadtpalast Hawa Mahal, auch Palast der Winde genannt, ist gleichzeitig das berühmteste Wahrzeichen von Jaipur. Der Hawa Mahal diente einst den königlichen Damen als Aussichtspunkt, von dem aus sie das Treiben auf den Straßen beobachten konnten, ohne dabei selbst gesehen zu werden. Jaipur ist für seine farbenfrohen Märkte bekannt, auf denen man traditionelle Handwerkskunst, Textilien, Schmuck und Gewürze erstehen kann. Der bekannteste Markt ist der Johari Bazaar, der für seine Edelsteine und Schmuckstücke berühmt ist. Hier kann man erlesenen handgefertigten Schmuck aus Gold, Silber und Edelsteinen finden. Ein weiterer beliebter Markt ist der Bapu Bazaar, auf dem traditionelle Textilien, Kunsthandwerk und Souvenirs feilgeboten werden.

Der Palast der Spiegel

Es begab sich vor langer, langer Zeit in Indien im wunderschönen Rajasthan, in der rosa Stadt Jaipur. Da war ein armes Mädchen, das Schutz suchte vor der Kälte der Nacht. Sie versteckte sich am Ufer in einem Boot unter einer wärmenden Plane. Doch als der Tag anbrach und das Mädchen vom Schaukeln des Bootes geweckt wurde, erschrak es. Das Boot befand sich nicht mehr an Land, es war inmitten des Sees an einen Steg gebunden.

Geschwind schlich sich das Mädchen fort und näherte sich dem prunkvollen Wasserpalast, an dem das Boot angelegt war. Dabei entdeckte sie eine kleine versteckte Türe, die einen Spalt weit offenstand. Flink huschte sie im Verborgenen hinein. Das arme Mädchen war überwältigt über all den Reichtum, der sie auf einmal umgab. Goldene Türen und Wände, wo sie nur hinschaute. Sie wähnte sich schon als reiche Prinzessin, die im Besitz ihres eigenen Palastes war. Wo immer sie sich in den Gemächern bewegte, es war weit und breit niemand da. Es war keine Menschenseele auszumachen, der Palast schien menschenleer und verlassen.

Amadis Amarrés

Auf ihren heimlichen Erkundungen entdeckte das erstaunte Mädchen ein mächtiges Tor. Es war aus Tausenden kleinen Spiegeln angefertigt. Voller Neugier stieß das Mädchen die Spiegelpforte, mit seinen kleinen Händen kräftig am Löwenkopf auf, was ihr erst beim zweiten Anlauf gelang. Erstarrt blieb das Mädchen stehen und Schaute erstaunt darüber, was sich da seinen Augen bot. Es war ein Saal, dessen Wände aus Hunderten, nein Tausenden Spiegeln bestand. Fassungslos schaute sie um sich, sie war alles andere als allein! Ihr Gegenüber sah sie Hunderte, nein Abertausende Mädchen wie sie. Augenblicklich wurde sie darüber derart wütend, dass sie den Palast mit all den Mädchen teilen musste. Sie erzürnte darüber so sehr, dass sie mit all den anderen Mädchen lauthals zu schimpfen begann. Hunderte Mädchen, die alle, wie sie diesen prächtigen Ort entdeckt hatten. Sie tobte und wütete wie eine Furie. Doch alle anderen Mädchen wurden genauso wütend, wie sie es selbst war. Wo sie hinschaute, entdeckte sie noch mehr Mädchen, die mit ihr schimpften. Das ließ ihren Zorn nur noch größer werden. Alles half nichts, die Mädchen, denen sie sich gegenübersah, wurden auch immer zorniger, denn es waren ja ihre Spiegelbilder. Nun war ihre Wut so groß, dass sie auf eines der Mädchen losging und versuchte, auf sie einzuschlagen.

Augenblicklich zerbarsten die Spiegel. Mit einem heftigen Knall und unter tosendem Klirren. Es regnete Abertausende Scherben, die sich wie ein funkelnder Wasserfall über das Mädchen ergossen. Bis es in einem glitzernden roten Meer, am Boden liegend dem Leben langsam entschwand.

Etliche Jahre später verirrte sich ein anderes armes einsames Mädchen. Auf dieselbe Weise geriet es mit einem Boot in den Palast. Als das Mädchen erstaunt vor der Spiegelpforte ankam, stieß es das schwere Tor ängstlich am Löwenkopf auf. Wie das Mädchen im Saal der tausend Spiegel stand, staunte sie ungläubig. Sie sah sich den vielen anderen Mädchen gegenüber. Sie war darüber derart erfreut endlich nicht mehr einsam und allein zu sein. Freudestrahlend begrüßte sie all die anderen Mädchen. Diese wiederum strahlten zurück, sie freuten sich genauso über die neue Gesellschaft. Die Verzückung im Spiegelsaal wollte kein Ende mehr nehmen. Es war ein Fest der Freude und der Freundlichkeit. Alle waren sie sich gewogen, sie strahlten und lachten um die Wette, es war ein regelrechter Freudentaumel. Wann immer das Mädchen Gesellschaft suchte, begab sie sich in den Spiegelsaal. Um sich gemeinsam mit den anderen zu freuen und ihr gemeinsames Fest der Freude ein weiteres Mal zu feiern. Was lehrt uns der Saal der Spiegel? Derselbe Saal, in dem das erste Mädchen aus Wut den Tod fand, bedeutete für das andere Mädchen einen Raum des Miteinander und der Freude.

©Amadis Amarrés

»Das Herz ist ein König, der alles weiß und alles besitzt. Der Kopf ist nur sein Palast.«

Dhan Gopal Mukerji (1890 -1936)

Amadis Amarrés

Expeditionen & Entdeckungsreisen

Zeit für Glückliches

„*Wir müssen der Zeit, Zeit geben.*"
Miguel de Cervantes Saavedra (1547 - 1616)

Vielen Dank, dass Sie sich die Zeit nehmen, folgenden Artikel zu lesen. Ohnehin nehmen Sie sich mehr Zeit für Glückliches, gesetzt den Fall, dass ich es noch nicht erwähnt haben sollte. Nehmen Sie sich Zeit für Veränderungen, den diese benötigen noch mehr Zeit und Raum. Die Erkenntnis, uns mehr Zeit zu nehmen für uns selbst und für Schönes, dass uns glücklich, damit gesund und zufrieden macht, ist ein Schatz, dessen Entdeckung sich lohnt. Die Zeit ist ein faszinierendes Phänomen, das uns Menschen seit jeher beschäftigt. Sie ist allgegenwärtig und doch so schwer zu fassen. In diesem Essay möchte ich mich mit der Bedeutung und dem Verständnis von Zeit auseinandersetzen. Zeit ist eine unumgängliche Begleiterin unseres Lebens. Die Zeit beeinflusst unser Denken, Handeln und Fühlen. Zeit ist nicht greifbar, wir können sie nicht sehen, hören oder anfassen. Dennoch ist sie allgegenwärtig und prägt unser Leben in mancherlei Hinsicht. Die Zeit ist ein kostbares Gut, das wir oft als selbstverständlich hinnehmen. Wir hetzen von einem Termin zum nächsten, immer auf der Suche nach mehr Zeit. Doch Zeit lässt sich nicht vermehren oder zurückholen. Sie ist ein begrenztes Gut, das wir bewusst nutzen sollten. Denn Zeit ist nicht nur eine abstrakte Größe, sondern auch ein kostbares Gut, das uns gegeben ist. Aufgrund dessen sollten wir mit Zeit bedachtsam umgehen, insbesondere mit unserer Lebenszeit.

Quellen des Glücks

Wie wir alle tagtäglich immer wieder neu erleben, haben wir kaum noch Zeit, um zwischendurch in unserem Alltag kurz innezuhalten, wenn uns danach ist. Das führt dazu, dass wir unserem tatsächlichen Leben, kaum genügend Raum und nur noch wenig Zeit zur Muße einräumen. Ein gewaltiger Verlust für ein Menschenleben. Ein Leben, das wahrlich nicht wirklich lang genug ist. Insbesondere wenn wir unsere erreichbare Lebenszeit mit denen anderer Lebewesen vergleichen. Wie das Beispiel eines Koi-Fischs zeigt, der 225 Jahre alt wurde. Sein Name war Hanako, was im Japanischen »Blumen Mädchen« bedeutet. Oder gemessen mit dem Leben eines Grönlandwals, der über 200 Jahre alt werden kann. Wäre da nicht der Mensch, der teilweise noch immer auf der Jagd nach den sanften Riesen ist. Von allen Säugetieren wird er am ältesten, zudem können die Grönlandwale nicht an Krebs erkranken, da sie Gene besitzen die Erbgutschäden reparieren. Dies ist eine äußerst interessante Tatsache in der Krebsforschung.

Die durchschnittliche Lebenserwartung eines Menschen in Europa liegt momentan etwa bei 83 Jahren. Das sind insgesamt zirka 727080 Tausend Stunden. Wir haben also alle sehr viel Lebenszeit. Betrachten wir hingegen das Leben einer Eintagsfliege, sieht die Sache schon anders aus. Die Fliege verbringt gerade mal weniger als fünf Minuten damit, um sich zu paaren und Eier zu legen, um danach bereits wieder zu sterben. Verglichen mit ihrer Lebenszeit, dauert ein Menschenleben gewiss eine Ewigkeit.

Näher betrachtet, stellt sich die Frage; ist es wirklich so viel Lebenszeit? In Anbetracht dessen, dass wir davon etwa 28 Jahre mit schlafen verbringen, sieht die Sache schon anders aus. Es ist ein Drittel unseres Lebens. Fakt ist, dieser Prozess ist nicht verhandelbar. Stapeln wir noch ein wenig Zahlen. Von den anderen zwei Dritteln verbringen wir in einem durchschnittlichen Leben geschätzt 11 Jahre mit Arbeit. Die Reisezeiten von und zur Arbeit nicht einbezogen. Daneben gibt es ebenso freudige Zahlen. Immerhin verbringen wir viereinhalb Jahre unseres Lebens mit Ferien. Es gibt aber auch die beschwerlichen Zahlen. Für Zähneputzen verwenden wir etwa 190 Tage. Apropos Zähne, es geht noch unerträglicher. Schätzen Sie, wie viele Tage wir das grässlich hohe Surren und kreischen des Bohrers eines Zahnarztes ertragen müssen. Stunden, in denen wir uns schicksalsergeben Spritzen in die Backen jagen lassen. 10 lange Tage leiden wir insgesamt auf den Zahnarztstühlen dieser Welt.

Die erstaunliche Zahl! Moderne Menschen verbringen bis zu 12 Jahre ihres Lebens am Smartphone. Die tragischste aller Zahlen ist die, die wir mit Warten verbringen. Wir warten an der Kasse, am Schalter, vor der Ampel, auf die Bahn, auf einen Flug, im Wartezimmer beim Arzt, bei der Behörde, vor dem Konzert, im Theater usw. insgesamt sind es vermutlich fünf wertvolle Jahre! Dies und viele andere Gründe sollten, uns dazu anstoßen mit unserer Lebenszeit sorgfältiger umzugehen. Wir könnten Teile unsere Lebenszeit für Glücklicheres verwenden.

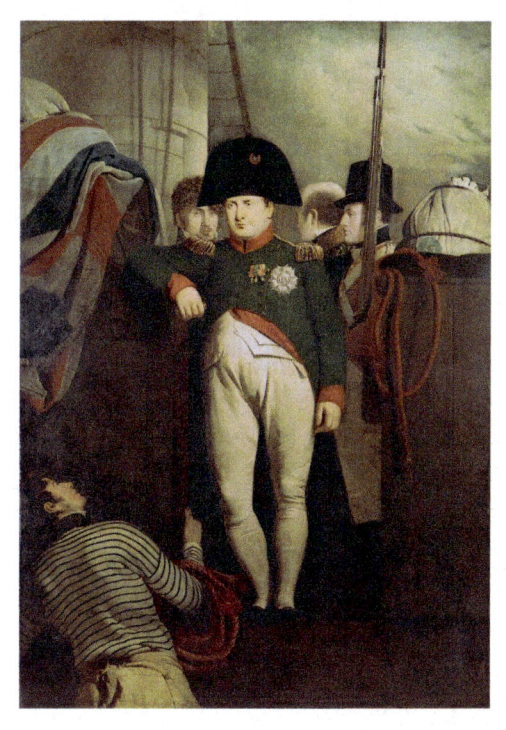

Vergleichen wir die Lebenszeit weiterer Lebewesen. Um einem lebenden Methusalem zu begegnen, müssen wir auf die abgelegenste Insel am Ende der Welt reisen. Zu einer Insel vulkanischen Ursprungs inmitten des Südatlantiks, auf die Insel St. Helena. Es ist ein karges Eiland und selten wärmer als um die 19 °C. Ihren berühmtesten Inselbewohner kennen Sie bestimmt, sie erinnern sich an Napoleon Bonaparte. Als er am 18. Juni 1815 im belgischen Waterloo die Niederlage seines Lebens einsteckt. Napoleon griff dabei die alliierten Armeen unter Feldmarschall Wellington nahe dem belgischen Ort Waterloo an. Diese Niederlage in einer grauenhaften und verlustreichen Schlacht kündigte faktisch das Ende seiner Herrschaft an. Napoleon kehrt nach Paris zurück, um am 22. Juni 1815 als französischer Kaiser abzudanken. Nachdem Napoleon ganz Europa ins Chaos gestürzt hatte, beschlossen die Alliierten ihn auf die Insel St. Helena zu verbannen. Man ließ Bonaparte mit etwa 30 Personen Begleitung zurück. Diese waren weiterhin für das kaiserliche Wohl besorgt. Napoleon starb sechs Jahre später am 5. Mai 1821 in seinem Exil. Wir werden Napoleon und seinen Frauen später im Buch nochmals begegnen.

Kommen wir zum eigentlichen Grund unserer Reise, zu Jonathan einer Aldabra Riesenschildkröte. Man brachte sie einst von den Seychellen auf die Insel. Sie war damals um die 50 Jahre jung. Man konnte dies aufgrund von alten Fotos berechnen. Der alte Herr ist so berühmt, dass er auf der 5 Pence Münze von St. Helena verewigt wurde. Jonathan ist mit 187 Jahre das älteste Landtier. Ferner vermutete man, dass Jonathan das älteste bekannte lebende Reptil der Erde ist.

Im Vergleich mit unserem nächsten Lebewesen, es ist ein Baum, ein Riesenmammutbaum, sind die vorher besprochenen allesamt Jungspunde. Er befindet sich im Sequoia-Nationalpark im US-Bundesstaat Kalifornien. Er wurde am 7. August 1879 vom Naturkundler James Wolverton Tharp im Giant Forest entdeckt. Er gab dem Baum seinen heutigen Namen, nach General William T. Sherman. Wolverton diente unter ihm als Leutnant im amerikanischen Bürgerkrieg. Der Mammutbaum weist einen Umfang von 31 Metern auf. Er ist mit einer Höhe von 83,8 Metern, aber bei Weitem nicht der höchste. Den Rekord als höchster Baum der Welt hält der »Hyperion«, mit 116 Meter Höhe und einem beachtlichen Alter von 800 Jahren. Sein Standort wird zu seinem Schutz geheim gehalten. Da wäre noch der zweitgrößte Baum der Welt, der General Grant, er hat eine Höhe von 81,1 Meter. Da letzten Endes das Gesamtvolumen eines Baums über seine Größe entscheidet, ist und bleibt der General Sherman mit einem berechneten Volumen von 1486,9 m³ damit momentan der voluminöseste lebende Baum der Erde. Ich kam mir vor wie ein Wicht, als ich vor etlichen Jahren in seinem Schatten stand. Man geht von einem Gewicht von rund 2000 t aus und sein Alter wird auf circa 2500 Jahre geschätzt.

Den Ureinwohnern waren das Gebiet und der Baum schon länger bekannt. Das Gelände der beiden Nationalparks, im Sequoia- und dem Kings-Canyon-Nationalpark, ist der Lebensraum der Mammutbäume. In diesen Tälern hielten sich seit dem 9. Jahrhundert zeitweilig drei Stämme der Shoshonen auf. Eine Begegnung mit Weißen gab es erst zu Beginn des 19. Jahrhunderts. Zu Beginn gab es keinerlei Probleme, beide Völker lebten einträchtig nebeneinander. Teilweise übernahmen die Zuwanderer sogar die Lebensweise der Shoshonen.

Der entscheidende Wendepunkt kam erst im Jahr 1848, als in der Sierra Nevada Gold entdeckt wurde. Schlagartig strömten Abenteurer, Goldsucher und Siedler ins Land. Sie verdrängten die ansässigen friedlichen Bewohner aus ihren Tälern. Es kam auf beiden Seiten zu Gewalttätigkeiten. Ab dem Jahr 1862 kamen erschwerend eingeschleppte Krankheiten hinzu. Der größte Teil der einheimischen Bevölkerung wurde durch aus Europa stammende Erkrankungen wie Pocken, Masern und Scharlach ausgelöscht. Die Überlebenden zogen folglich weiter ostwärts über die Sierra Nevada, sodass es ab 1865 in der Region keine Ureinwohner mehr gab.

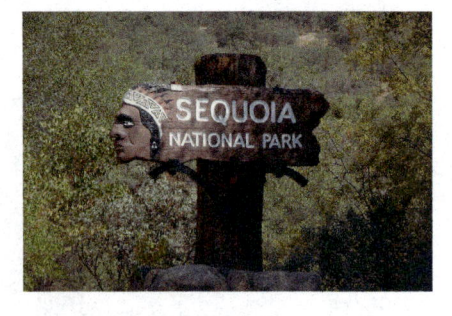

Der General Sherman ist damit aber noch lange nicht der älteste Baum. In den White Mountains glaubte man lange mit den »Bristlecone Pines« *(Grannen Kiefern)* die ältesten Bäume zu haben. Der älteste von ihnen ist laut einer Studie von 2020 über 4.851 Jahre alt und trägt zurecht seinen Namen Methuselah. Allerdings fand man im Jahr 2012 in derselben Region einen Baum, dessen Alter sogar auf 5062 Jahre datiert wurde. Sein genauer Standort wird zum Schutz des Baumes ebenso geheim gehalten.

Machen wir uns einen Spaß daraus und betrachten einmal das Alter des »General Sherman Tree« genauer. Nehmen wir sein geschätztes Alter von 2500 Jahren und schauen uns an, was der alte Herr in seinen zweitausendfünfhundert Jahren alles erlebt hat. Als der Samen des Riesen sprießt, wird Sokrates in Athen gerade 9 Jahre alt.

Unser Baum ist bereits stolze 142 Jahre alt, als im Jahr 336 v. Chr. der zwanzigjährige Alexander seinem Vater auf den Thron folgt. Später findet er als »Alexander der Große« in den Geschichtsbüchern seinen Platz.

Im Alter von 434 Jahren wird in Rom am 15. März, 44 v. Chr. Gaius Julius Caesar (deutsch Gaius Julius Cäsar), der damalige römische Herrscher, von seinen Senatoren gemeuchelt. Beteiligt an der Metzelei sind Marcus Iunius Brutus und Gaius Cassius Longinus. Julius Cäsar wird im Theater des Pompeius während einer Senatssitzung, es heißt mit dreiundzwanzig Dolchstichen, ermordet. Es waren nahezu sechzig Personen an seiner Tötung beteiligt. Das Historiengemälde von Vincenzo Camuccini (1798) zeigt, wie sich Maler im 18. und 19. Jahrhundert die Ermordung Cäsars vorstellten. Es gibt einige Ungereimtheiten über den Tod Cäsars. Seine Frau Calpurnia quälten in der Nacht zuvor Albträume, die Warnungen enthielten. Ob Cäsar die Nacht zu Hause bei Calpurnia verbrachte, ist fraglich, da sich Kleopatra zu dem Zeitpunkt in Rom befand. Cäsar erwog, am selben Morgen der Senatssitzung fernzubleiben. Aus diesem Grund entsandte man Decimus Brutus, um den Diktator umzustimmen. Letztlich konnte Cäsar der Sitzung nicht fernbleiben. Es gab zwei wichtige Anliegen Cäsars zu besprechen. Zum einen plante Cäsar, in den Parther-Krieg zu ziehen. Des Weiteren wollte Cäsar die Erlaubnis vom Senat erhalten, außerhalb Italiens den Titel Rex *(lateinisch für König)* tragen zu dürfen. Da nach einem Orakel nur ein König die Parther besiegen konnte. Das Parther Reich war zu der Zeit die dominierende Macht im iranischen Hochland und Mesopotamien.

Der Sherman Tree ist 251 Jahre alt, als in Griechenland infolge eines schweren Erdbebens im alten Rhodos eine monumentale Bronze-Statue zerstört wird. Der Koloss von Rhodos war in einer Bauzeit von zwölf Jahren entstanden. Er war über 30 Meter hoch und stellte den Sonnen- und Stadtgott Helios dar. Das Erdbeben verursachte gewaltige Zerstörungen in der Stadt und brachte den Koloss zum Einsturz. Wie eine Quelle besagt, ließ das Erdbeben die monumentale Statue in den Knien einknicken und zerstörte sie nach nur 66 Jahren.

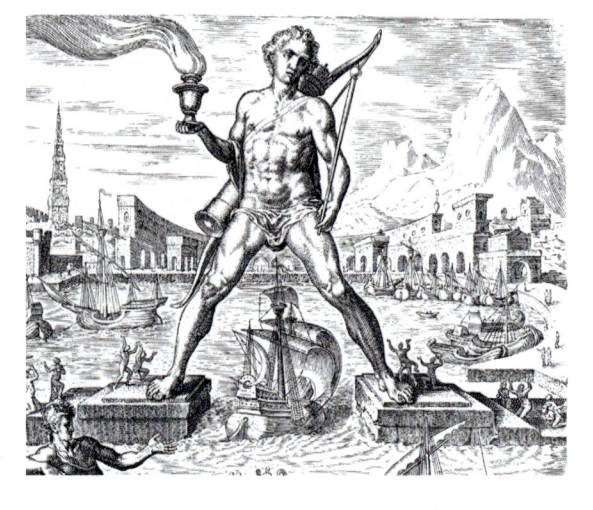

QUELLEN DES GLÜCKS

Mit 431 Jahresringen wird in Galiläa, 47 v. Chr. Herodes von seinem Vater als Statthalter eingesetzt. Zu der Zeit, wenn Jesus von Nazareth zwischen 7 und 4 v. Chr. geboren wird, hat unser Baum etwa 470 Jahre hinter sich.

Auf der mexikanischen Halbinsel Yucatán wird um das Jahr 440 Chichén Itzá gegründet. Die heutige Ruinenstätte der späten Maya-Zeit. Chichen Itza war das politische Zentrum, zugleich das wichtigste Handelszentrum der Mayas, die Stadt war dem Gott Kukulcan geweiht. Der Baum ist jetzt 918 Jahre jung. 360 Jahre später im Jahr 800, genauer am 1. Weihnachtstag, dem 25. Dezember wird durch Papst Leo III. in Rom Karl der Große zum römischen Kaiser gekrönt. Dies hatte weitreichende Folgen, damit wurde ein Kaiserreich in der Tradition des Römischen Reichs begründet, das mehr als 1000 Jahre bestehen wird. Damit war Karl der Große der mächtigste Herrscher des Mittelalters. Unser Mammutbaum wird allmählich erwachsen und zählt jetzt 1278 Jahre.

Beinahe zweitausend Jahre alt ist unser Baum, genau 1928 Jahre. Johannes Gutenberg erfindet, was gewissermaßen vor Ihnen liegt. Mit beweglichen Lettern revolutioniert Gutenberg den Buchdruck.

Amadis Amarrés

Zur selben Zeit errichten die Inkas im heutigen Peru in den peruanischen Anden in der Region Cusco, auf 2360m Höhe eine Meisterleistung der Architektur. Zwischen den Gipfeln des Huayna Picchu und des Machu Picchu erbauen sie die terrassenförmige mythenumwobene Ruinenstadt. Die Inkastadt ist eine der größten Touristenattraktionen in Südamerika. Die Inka Zitadelle liegt inmitten der peruanischen Anden. Der amerikanische Entdecker Hiram Bingham, hatte Machu Picchu 1911 wiederentdeckt. Die heilige Inka-Zitadelle birgt noch immer viele Rätsel und Geheimnisse. So sind ihr eigentlicher Zweck und ihre genaue Nutzung bis heute ein Geheimnis. Machu Picchu weckt das Interesse von Archäologen aus der ganzen Welt. Spannend ist die astronomische Ausrichtung der Gebäude. Die Zitadelle besteht aus Palästen, Terrassen, Denkmälern, Tempeln, Gebäude-Komplexen und Mauern. Bis heute gibt es intakte funktionierende Wasserkanäle. Die exakt in Form gebrachten Steinmauern schmiegen sich ohne jeden Gebrauch von Mörtel solide aneinander. So perfekt, dass sie die Jahrhunderte ohne Verschiebungen oder nennenswerte Abtragungen überstanden haben. Es ist ein Beweis für die große Erfahrung der Inka-Zivilisation.

Im Alter von 1970 Jahren wird das Land, auf dem der Baum steht, endlich von Christoph Kolumbus entdeckt. Allerdings erst auf seiner vierten Reise. Faktisch betrat er damals das heutige Honduras. Kolumbus hatte nicht bemerkt, dass es sich um einen bis dahin unbekannten Kontinent handelte. Diesen entdeckte erst Amerigo Vespucci, nach dem die Neue Welt (Amerika) benannt wurde.

Aus heutiger Sicht waren die ersten Bewohner Amerikas die Vorfahren der indigenen Bevölkerung Amerikas. Diese drangen in den zuvor menschenleeren Kontinent vor langer Zeit von Asien her ein. Zudem wurde lange vor Kolumbus, rund 500 Jahre, von Leif Eriksson und anderen Isländern Amerika längst betreten. Kolumbus gilt bis heute als maßgeblich europäischer Entdecker. Da erst Kolumbus Reisen zur Kolonialisierung führten.

Als Ludwig XIV. im Jahr 1623 den Auftrag für ein kleines Jagdhaus im Wald von Versailles erteilt, ist dies der Anfang für eine der größten und prächtigsten Palastanlagen der Welt, Schloss Versailles. Unsere Sequoia hat damals 2101 Jahre auf ihrem Buckel. Im kindlichen Alter von vier Jahren wurde Louis XIV. offiziell zum König gekrönt. Was ihn zu einem der jüngsten Könige Frankreichs macht. Seine Herrschaft begründete eine Blütezeit für die Kunst, die Literatur, die Architektur und die

Musik in Frankreich. Große bekannte Zeitgenossen sind Lully, Charpentier, Couperin, Molière, Corneille, La Fontaine, Racine, Boileau, Le Vau, Mansart und Le Nôtre. Deshalb bezeichnet man das 17. Jahrhundert häufig, das Grand Siècle *(das große Jahrhundert)*.

Mit 2122 Jahren und bereits überragenden ausmaßen, erlebt im Jahr 1644 unser Baum die Erbauung und Fertigstellung des Taj Mahal. Großmogul Shah Jahan ließ das Mausoleum zum Gedenken an seine verstorbene große Liebe Mumtaz Mahal errichten.

Im Alter von 2423 Jahren erlebt der Baum etwas Grauenvolles, es lässt ihn regelrecht erbeben. Am 6. August 1945 werfen die USA die 1. Atombombe mit dem zynischen Namen »Little Boy« *(kleiner Junge)* über Hiroshima ab. Um 8:16 Uhr und zwei Sekunden Ortszeit explodiert die Atombombe in 600 Metern Höhe über der Innenstadt. Mit der Detonation starben augenblicklich circa 100.000 Menschen. Es waren fast ausschließlich Zivilisten. An den Folgeschäden starben bis Ende 1945 nochmals bis zu 166 000 Menschen.

Am 9. August wird eine zweite Atombombe über Nagasaki abgeworfen. Sie trägt den Namen »Fat man«, und tötet augenblicklich 36.000 Menschen. An den Spätfolgen starben nochmals geschätzte 140.000 Menschen. Der damalige japanische Kaiser Hirohito gab sechs Tage nach dem Bombenabwurf die Kapitulation Japans

bekannt. Mit der Kapitulation Japans endete am 2. September 1945 der Zweite Weltkrieg.

Am 21. Juli 1969 verfolgt unser Baum etwas Unbegreifliches. Er hat nun ein beachtliches Alter von 2447 Jahren. Der US-amerikanische Astronaut Neil Alden Armstrong betritt im Zuge der Mission Apollo 11 um 03:56 Uhr mitteleuropäische Zeit als erster Mensch den Mond. Armstrong spricht den legendären Satz: »That's one small step for man… one… giant leap for mankind.« *(Das ist ein kleiner Schritt für den Menschen… ein… riesiger Sprung für die Menschheit).*

So viel zu unserem »General Sherman Tree« dem kalifornischen Riesenmammutbaum, der seinen Namen zurecht verdient. Der Riese lebt im Sequoia National Forest. Benannt nach dem lateinischen Namen der Bäume *(Sequoia sempervirens)* in der südlichen Sierra Nevada im Bundesstaat Kalifornien. Bereisen Sie die Gegend einmal, empfehle ich Ihnen, im Park zu übernachten. Da der Nationalpark sehr groß ist und die Route viel Zeit erfordert. Wer nicht so viel Zeit investieren will, aber dennoch eindrückliche Küstenmammutbäume bestaunen möchte, für jene gibt es eine Alternative. Ihnen empfehle ich das, »Muir Woods National Monument« zu besuchen. Der Park liegt circa 15 km nördlich von San Francisco. Er ist über die Golden Gate Bridge und den Highway 101, vorbei an der Hausbootkolonie Sausalito zu erreichen. Der nach dem Naturforscher John Muir *(1838-1914)* benannte Park, beherbergt Exemplare bis etwa 79 Meter Höhe. Das durchschnittliche Alter der Küstenmammutbäume ist etwa 500 bis 800 Jahre. Das älteste Exemplar soll über 1100 Jahre alt sein. Die Muir Woods sind der letzte erhaltene Bestand an Küstenmammutbäumen in der Bay Area. Großangelegte Holzfällerarbeiten haben bis zum Ende des 19. Jahrhunderts die gesamte Region gerodet.

Zum Schluss noch dies: Die Straße zu den Muir Woods ist eng und kurvenreich und für Wohnmobile ungeeignet. Die Parkplätze sind im Sommer und an den Wochenenden früh belegt. Wenn Sie dort keinen Platz erwischen, wird es oft ein langer Fußweg bis zu Ihrem Fahrzeug.

Zurück zu uns Menschen, bestimmt möchten Sie jetzt wissen, wie alt der älteste Mensch bis heute wurde? Dieser Mensch ist bekannt und sein Leben ist sehr detailliert festgehalten. Es war eine Frau, genauer eine Französin, ihr Name, Jeanne Calment. Dies ist mit Geburts- und Sterbeurkunde einwandfrei nachgewiesen. Jeanne wurde als Tochter eines Schiffbauers, Nicolas Calment *(1838–1931)* im südfranzösischen Arles am 21. Februar 1875 geboren. Seine Frau Marguerite Gilles *(1838–1924)*, entstammte einer Müllerfamilie. Jeanne Calments Bruder war François Calment *(1865–1962)* er wurde 97 Jahre alt.

Jeanne heiratete am 8. April 1896 Fernand Nicolas Calment, einen vermögenden Ladenbesitzer. Daher musste Jeanne nicht allzu viel arbeiten. Sie hatte ein behagliches und zu Beginn leichtes Leben. Sie frönte ihren vielen Hobbys wie das; Tennis, Radfahren, schwimmen, Rollschuhlaufen, und Jeanne liebte das Klavierspiel. Außerdem war sie eine begeisterte Opernliebhaberin. Aber dann begann auch ihr das Leben zuzusetzen. Im Jahr 1942 verstarb ihr Mann an einem Nachtisch, mit eingemachten aber fatalerweise, verdorbenen Kirschen. Wenig später traf es Jeannes Tochter Yvonne. Sie starb nur 36-Jährig an einer Lungenentzündung. Resultierend daraus zog Jeanne ihren Enkel Frédéric selbst groß, er wurde später Arzt. Ebenso wie seine

Mutter verstarb er im selben Alter mit 36 Jahren, er kam bei einem Motorradunfall ums Leben. Zwei Jahre nach dem Tod ihres Enkels traf Jeanne eine Entscheidung. Jeanne war damals schon 90 Jahre alt. Sie verkaufte ihre Wohnung gegen eine Leibrente von 2500 France pro Monat, an den 47-jährigen Rechtsanwalt Andre-François Raffray. Nach ihrem Tod sollte die Wohnung an Raffray fallen. Doch dieser erlebte nicht einmal das Ende seiner Zahlungsverpflichtung. Er verstarb 1995 mit 77 Jahren an Krebs. Seine Witwe war verpflichtet, die Rentenzahlungen fortzusetzen. Die bis dahin insgesamt bezahlten 900.000 Francs, entsprachen damals schon dem doppelten Marktpreis der Wohnung.

Im Alter von 113 Jahren erlangte Jeanne Calment einen gewissen internationalen Bekanntheitsgrad. Aufgrund ihres hohen Alters und weil sie von einer Begegnung mit Vincent van Gogh zu berichten wusste. Sie begegnete dem berühmten Künstler mit 14 Jahren. Es war 1889 im Geschäft eines Verwandten, indem sie Malerbedarf verkaufte. Calment konnte nicht allzu viel Positives vom Genie berichten. Er sei schmutzig, schlecht gekleidet und zudem sehr unhöflich gewesen.

Ferner erlebte Jeanne am 28. Januar 1887 den Beginn der Bauarbeiten des Eiffelturms und am 31. März 1889, seine planmäßige Eröffnung. Wenige Wochen vor der Eröffnung, der großen Pariser Weltausstellung, die das Stadtbild bis heute prägt.

Kommen wir zum spannendsten Teil ihrer Geschichte. Wie kam es dazu, dass die Frau so alt werden konnte? Und wie war es um ihre Gesundheit bestellt? Sie werden staunen! Um fit zu bleiben, fing Jeanne irgendwann das Fechten an. Sie fuhr als 100-jährige noch Fahrrad. Bis zum Alter von 110 Jahren lebte sie völlig selbstständig und allein. Erst 1985 zog sie ins Seniorenheim. Bei einem Sturz im Alter von 115 Jahren brach sie sich zwei Knochen und war fortan auf einen Rollstuhl angewiesen. Nach eigenen Aussagen tat sie nie etwas Besonderes für ihre Gesundheit. Am Ende war sie beinahe blind und fast taub, aber sie blieb geistig rege. Außerdem war Jeanne Calment seit 1896 Raucherin. Erst mit 117 Jahren gab sie das Rauchen auf. Um ein Jahr später wieder damit anzufangen. Im Alter von 119 Jahren war dann endgültig damit Schluss. Laut ihrem Arzt waren nicht gesundheitliche Überlegungen ausschlaggebend. Vielmehr war es Calments Stolz. Infolge ihrer Blindheit war sie nicht mehr in der Lage, sich selbst eine Zigarette anzuzünden. Jeanne hasste es jedoch andere um Hilfe zu bitten. Ihr hohes Alter führte sie, wenn überhaupt, auf den Genuss von Olivenöl, Knoblauch, Gemüse und Portwein zurück. Ihr Geheimnis war mit Sicherheit daneben die mediterrane Küche. Zuträglich waren bestimmt auch die vielen Sonnentage und das Klima des Provenzalen Arles. Wenn Sie in Arles sind, besuchen Sie bei der Gelegenheit ihr Grab auf dem Cimetière de Trinquetaille. Vom Amphitheater sind es nur wenige Gehminuten.

Mit 121 Jahren drehte Jeanne fürs Fernsehen eine Aufzeichnung mit dem Titel: »Mistress of Time« *(Herrin der Zeit)*, um Kleinbusse für das Altersheim zu finanzieren, in dem sie lebte. Viele hatten damals den Hype der Medien um Jeanne kritisiert, deren Opfer sie sein soll. In Wahrheit schien sie, nach Zeitzeugen Aussagen, die Aufmerksamkeit zu genießen und mit den Reportern aus aller Welt einfach Spaß gehabt haben. Calment starb 1997 mit 122 Jahren und 164 Tagen. Das Altersheim, in dem Calment ihre letzten Lebensjahre verbrachte, trägt heute ihren Namen.

Was uns die Lebensgeschichte von Jeanne verrät, ist kein Geheimnis. Verzicht scheint nicht alles zu sein! Ein glückliches, erfülltes Leben zu leben, mit allem, was das Leben zu bieten hat, trägt genauso zu unserer

Gesundheit bei. Aber das Leben ist bunt wie die Palette eines Malers. Manche würden einige Episoden aus Jeannes Leben, dramatischerweise Schicksalsschläge nennen. Doch zum Schönen gehört das Hässliche. Zum Schweren das Leichte. Wir erleben, was uns das Leben gibt. Und gehen unseren Lebensweg, jeden einzelnen Tag. Dies ist womöglich das Geheimnis von Jeanne und ihrem hohen Alter. Eines müssen wir dabei immer im Auge behalten. Wir werden niemals zwei Leben auf einmal leben können. Aber dieses eine, unser Leben, das sollten wir leben.

Zum Schluss noch dies: Dieser Text ist nicht als Aufforderung zum Rauchen zu verstehen. Zweifelsfrei ist das Rauchen in meinen Beratungen immer wieder Thema. Meine Meinung dazu ist klar, wer rauchen möchte, soll rauchen. Es steht allen frei, die Folgen sind allgemein bekannt. Dass es dem Körper und der Gesundheit nicht zuträglich ist, ist aus wissenschaftlichen Erkenntnissen bestätigt. Es gibt die Glückspilze wie der ehemalige deutsche Bundeskanzler Helmut Schmidt und seine Frau Loki oder Königin Margrethe von Dänemark. Es gibt sie die Beispiele, die uns suggerieren, rauchen ist nicht gesundheitsgefährdend. Fakt ist, rauchen beeinflusst unser Liebesleben. Rauchen schädigt die Haut. Es beeinflusst die Atemwege und die Zahngesundheit und es schädigt das Haar. Hinzu kommen sämtliche ernsthaften Krankheiten, die wir alle kennen.

Es lohnt sich immer mit dem Gedanken zu spielen mit dem Rauchen aufzuhören. Denn wer aufhört zu rauchen, erhält im Gegenzug einige gesundheitliche Vorteile, somit mehr Lebensqualität. Man erhält ein besseres Konzentrationsvermögen. Schläft wesentlich besser und die Haut und das Hautbild verbessert sich. Nach einem Rauchstopp beginnt der gesamte Körper sofort mit der Regeneration. Bereits nach 24 Stunden geht das Risiko für einen Herzinfarkt leicht zurück. Außerdem setzt bei den Nervenenden die Regeneration ein, dass schon nach 48 Stunden. Sie haben noch mehr Benefiz. Ihr Geruchssinn und das Geschmacksvermögen verbessern sich spürbar, alles wird wieder nach mehr schmecken und reicher riechen.

Des Weiteren erholt sich der Kohlenmonoxid-Spiegel im Blut nach 12 Stunden und sinkt wieder auf Normalwerte. Somit werden alle Organe wieder besser mit Sauerstoff versorgt. Nach einigen Wochen, spätestens nach drei Monaten verbessert sich die Durchblutung. Die Lungenfunktionen verbessern sich deutlich. Nach einem Monat, je nachdem wie lange jemand geraucht hat, kann dieser Vorgang durchaus acht oder neun Monate benötigen. Die Hustenanfälle und die Kurzatmigkeit gehen zurück. Wie Sie sehen, gelingt es, mit wenig Aufwand viel für Ihre Gesundheit und Ihr Wohlbefinden zu tun. Bedenken Sie bei Ihrem Entscheid, nicht jeder hat die goldenen Gene von Madame Calment, zumindest ist es eine Überlegung wert es in Betracht zu ziehen, nur Mut!

QUELLEN DES GLÜCKS

»Das Alter ist nur eine zweite Kindheit.«
Aristophanes (ca. 450 - 380 v.Chr.)

Amadis Amarrés

Leidenschaftliche Worte und ihre Autorinnen

Diese Rubrik befasst sich jeweils mit dem, was uns Menschen am meisten umtreibt, die Liebe. Wir treffen hier auf große Zeitgenossen in ihren schwächsten Momenten. Auf Künstlerinnen, die ihre Visionen mutig verfolgen. Helden die wenig heldenhaft lieben. Starke Frauen, deren Herzen vor Liebe rasen. Es geht um die großen Gefühle und die Geschichten, die sie umranken. Doch die Liebe steckt voller Geheimnisse, die wir nur berühren aber an dieser Stelle keinesfalls lüften wollen. Geheimnisse sind ein Elixier, das der Liebe immer wieder auf die Sprünge hilft. Beruhigend ist für uns Normalsterbliche, dass auch Dichtern, Schriftstellerinnen, Komponisten und Sängerinnen ihr erliegen. Aus ihren hinterlassenen Liebesbriefen zu schließen, verzweifeln sie manchmal mindestens genauso daran. Die Liebe ist das Lieblingsthema der schönen Künste. Künstlerinnen erleben wie wir tiefe Gefühle, Beziehungsprobleme, Trennung und Eifersucht. Dies birgt genügend Stoff für Bücher, Filme, Kompositionen, Chansons, Gedichte und nicht zu vergessen die großen Dramen. Sie alle haben sich ausgiebig mit der Liebe beschäftigt. Shakespeare, Mozart, Goethe bis zu den heutigen Superstars wie Beyoncé mit ihrem »Dangerously in Love.« Antoine de Saint-Exupéry hat es auf den Nenner gebracht: »Die Erfahrung lehrt uns, dass Liebe nicht darin besteht, dass man einander ansieht, sondern dass man gemeinsam in die gleiche Richtung schaut.«

Quellens des Glücks

»Erotik ist heilig, nicht vulgär. Schamlosigkeit ist scheinheilig, eine Ausflucht. Was kühn aber taktvoll und offen ausgesprochen wird, ist nicht schamlos.«

Violette Leduc (1907 – 1972)

Le Printemps, Pierre Auguste cot 1873

Amadis Amarrés

Leidenschaftliche Worte und ihre Autorinnen

Die schönsten Farben der Natur

»Ein Gemälde ist eine Brücke, welche den Geist des Malers mit dem des Betrachters verbindet.«

Eugène Delacroix (1798 - 1863)

Seine Sonnenblumen sind so berühmt wie Mona Lisas Lächeln von Leonardo da Vinci. Der niederländische Maler Vincent van Gogh schuf während seines kurzen, leidenschaftlichen Lebens beinahe 900 Gemälde. Die genaue Zahl ist stets schwankend, da einige Gemälde und ihre Echtheit umstritten sind. Spät, im Alter von 27 Jahren entschließt sich Vincent dazu, Maler zu werden. Vincent Van Gogh wurde am 30. März 1853 im Niederländischen Groot-Zundert geboren, wo van Goghs Vater als Pfarrer wirkte. Van Gogh gehört zu den populärsten Künstlern, des späten 19. Jahrhunderts. Der Mythos um Vincent wird dem Künstler nicht immer gerecht. So geht man heute davon aus, dass van Gogh am Abend des 23. Dezembers 1888 überarbeitet, gereizt und von seinem Freund Paul Gauguin genervt war. Er hatte zu viel Absinth getrunken und sich in dieser Stimmung ein Stück vom linken Ohr abgeschnitten. Neben all seinen Gemälden hat Vincent, noch andere Werke hinterlassen, seine vielen Briefe. Sie sind der Zugang und der Schlüssel zu seinem Wirken, aber vor allen Dingen zum Verständnis des Menschen Vincent van Gogh.

QUELLEN DES GLÜCKS

„Was wäre das Leben, wenn wir keinen Mut hätten, etwas zu versuchen?"

Vincent van Gogh (1853 - 1890)

Amadis Amarrés

Statt sich stetig für sein fehlendes Stück Ohr, wäre es sinnvoller, uns mehr für sein Werk zu interessieren. Mit 32 Jahren zieht es Vincent ins niederländische Antwerpen und erst später nach Paris. In Paris lernt er durch seinen Bruder Theo, der dort Kunsthändler ist, und die Pariser Filiale der Kunsthandlung Goupil & Co. leitet, die ansässigen aktuellen Impressionisten kennen. Er freundet sich mit Paul Gauguin an. Da Vincent die schönsten Farben der Natur für seine Gemälde finden will, zieht es ihn wenige Jahre später in den Süden Frankreichs. An die Ufer der Rhone ins südfranzösische Arles, in der Provence. Unter dem Einfluss des Impressionismus arbeitet Vincent in dieser Zeit fieberhaft. In Arles erreicht Van Gogh im Jahr 1888 seinen künstlerischen Höhepunkt. Er verwendet starke Farben bei größter Lichtfülle und trägt sie mit breitem Pinselstrich auf.

Im Sommer 1889 schluckte Vincent giftige Farben. Selbst das muss aus heutiger Sicht relativiert werden. Ein Maler der den Pinsel, mit dem Kiel in den Mund nimmt, um hin und wieder die Hände frei zu haben, das ist durchaus denkbar. Das dadurch immer wieder mal Farbe an die Mundschleimhaut gerät ist zumindest nicht auszuschließen. Um die

QUELLEN DES GLÜCKS

Toxizität gewisser Farben war man sich erst ab Anfang des 19. Jahrhunderts allmählich bewusst. Was unter den damaligen Umständen als Selbstmordversuch bewertet wurde. Aus diesem Grund überführte man Vincent freiwillig in eine Heilanstalt nach St-Rémy in der Provence. Er lebt von September 1889 bis April 1890 in St-Rémy. Sein Bruder Theo reicht Vincents Bilder zu drei Ausstellungen ein, womit Van Gogh erstmals als Maler an die Öffentlichkeit tritt. Als einzig belegter Verkauf eines Gemäldes zu Vincents Lebzeiten ist sein Gemälde »Die roten Weingärten von Arles« verzeichnet. Vincent ist in dieser Phase äußerst produktiv. Er schafft beinahe 190 Gemälde, die meisten davon zählen heute zu den weltberühmtesten Gemälden überhaupt. In seinen Darstellungen sehen wir vor allem die Welt der einfachen Menschen, Bauern und Handwerker. Diese malt er schnell, spontan und ohne nachträgliche Korrekturen.

»Statt zu versuchen, genau das wiederzugeben, was ich vor Augen habe, bediene ich mich der Farbe viel willkürlicher, um mich kraftvoll auszudrücken.«

Vincent van Gogh (1853 - 1890)

Amadis Amarrés

Vincent van Gogh kehrt am 17. Mai 1890 nach Paris zurück. Er hält sich dort drei Tage bei seinem Bruder und dessen Familie auf. Doch Theo kränkelte, und hat deshalb Konflikte mit seinem Arbeitgeber. Die Situation war dadurch äußerst angespannt. Deshalb zog Vincent am 20. Mai ins etwa 30 km von Paris entfernte Auvers-sur-Oise. Hier nahm sich Paul Gachet, ein Kunstfreund und Arzt dem psychisch labilen Van Gogh an. Doch Vincent van Gogh hat eine erneute Krise. Kurz nach der Vollendung seines Bildes »Kornfeld mit Krähen«, versucht er sich zu erschießen. Die behandelnden Ärzte, darunter Dr. Gachet, verzichteten darauf, die Kugel zu entfernen. Zwei Tage später stirbt Vincent an den Folgen einer Sepsis *(Blutvergiftung)*. Vincent van Gogh stirbt am 29. Juli im Beisein seines Bruders Theo. Ein halbes Jahr später stirbt sein Bruder Theo am 25. Januar 1891 in Utrecht an einer Syphiliserkrankung. Die beiden Brüder wurden Seite an Seite auf dem Friedhof von Auvers-sur-Oise, im Département Val-d'Oise in der Region Île-de-France beigesetzt.

QUELLEN DES GLÜCKS

Vincent der Maler schreibt

Es existieren neben den vielen Gemälden und Zeichnungen, eine äußerst beachtenswerte Hinterlassenschaft, es sind Vincents Briefe. Der Nachwelt sind über 800 Schriftstücke erhalten geblieben. Davon sind etwa 80 an ihn selbst gerichtet. Diese Sammlung von Briefen zeigen einen überaus kultivierten Mann. Lange bevor das Malergenie Gemälde schuf, schrieb er. In seinen Briefen erfahren wir mehr über den Menschen Vincent. Wie er dachte, fühlte, wie er lebte und wie Vincent die Welt sah. Wie er seine Werke schuf. Was er darüber und wie er seine Arbeit bewertete. Die Schriftstücke sind eine bedeutsame Quelle für Experten. Sie finden darin viele Hinweise, um die Echtheit von Gemälden zu beurteilen. Es ist erstaunlich das Van Goghs Briefe, die inzwischen zu seinem zweiten Oeuvre zählen, bis heute in der breiten Öffentlichkeit derart unbekannt blieben.

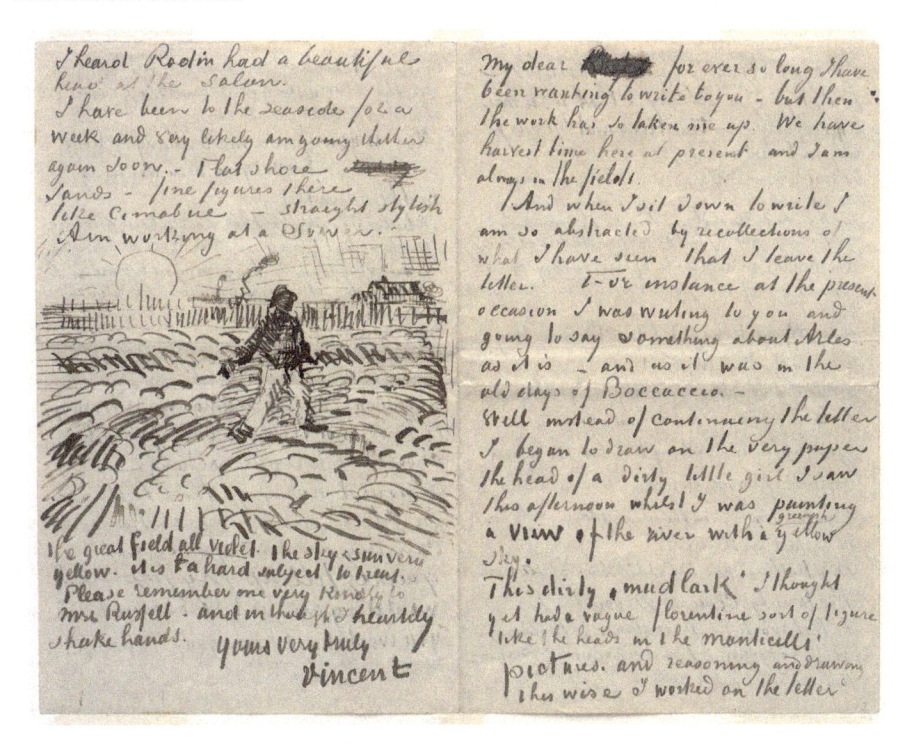

Amadis Amarrés

Émile Bernards Briefwechsel mit van Gogh zählt zu den wichtigsten Quellen der modernen Kunstgeschichte. Er war davon überzeugt, dass diese Schriften bei Vincents Publikum zur Anerkennung des Künstlers beitragen. Bernard schrieb: »es gebe nichts Eindringlicheres als Van Goghs Briefe, nach deren Lektüre könne man weder die Aufrichtigkeit noch den Charakter noch die Originalität Vincent Van Goghs in Frage stellen, die Briefe sagten alles.«

Er sollte recht behalten, der Mythos, der um van Goghs Kunst entstand, beruht vor allem auf diesen Dokumenten. Leider beschränkt sich das Wissen einer breiten Öffentlichkeit, auf die Hollywoodverfilmung von Vincente Minnelli mit Kirk Douglas und Anthony Quinn in den Hauptrollen. Der Film ist über weite Strecken fixiert auf den Leidensweg und Wahn des Genies. Die vielen Schriften ergeben indes ein völlig anderes Porträt des Künstlers. Sie sind ein einzigartiges und erhellendes Abbild eines Denkers und seines Schaffens. Eines zwar gelegentlich labilen, aber überaus kultivierten Geistes. Gerade diesen Aspekt versucht die sechsbändige Ausgabe der Briefe hervorzuheben. Das Van-Gogh-Museum in Amsterdam hat gemeinsam mit dem auf historischem Quellenmaterial spezialisierten Huygens-Institut nach fünfzehnjähriger Arbeit, sämtliches Material im Internet in beispielhafter Weise kostenlos zugänglich gemacht.

Vincent van Goghs Brief an seinen Bruder Theo

»Du musst es mir nicht übel nehmen, lieber Bruder, dass ich Dir schon wieder schreibe, es geschieht nur, um Dir zu sagen, dass das Malen mir ein so ganz besonderes Vergnügen macht. Vergangenen Sonntag habe ich etwas angefangen, was mir schon immer vorgeschwebt hat: Es ist ein Blick auf eine flache grüne Wiese, auf der Heuhaufen stehen. Ein Kohlenweg neben einem Graben läuft quer darüber hin. Und am Horizont, mitten im Bilde, die Sonne. Das Ganze ein Gemisch von Farben und Tönen, ein

Vibrieren der ganzen Farbenskala in der Luft. Zuerst ein lilafarbener Nebel, in dem die rote Sonne halbverdeckt von einer, mit glänzendem Rot fein umrandeten dunkelvioletten Wolkenschicht steht; in der Sonne Spiegelungen von Zinnober, oben darüber ein Streifen Gelb, der grün und weiter oben bläulich abtönt (bis zum zartesten Himmelblau), und dann hier und da lila und graue Wolken, die die Reflexe der Sonne tragen. Der Boden ein kräftiges Teppichgewirk von Grün, Grau und Braun, voller Schattierungen und Leben. Das Wasser des Grabens glänzt auf dem lehmigen Grund. Es ist so wie z. B. Emil Breton es malen würde. Dann habe ich ein großes Stück Düne dick in Farbe aufgetragen und breit gemalt. Von diesen beiden Sachen, ich weiß es bestimmt, wird man nicht glauben, dass es meine ersten gemalten Studien sind. Offen gestanden verwundert es mich: ich hatte gedacht, die ersten Sachen würden nichts wert sein, und wenn ich mich auch selbst loben muss, sie sehen wirklich nach etwas aus, und das ist mir immerhin überraschend.

Ich glaube, es liegt daran, dass ich zuerst, bevor ich zu malen anfing, so lange gezeichnet und Perspektive studiert habe, und ein Ding nun so aufsetzen kann, wie ich es vor Augen habe. Jetzt, seitdem ich mir Pinsel und Malgerät gekauft habe, habe ich dann auch gearbeitet und geschuftet, dass ich todmüde davon bin, sieben gemalte Studien in einem Zuge ... ich kann mich buchstäblich nicht auf den Beinen halten, und mag die Arbeit doch weder im Stich lassen noch mich ausruhen. Aber das wollte ich Dir noch sagen: Ich fühle, dass mir beim Malen die Dinge in Farben vor Augen treten, die ich früher nicht sah. Dinge voller Breite und Kraft. Das sieht so aus, als ob ich mit meinen eigenen Werken schon zufrieden wäre: aber, ganz im Gegenteil. Eines habe ich aber doch dabei schon erreicht: wenn mir etwas in der Natur auffällt, so stehen mir jetzt mehr Mittel zur Verfügung als früher, um es mit mehr Kraft zum Ausdruck zu bringen.

Ich glaube auch nicht, dass es mir etwas ausmachen würde, wenn meine Gesundheit mir mal einen Streich spielte. Soweit ich das beurteilen kann, sind das nicht die schlechtesten Maler, die dann und wann eine Woche oder vierzehn Tage haben, an denen sie nicht arbeiten können. Das liegt wohl in erster Reihe daran, dass gerade sie diejenigen sind, »qui y mettent leur peau«, wie Millet sagt. Das stört nicht, und man muss im gegebenen Fall keine Rücksicht nehmen; dann hat man sich wohl für eine Zeit ganz ausgegeben, aber das kommt wieder in Ordnung und man hat wenigstens das dabei gewonnen, dass man Studien eingeheimst hat wie der Bauer seine Fuhre Heu. Nur denke ich vorläufig noch nicht ans Ausruhen.«

Vincent van Gogh Brief an Émile Bernard *

»Endlich habe ich das mittelländische Meer gesehen und habe eine Woche in Saintes-Maries zugebracht. Um dorthin zu gelangen, bin ich mit der Post durch die Camargue gefahren, durch Weinberge, Wiesen und flaches Gelände wie in Holland. In Saintes-Maries sah ich Mädchen, die einen an Cimabue und Giotto denken ließen gerade, dünn, ein wenig traurig und mystisch. Am Strande, der ganz flach und sandig ist, kleine grüne, rote, blaue Schiffe, in Form und Farbe so reizend, dass man dabei an Blumen denkt. Ein Mann allein führt sie, diese Barken gehen aber nicht auf hoher See; sie fahren nur bei schwachem Wind ab und kommen zurück, sowie er zu stark wird.

Ich hätte große Lust, auch Afrika zu sehen. Aber ich mache keine festen Pläne für die Zukunft. Alles wird von den Umständen abhängen. Was ich kennen lernen wollte, war die Wirkung eines tieferen Blau des Himmels. Fromentin und Gérôme sehen den Süden farblos, und eine Menge Leute ebenfalls. Lieber Gott, natürlich, wenn man trockenen Sand in die Hand nimmt und ihn dicht vor die Augen hält auf die Weise angesehen, sind Wasser und Luft auch farblos. Kein Blau ohne Gelb und ohne Orange, und wenn ihr blau malt, malt doch gelb und orange auch hab' ich recht?

Ich befinde mich hier im Süden entschieden besser als im Norden. Ich arbeite selbst in der vollen Mittagsstunde, bei greller Sonne, ohne irgend welchen Schatten, und siehst Du, ich fühle mich behaglich wie eine Grille. Gott, warum habe ich dieses Land nicht mit 25 Jahren kennen gelernt, statt mit 35 herzukommen. In jener Epoche aber war ich für das Graue begeistert, oder vielmehr für das Farblose, ich träumte immer einen Millet, und hatte meine Freunde in dem Malerkreis Mauve, Israels etc.«

Heute üben Van Goghs Werke auf der ganzen Welt dieselbe Magie aus. Seine Gemälde gelten als einige der schönsten Kunstwerke, die jemals geschaffen wurden. Deshalb ziehen sie Käufer aus aller Welt an. Sammler sind bereit, Rekordpreise zu bezahlen, um ein Gemälde von van Gogh zu erstehen. So wurde sein Gemälde »L'homme est en mer«, im Jahr 2015 bei Sothebys für 24,462

Millionen Dollar an einen Privatsammler verkauft. Van Gogh hatte es im Oktober 1889 in der Heilanstalt gemalt.

Eines der allerletzten Gemälde, die van Gogh in seinem Leben gemalt hat, bevor er verstarb, es trägt den Titel »Sous-bois«, hat einen Wert von 24,5 Millionen Dollar. Sein Werk »L'Allee des Alyscamps«, ein 1888 in Arles entstandenes Gemälde, wurde an einen asiatischen Privatsammler verkauft. Es erzielte im Jahr 2015 bei Sothebys New York einen Preis von 59 Millionen Dollar.

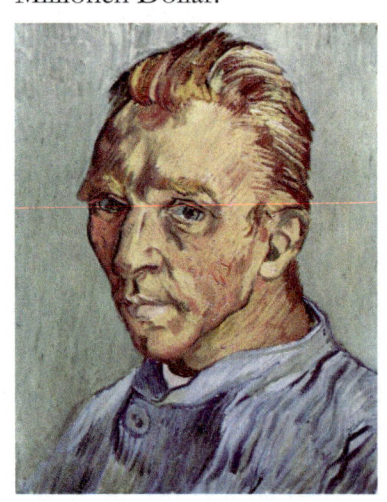

Das »Portrait de l'artiste sans barbe« gilt als letztes Selbstporträt des Malers. Es wurde 1998 bei einem Christie'-Verkauf in New York für den Hammerpreis von 65 Millionen Dollar verkauft. Damit galt es damals als eines der teuersten Gemälde überhaupt. Sein Porträt des Arztes Paul Gachet, der sich in den letzten Jahren um den Künstler kümmerte, wurde 1990 bei Christie's in New York für den Rekordpreis von 75 Millionen Dollar an einen privaten Sammler verkauft. Van Gogh hat zwei Versionen des Gemäldes gemalt. Das Zweite können Sie im Musée d'Orsay in Paris bewundern.

Kein Foto wird jemals, eines seiner Originalgemälde ersetzen. Deshalb wird ein Besuch im Museum immer ein Erlebnis bleiben. Die schönsten Gemälde und Sammlungen Vincent Van Goghs finden Sie im Amsterdamer Van-Gogh-Museum. Es verfügt über die weltweit größte Sammlung von Werken des legendären niederländischen Künstlers. Rund 80 km von Amsterdam entfernt, in Otterlo, liegt das Kröller-Müller

Museum. Mit beinahe 90 Gemälden und mehr als 180 Zeichnungen von Vincent van Gogh ist es die zweitgrößte Van-Gogh-Sammlung der Welt.

Weitere Gemälde finden Kunstliebhaber im Pariser Musée d´Orsay. Mit dem Gemälde »La Nuit étoilée« besitzt es ein Juwel des Künstlers. Das Bild ist längst eine Ikone, Sie finden es auf Postern, Socken, Tragtaschen, Computerhintergründen und tätowierten Armen. Die Sternennacht des Musée d´Orsay wirkt etwas ruhiger. Van Gogh hat davon zwei Versionen geschaffen, das zweite Gemälde befindet sich im Museum of Modern Art in New York. Das Gemälde wird dort unter dem Titel »The Starry Night« gezeigt. Hier funkeln die Sterne wie Edelsteine, es ist der Anziehungspunkt des MoMA.

Kein anderer Maler wurde und wird so oft kopiert. Van Gogh ist der am meisten gefälschte Künstler. Wenn Sie die Handelspreise oben gelesen haben, kennen Sie den Grund. Mal wird ein Gemälde als Fälschung bestätigt. Wie das Gemälde »Sonnenuntergang bei Montmajour«, dass die Fachleute 1991 noch als Fälschung beurteilten. Im Jahr 2013 bestätigen die Experten mit den Worten: »Dass kein anderer als van Gogh im Sommer 1888 das Gemälde Sonnenuntergang bei Montmajour geschaffen hat.« Den Sinneswandel der Fachleute führen diese auf bessere technische Untersuchungsmöglichkeiten zurück. Es wird auch in Zukunft immer mal wieder darüber diskutiert werden, ist es ein echter Van Gogh oder ist es eine Fälschung?

Amadis Amarrés

»Die Normalität ist eine gepflasterte Straße: Sie ist bequem zu gehen,
aber auf ihr wachsen keine Blumen.«

Vincent van Gogh (1853 - 1890)

*Émile Bernard (28. April 1868 in Lille; † 16. April 1941 in Paris) gehört zu den schillerndsten Künstlern zu Beginn der modernen Malerei. Seine Briefe mit Vincent van Gogh, Paul Gauguin und Paul Cézanne zählen zu den kunstgeschichtlichen Hauptquellen des ausgehenden 19. Jahrhunderts. Bernard setzte sich, nach van Goghs Tod am 29. Juli 1890 in Auvers-sur-Oise, für seinen Freund ein. (Henri de Toulouse Lautrec - Porträt von Émile Bernard)

QUELLEN DES GLÜCKS

»*Ein Gemälde ist eine Brücke, welche den Geist des Malers mit dem des Betrachters verbindet.*«

Eugène Delacroix (1798 - 1863)

Die Pont de Langlois oder Brücke von Arles, war Ende des neunzehnten Jahrhunderts die gängige Bezeichnung einer hölzernen Klappbrücke bei Arles. Sie wurde Langloisbrücke genannt, weil ihr Brückenwärter Langlois hieß.

Amadis Amarrés

Blütenglück & Pflanzenzauber

Ein zarter Glücksbringer

»*Ein Lob, besser als Schmeichelei,
erweckt uns wie die Flur der Mai.*«

Karl Friedrich Kretschmann (1738 - 1809)

Die Götter sollen das kleine Blümchen mit seinen schneeweißen, wohlduftenden Blüten geschaffen haben. Es ist geachtet, denn es bringt uns Glück. Sein Duft ist weltberühmt, doch das zarte Pflänzchen ist erstaunlich giftig, die Rede ist vom Maiglöckchen. Die griechische Mythologie besagt, dass es von Apollon geschaffen wurde, dem Gott des Lichts, der Heilung, des Frühlings, der Weissagung und der Künste. Apollon bedeckte den Boden damit, damit seine neun Musen auf einem Teppich aus duftenden Glöckchen wandeln konnten. Von der Rose einmal abgesehen, gibt es nur wenige Blumen, um die so viele romantische Geschichten ranken. Sein verführerischer Duft ist einzig. Vor allem eines bringen wir sofort in Zusammenhang mit dem zarten Maiglöckchen, das Frühjahr und den Frühling.

Quellen des Glücks

Es ranken einige Geschichten um das Brauchtum, am 1. Mai und im Monat Mai, Maiglöckchen zu verschenken, sie reichen weit zurück. Es war im alten Rom üblich, die Blüte des Maiglöckchens Ende April und Anfang Mai zu feiern. Der tatsächliche Brauch tauchte eher in der Renaissance auf. Es fing alles damit an, dass Karl der IX. und seine Mutter Katharina von Medici 1560 die französische Region Drôme besuchten. Dort bot der Ritter Louis de Girard dem jungen König einen aus seinem Garten gepflückten Maiglöckchen Zweig an. Der König war darüber derart entzückt, dass er es zum Brauchtum erhob, den Hofdamen jeweils im Frühling ein Zweig Maiglöckchen zu schenken. Er erließ das Geheiß: »Lassen Sie es so jedes Jahr durchgeführt werden.« Geschwind verbreitete sich der Brauch in ganz Frankreich.

In der christlichen Ikonografie zählt das Maiglöckchen, neben der Lilie, der Rose und wenigen anderen Pflanzen, zu den sogenannten Marienblumen. Es gilt als Symbol für die keusche Liebe, die Demut und die Bescheidenheit von Maria. Meist wird das Maiglöckchen auf Gemälden dezent dargestellt. Vielmals zu Füssen der Heiligen.

Jedoch verlor sich die Tradition bis 1895. Der Anekdote nach wollte sich der Chansonnier Félix Mayol für sein Konzert am 1. Mai 1895 in Paris, anfänglich eine Kamelie ans Revers stecken. Da er weit und breit keine fand, steckte er sich als Ersatz einen Maiglöckchenzweig ans Revers. Elegante Männer trugen damals am Kragenaufschlag ihres Gehrocks gemeinhin eine Blume. Das Konzert war ein absoluter Triumph und das Maiglöckchen wurde zu seinem Glücksbringer. Das Wahrzeichen des Rugby Clubs Toulon, es ist kein Zufall, ist denn auch das Maiglöckchen. Es ist eine Hommage an den Chansonnier, der 1919 den Bau des Mayol-Stadions von Toulon vollständig finanzierte. Der Sänger Félix Mayol stammt aus dem südfranzösischen Toulon, es ist seine Heimatstadt. Auch in Nantes wird das Maiglöckchen verehrt. Kurz nach 1932 gründete Aimé Delrue das »Fete du Lait«. Am sogenannten Milchfest begann man mit der Tradition in den Straßen von Nantes am 1. Mai Maiglöckchen zu verschenken. Die Milch vom 1. Mai war ein Symbol der Wiedergeburt und ein Versprechen des Glücks. Sie wurde kostenlos in der Nachbarschaft verteilt. Ein Festival, das heute noch gefeiert wird.

Wahrscheinlich begegnet Ihnen das Maiglöckchen häufig in Brautsträußen. Es ist ein Symbol für zukünftiges Glück. Da im Mittelalter Ehen in aller Regel im Mai gefeiert wurden. Ein über der Tür angebrachter Zweig Maiglöckchen stand für die Reinheit der künftigen Braut. Anhänger der britischen Royals haben es bestimmt bemerkt, dass Catherine Middleton bei ihrer Hochzeit mit Prinz William einen Brautstrauß mit heimlichen Botschaften trug. Der Londoner Florist Shane Connolly schuf Kate Middletons Brautstrauß. Shane kombinierte den Brautstrauß mit Efeu, Hyazinthen, Myrten, Nelken und Maiglöckchen. Diese Pflanzen und Blumen haben eine tiefere Symbolik. Die Maiglöckchen stehen für das Glück. Die Hyazinthen für dauerhafte Liebe. Der Efeu, wie wir zuvor gelesen haben, für die Treue. Eine besondere Liebeserklärung an

William waren die Bartnelken. Die im englischen auch »Sweet William« *(süßer William)* genannt werden. Traditionell gehört zudem ein Myrtenzweig in den Brautstrauß. Die Myrte spielte in der Mythologie schon immer eine große Rolle. Die Myrte ist ein Symbol für Hochzeit und Liebe. Kates Myrten stammten von einem Strauch, den Königin Victoria 1845 auf ihrem Landsitz auf der Isle of Wight persönlich pflanzte. Nach der Trauung landete der Brautstrauß nicht wie allgemein üblich im Reigen von Brautjungfern. Im englischen Königshaus wird der Brautstrauß traditionell von der frisch Vermählten Braut, der damaligen Herzogin von Cambridge, und der heutigen HRH Princess of Wales, einen Tag nach der Hochzeit auf dem Grabmal des unbekannten Soldaten in der Westminster Abbey niedergelegt. Kate folgte damit einer alten Familientradition, die die Mutter von Queen Elizabeth II. bei ihrer Hochzeit mit dem späteren König Georg VI. im Jahr 1923 eingeführt hatte. Seitdem wurden alle Brautsträuße bei königlichen Hochzeiten am Tag nach der Trauung dort niedergelegt. Das Bouquet wurde auf einem weißen Kissen auf der Grabplatte im vorderen Teil der Kirche abgelegt.

Das Maiglöckchen war auch die Lieblingsblume eines berühmten Pariser Couturiers, Christian Dior. Das Modehaus Dior kredenzte, wie alle großen französischen Modehäuser des frühen 20. Jahrhunderts seinen Kundinnen und seinen Näherinnen, den sogenannten »petites Mains« am 1. Mai ein Sträußchen Maiglöckchen. Die Näherinnen werden »petites mains« (kleine Hände) genannt, weil sie geschickt äußerst feine Näharbeiten herstellen. Schließlich wurde das Maiglöckchen zum Wahrzeichen des Couture-Hauses Christian Dior. Der Modeschöpfer ließ es sogar in die Säume seiner Modell-Kleider einnähen. Am Tag der Modenschau sollte es seiner Kollektion Glück bringen. Im Jahr 1954 führte seine Zuneigung und liebe zum Maiglöckchen dazu, dass er sich entschied, seine ganze Frühjahr-Sommer Kollektion, seiner Glücksblume dem Maiglöckchen zu widmen. Folgerichtig durfte ein Parfüm nicht fehlen. Die Herstellung indes war eine Herausforderung. Das Maiglöckchen kann im Gegensatz zu anderen Blüten, in der Parfümerie nicht verarbeitet werden. Es ist nicht möglich, seinen Duft einzufangen. Die Blüten können nicht extrahiert werden. Sein Odeur wurde deshalb im Labor rekonstituiert. Der französische Parfümeur-Meister Edmond Roudnitska kreierte und rekonstituierte ein Parfüm. Seine Komposition enthält die frischen Noten von Rose, Jasmin, Orangenblüte, Ylang-Ylang, Amaryllis und Boronia. Der blumige Duft von »Diorissimo« gilt als einer der erfolgreichsten Anstrengungen in der Geschichte der Parfümerie. Dieser kultige und zeitlose Duft war angeblich eines der Lieblingsparfüms von Lady Diana, der Prinzessin von Wales.

Das Haus Guerlain tat es Dior, einige Jahre zuvor gleich, und kreierte das Maiglöckchen 1908, zu einem Parfüm. Es enthält den Duft von Rose, Jasmin und Flieder. Das Parfüm mit dem französischen Namen für Maiglöckchen, Muguet wird jedes Jahr in einer limitierten Auflage mit einem neuen Flakon identisch produziert.

Das Maiglöckchen ist ein Glücksbringer aber genauso giftig. Dies gilt es unbedingt zu beachten. Maiglöckchen sind hochgradig giftig. Im Jahr 2014 wurde es sogar zur Giftpflanze des Jahres gekürt. Sämtliche Pflanzenteile beinhalten toxische Stoffe. Selbst in getrocknetem Zustand sind sie nicht harmlos. Insbesondere in der unschuldig wirkenden Blüte sind 38 dieser chemischen Verbindungen enthalten. Selbst die Samen enthalten giftige Substanzen. Auch vom Blumenwasser, in dem Maiglöckchen gestanden haben, muss man sich in Acht nehmen. Da es die Stoffe aufnimmt. Aus diesem Grund können sich Hund und Katze mit den Frühblühern vergiften. Die Vergiftungssymptome ähneln denen beim Menschen. Seien Sie also im Umgang mit Maiglöckchen bitte umsichtig, es gibt jedes Jahr Unfälle!

Da seine Wirkstoffe stark auf das Herz wirken, hielt das Maiglöckchen schon im 15. Jahrhundert unter anderem wegen dieser Besonderheit Einzug in die Heilkunde. Die moderne Schulmedizin nutzt es ebenfalls als Wirkstoff in Medikamenten.

Ein Problem mit dem Maiglöckchen, ist die Verwechslung mit dem Bärlauch. Das einfachste Unterscheidungsmerkmal zwischen Bärlauch und seinem giftigen Doppelgänger ist sein Geruch. Während Bärlauch intensiv nach Knoblauch riecht, sind die Blätter des Maiglöckchens neutral im Geruch. Die Blüten des Maiglöckchens duften angenehm und intensiv, während die des Bärlauchs intensiv nach Knoblauch riechen. Der Geruch kann trügerisch sein, wenn Blätter seiner giftigen Doppelgänger untergemischt sind. Ein weiteres Merkmal, wenig Druck auf den Bärlauch Blättern hinterlässt Druckstellen, diese setzen einen intensiven Knoblauchgeruch frei. Zudem ist die Blattunterseite matt. Beim Maiglöckchen sieht die Blattoberseite der Unterseite ähnlich und ist nicht matt.

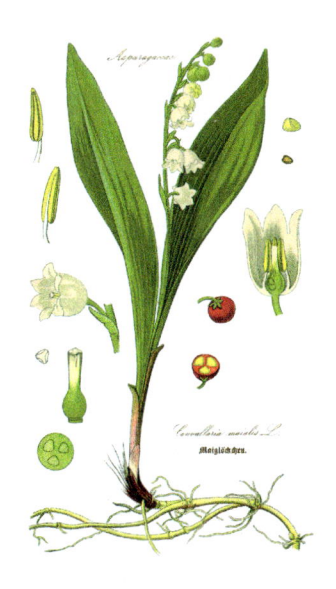

Zum Schluss noch dies: Wenn Sie ein Maiglöckchen, mit einem Strang von 13 Glöckchen finden, ist dies ein Zeichen ewiger Glückseligkeit.

»Glück ist, wenn das, was du denkst, was du sagst und was du tust in Harmonie ist.«

Mahatma Gandhi (1869 – ermordet, 1948)

- 213 -

Amadis Amarrés

Elfen, Hexen & Kobolde

Die Wunderblume

Eine Waldfee schenkte einem Hirten einmal eine blaue Blume. Der wusste nicht so recht, was er damit anfangen sollte und band sie einfach an seinen Hirtenstab.

Als er auf seinen Wanderungen, damit zufällig eine Felswand streifte, sprang diese auseinander. Vor ihm erschien eine geheimnisvolle Tür, und als er diese öffnete, erblickte er eine Höhle. Darin blinkte und glitzerte es, als wären alle Schätze dieser Welt dort angehäuft. Alles war voll Gold und Silber. Der Hirte stellte seinen Hirtenstab mit der blauen Blume in eine Ecke und fing an, seine Hosentaschen mit Gold und Silber zu füllen. Auch sein Hemd zog er aus und füllte es mit den Schätzen. Jetzt hatte er keine Hand mehr frei für seinen Hirtenstab mit der blauen Blume dran, aber das machte ihm nicht viel aus. Ganz leise hörte er noch die Stimme des Blümchens, als er die Höhle verließ: Vergiss mein nicht! Kaum hatte der Hirte die Höhle verlassen, als der Felsen sich hinter ihm mit lautem Getöse wieder zusammenschob. Vor Schreck ließ er alles Gold und Silber fallen. Alle Schätze, die er gesammelt hatte, stürzten in eine tiefe Schlucht. Da merkte der Hirte, dass er das Wichtigste vergessen hatte, doch Gold und Silber und mit ihm die blaue Wunderblume waren für immer verloren.

Alte Volkssage

QUELLEN DES GLÜCKS

Das Essay

Mein Ort der Ruhe

»Museen können wunderbare Orte der Ruhe und Einkehr sein.«
©Amadis Amarrés

In der heutigen Zeit ist ein Zustand der Stille, des Friedens und der Abwesenheit von Lärm oder Hektik, nicht so leicht zu erreichen und zu finden. Einen Ort, an dem man sich entspannen und erholen kann. Sowohl körperlich als auch geistig. Diese seelische Verfassung ist gerade heute, in einer immer komplexeren, hektischeren Welt außerordentlich wichtig und existenziell. Ruhe kann helfen, Stress abzubauen. Stille beruhigt den Geist und fördert eine positive Stimmung. Einkehr können wir hingegen überall dort finden, wo es uns gelingt, eine innere Sammlung und Konzentration zu erreichen. Es sind Orte, an denen wir uns von äußeren Ablenkungen zurückziehen.

Amadis Amarrés

Es sind Orte um uns auf unsere eigenen Gedanken, Gefühle und Erfahrungen konzentrieren zu können. Solch eine Einkehr kann durch Meditation, Gebet oder andere spirituelle Praktiken erreicht werden. Sie dient dazu, innere Klarheit, Selbstreflexion und spirituelles Wachstum zu fördern und zu erlangen. Beide Praktiken, Ruhe wie Einkehr unterstützen uns letztlich darin, um innere Harmonie und Ausgeglichenheit zu erreichen. Sie helfen dabei, unsere Seele in der Balance zu halten. Einkehr hilft, Stress abzubauen, um eine tiefere Verbindung zu uns selbst und der Welt um uns herzustellen. Das Ergebnis ist Gelassenheit.

Gelegentlich benötigt es einfach einen Rückzugsort, um wieder zur Ruhe zu kommen. Einen Ort der völligen Stille. Wenn wir momentan für unsere Probleme keine Lösungen finden. Wenn gerade nichts gelingen will, dann hören Sie auf den Widerstand, der sich Ihnen in den Weg stellt. Erfahrungsgemäß hat dies oft gute Gründe. Was wir aber meist erst hinterher erkennen. Wollen Sie bildlich gesprochen, wirklich den Kraftaufwand betreiben und gegen den Strom schwimmen? Oder anders gesagt, mit dem Kopf durch die Wand? So manch edler Kopf ist daran schon verunglückt, soweit muss es nicht kommen.

In unserem Beispiel macht es einfach keinen Sinn. Weshalb, weil es Ihnen den letzten Rest an Kraft rauben würde. Dies dazu noch ergebnislos. Aber vor allen Dingen, wäre es Zeitverschwendung. Zeit, die Sie jetzt sinnvoller verwenden sollten. Benutzen Sie diese Zeit während solcher Blockaden besser für sich. Denn mitunter macht es Sinn, ganz bewusst eine Pause einzulegen. Im Besonderen wenn gerade keine Zeit dazu da ist. Was spricht schon dagegen, wenn Sie momentan eh auf der Stelle treten. In Momenten wie diesen ist es genau das Richtige, erst einmal kräftig durchzuatmen.

Wir sprechen hier nicht über Urlaubsorte. Vielmehr geht es um jene Orte, an die wir uns am liebsten zurückziehen. Wenn wir uns vom Alltag, von Sorgen, von Auseinandersetzungen oder nur für kurze Zeit erholen wollen. Wo zieht es Sie dann hin? In den Garten? In den nächsten Park? Auf Ihr Lieblingssofa? In den Wald? In die Badewanne oder unter die Dusche? Oder auf eine Bank am Waldrand mit Aussicht? An ein Fluss-

Quellen des Glücks

ufer? Einige Männer ziehen sich gern in ihren Hobbykeller oder in die Garage zurück, oder sie gehen das Auto waschen. Andere wiederum setzen sich aufs Rad und fahren los, Kilometer um Kilometer. Womöglich gehören Sie zu jenen, die ihre Laufstöcke packen und stattdessen durch Wald und Wiesen laufen. Denkbar ist, dass Sie in solchen Momenten lieber unter Menschen sind. Oder Sie machen sich auf, in Ihr kleines Café um die Ecke oder Restaurant? Die einen setzen sich auf eine Fensterbank und träumen sich beim Lesen in ihre Fantasiewelten. Wir alle haben darauf eine andere Antwort. Wo immer sich Ihr Lieblingsort befindet, nehmen Sie sich jetzt Zeit für sich. Lassen Sie wieder einmal Ihre Seele genau dort baumeln, wo es sich für Sie am behaglichsten baumeln lässt. Ziehen Sie sich für mindestens eine Stunde zurück. Es darf gern mehr sein. Ich wünsche Ihnen innige und intime Glücksmomente mit sich selbst, nur Mut!

Amadis Amarrés

»In der Stille können wir das Unausgesprochene hören und entdecken.«
©Amadis Amarrés

Das Seelenatelier

Hurra, der Lenz ist da!

»Der Mai ist gekommen, die Bäume schlagen aus, da bleibe, wer Lust hat, mit Sorgen zu Haus; wie die Wolken wandern am himmlischen Zelt, so steht auch mir der Sinn in die weite, weite Welt.«

Emmanuel Geibel (1815 – 1884)

(Dieser Text entstand während des ersten Lockdowns in der Schweiz)

Leider muss die Welt und so auch ich, wie wir alle weiter darauf warten. Das finde ich ehrlich gesagt das Misslichste, die nah und fern geschlossenen Grenzen. Wie ergeht es Ihnen in diesen Tagen und Wochen? Meine Tage fühlen sich derzeit so surreal an. Woran mag es liegen? Womöglich an den unendlich langen Telefongesprächen. Das bislang längste dauerte gestern gerade mal viereinhalb Stunden und keine Minute davon hat mich gelangweilt. Auf einmal reden wir über Gott und die Welt, dies mit Menschen, mit denen wir uns dies bislang nicht vorstellen konnten.

Amadis Amarrés

Manchmal geschieht es, dass ich mich im Verlaufe des Tages im Pyjama erwische. Oder ich verbringe ganze Tage im Jogging Outfit. Zugegeben das ist eine Ausnahme, aber es ist vorgekommen und ehrlich gesagt finde ich es überraschend behaglich. Wie hat es Karl Lagerfeld einmal treffend gesagt: »Wer eine Jogginghose trägt, hat die Kontrolle über sein Leben verloren.« Dem wäre nur die Frage hinzuzufügen; haben wir nicht alle die Kontrolle über unsere Leben ein wenig verloren? Dann gibt es diese anderen Tage, Tage, an denen es schwer ist, die Krise zu ertragen. Wenn ich mich so umhöre, ergeht es inzwischen vielen ähnlich. Haben wir nicht alle allmählich einen »Corona Koller«?

So oder so fühlt sich das Leben gerade an wie auf einer Achterbahnfahrt. Zunächst steht man überall Schlange. Dann liest man all die Warnhinweise. Befolgt die am Boden angebrachten Sicherheitslinien. Desinfiziert dies und das und sich selbst selbstverständlich auch. Verspüren Sie auch schon diese spröden, brüchigen Hände vom vielen Waschen und desinfizieren. Und deshalb einen erhöhten Bedarf an Handcreme? Erst dann kann der Einkauf endlich beginnen. Es ist ein unbekanntes Kribbeln beim Shoppen. Bestehend aus Vorfreude überhaupt einkaufen zu dürfen, aber auch eine gewisse Ängstlichkeit, ob dieses Mal wieder alles gut gehen wird. Die Starken, Oberschlauen und Ignoranten einmal ausgeschlossen. Sie alle vergessen, dass dieses Virus seine Strategie ändern wird. Heute trifft es die Schwachen, Vorerkrankten und Alten, wer es morgen sein wird, wer weiß das zum jetzigen Zeitpunkt schon.

Am nächsten Morgen spüre ich, es wird ein guter Tag. Es ist nur ein Gefühl, dass sich im Verlauf des Tages häufig nicht bestätigt. Irgendeine Kleinigkeit wird mir diesen Tag erneut vermasseln. Der nächste Tag beginnt, nach einer unruhigen Nacht, eher schlecht gelaunt. Flugs gibt es diese eine Begegnung oder dieses eine Gespräch, das den Tag aus heiterem Himmel zum absoluten Highlight dieser Woche macht. So geht es schon Woche für Woche. Jeder neue Monat unberechenbar und unvorhersehbar. Es geht mal rauf, mal runter mit der Laune, kein Tag ist wie der andere. Es gibt keine Phase meines Lebens, in der ich mich so fühlte wie gerade jetzt. Noch nie habe ich mich so erlebt. Ich halte mich nicht für einen launischen Menschen, es mag sein, dass ich ein Morgenmuffel bin, aber eben nicht launisch. Aber die Gemütsschwankungen, die ich gerade durchlebe, sind erstaunlich, ich erkenne mich kaum wieder. Schaue ich mich um, bin ich keineswegs damit allein. Zeitweilig fühlt es sich an, als wurde man aus seinem alten Leben herauskatapultiert. Die Zeit scheint bisweilen wahllos still zu stehen. Genauso stelle ich fest, dass manche Tage wie im Flug vergehen. Dies bei ausgesprochen wenig Aktivitäten. All dies führt zu der Empfindung, dieses Virus stiehlt mir irgendwie Lebenszeit. Es macht mich unfrei, verunsichert, diktiert mich und es verändert mich und mein Leben enorm.

Beklagenswert finde ich manche Auswirkungen des Lockdowns. Wie die Zunahme von häuslicher Gewalt. Überall resultiert aus der Corona Krise Schreckliches. In Uganda beispielsweise greifen die Behörden unter dem Vorwand »Corona« hart gegen Schwule durch. So stürmte die ugandische Polizei in Kampfausrüstung im April 2021 die »Children of The Sun Fondation Uganda«. Das Haus am Rande der Hauptstadt Kampala gilt als Zufluchtsort für queere Menschen. Dabei wurden dreiundzwanzig Männer bösartig beschimpft und mit Stöcken verprügelt. Nicht genug, anschließend nahm man sie in Gewahrsam.

Konträr dazu gibt es erfreulicherweise die positiven Berichte. Sie beweisen, dass spezielle Situationen, spezielle Maßnahmen erfordern. Wie etwa die »Drive-in-Beichte« Katholischer Priester in Südafrika, Polen und Frankreich. In der es sich im eigenen Straßenkreuzer beichten lässt, anstelle im Beichtstuhl. Während sich in der Schweiz und anderswo einige Fußballspieler über ausgefallene oder reduzierte Honorare beschweren. Geben in Frankreich Rugby Spieler Essen an Bedürftige aus. Es spiegelt sich das Auf und Ab der aktuellen Krise.

Fragwürdig wird es, wenn reiche Menschen sich mit denkwürdigen Statements in die Diskussion einmischen. So der ägyptische Investor

Samih Sawiris. Der die Schweizer Maßnahmen gegen die Corona-Pandemie im Mai 2020 in einem Interview mit der »Sonntags Zeitung« mit folgenden Aussagen kritisiert:

»Es gehen Milliarden von Franken verloren für ein paar Hundert weniger Tote« und weiter: »Der Aufwand in der Schweiz, um Menschen über 60 Jahren vor Covid-19 zu retten, stehe in keinem Verhältnis zum Schaden für die Wirtschaft.«

Er untermauert seine These mit der zynischen Aussage:

»Bislang gab es in der Schweiz unter 200 Todesfälle in dieser Altersgruppe. Eher gewinnt man im Lotto, als dass man an Covid-19 stirbt.«

Dementsprechend gingen in den Medien die Wogen der Empörung hoch. Ein ehemaliger Politiker, der Schweizer alt SP-Nationalrat Franco Cavalli meldete sich zu Wort. Er kommentierte deutlich entrüstet über Sawiris Interview: »Diese Aussage ist ungeheuerlich obszön, Sawiris vertritt hier eine sehr zynische, kapitalistische Philosophie.«

Wenigstens bietet dies Anlass, über solch wichtige ethischen Fragen ernsthaft zu diskutieren. Was bedeutet in unserer Gesellschaft ein Menschenleben und was ist dessen Wert? Soll und kann man ein Menschenleben mit Geld aufwiegen? Die Fragen sind gewiss nicht neu, aber gewinnen in der heutigen Krise aktuell wieder an Brisanz. Zumal die Gesundheitskosten durch die Pandemie zusätzlich immer weiter steigen. Was ist ein Menschenleben heute wert?

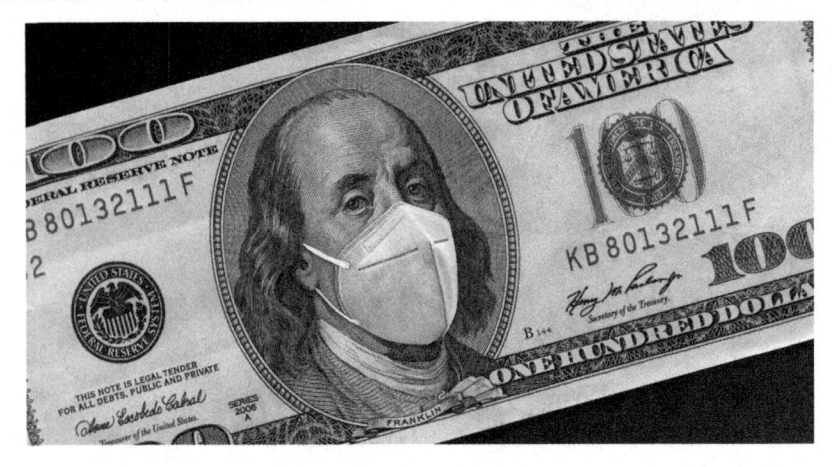

Frustrierend empfinde ich, wenn in Zeiten wie diesen, Menschen gemobbt oder belächelt werden. Dies aus den unterschiedlichsten Gründen. Wenn sie beispielsweise mit Masken herumlaufen und für sich Vorsicht walten lassen. In der Schweiz gibt es kein Maskenobligatorium. Oder Menschen wie in Dübendorf bei Zürich, die für Nachbarn an einem Samstag zwischen siebzehn bis neunzehn Uhr ein Balkon-Konzert fürs Quartier geben. Daraufhin die Polizei ausrücken muss wegen Lärmbelästigung. Wo bleiben hier das Miteinander und die Menschlichkeit? Wo bleibt die Freude in dieser Zeit? Sie bleibt zu oft auf der Strecke. Mit Vergnügen erinnere ich mich an die Bilder aus dem schweizerischen Chiasso, im Kanton Tessin. Die Krise hat den Ort hart getroffen. Ungeachtet dessen haben die Bewohner eines Wohnblocks gemeinsam vom Balkon aus Bingo gespielt. Diese Beispiele zeigen, wie viele Gesichter eine Krise haben kann.

Wenn ich mich in den Medien umhöre. Berichte lese und Interviews verfolge, gewinne ich den Eindruck, wir werden noch sehr lange in solchen oder ähnlichen Situationen leben. Heute lese ich in Zeitungen Strategien, die Morgen das Papier nicht wert sind auf dem sie stehen. Weshalb, weil die Realität sie bereits wieder eingeholt hat.

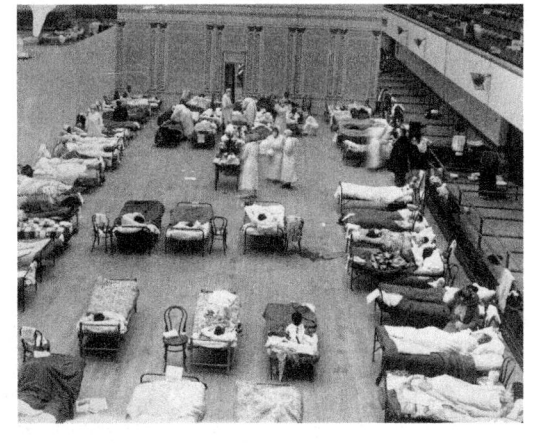

Vielleicht nur ein Hinweis. Lernen wir doch bitte mehr aus der Geschichte. Wie von der nicht vollständig vergleichbaren, in gewissen Punkten aber sich ähnelnden Situation, der spanischen Grippe. Damals haben sich die Menschen viel zu früh gefreut und wurden unachtsam. Sie hatten damals gute Gründe. Nachdem vier Jahre Krieg weltweit um die 17 Millionen Menschenleben forderten, feierten Sie verständlicherweise ausgelassen das Kriegsende. Die Menschen wurden damals gnadenlos von der Realität eingeholt. Der spanischen Grippe, einer Influenza-Pandemie, fielen mehr Menschen zum Opfer als im Krieg. Sie forderte abermals nach Schätzungen, 27- bis 50 Millionen Menschenleben. Wir wissen noch zu wenig über das aktuelle Virus. Denkbare Impfstoffe oder Medikamente sind momentan nicht vorhanden. Dieser Umstand müsste uns skeptisch stimmen. Inzwischen wünsche ich Ihnen, bleiben Sie gesund. Aber vor allem eines, seien sie vorsichtig und halten Sie sich an die uns allen bekannten Regeln. Wenn ich mich in den wenigen Momenten, in der Stadt und in den Geschäften bewege, sehe dass diese im Alltag zu nachlässig nachgelebt werden, bereitet mir dies Sorgen.

Menschen, die allein leben und sich momentan einsam fühlen, lege ich ans Herz. Bloß, weil manche von uns aktuell nur sich haben, bedeutet das doch nicht, dass dies trotzdem die schönsten und liebevollsten Momente in unserem Leben sein können. Vielleicht ist das die Chance die Liebe in uns selbst zu finden. Es ist Zeit, sich selbst zu lieben, so wie man das noch nie getan hat. Haben Sie trotz oder gerade wegen der Krise eine gute und schöne Zeit. Passen Sie auf sich auf und bleiben Sie gesund! Denn wenn wir etwas gelernt haben in diesen Zeiten, Gesundheit ist ein kostbares Gut, das nirgendwo zum Handel steht.

Das Frühjahr lädt uns dazu ein, das alte Laub wegzufegen. Genauso wie unseren schlechten Erinnerungen und Reuegefühle. Nur so gelingt es uns in unserem Leben Raum für neue Ideen und frische Gefühle zu schaffen. Ich möchte Ihnen Folgendes mit auf den Weg geben. Freilich es heißt: »Das Schicksal mischt die Karten!« Das mag sein, aber eines ist sicher, Sie spielen das Spiel!

QUELLEN DES GLÜCKS

»Wir können den Wind nicht ändern, aber die Segel anders setzen.«
Aristoteles (384 - 322 v. Chr.)

Amadis Amarrés

Das Seelenatelier

Geschichten ums Trauern

„Nie erfahren wir unser Leben stärker als in großer Liebe und in tiefer Trauer."

Autorin unbekannt

Eines ist im Leben gewiss, der Tod und die Trauer sind immer wieder ein ungeliebtes Thema. Es begleitet uns bis zu unserem eigenen Tod. So widerwillig wir diese Tatsache auch akzeptieren. Dies ist mit ein Grund, einmal entspannt darüber zu sprechen. Umso mehr die hoffentlich hinter uns liegende Pandemie unzählige Opfer gefordert hat. Ihren Angehörigen gelten unser Mitgefühl und Respekt. Denn für Sie alle hat diese Pandemie die schrecklichsten Szenarien wahr werden lassen. Ich wünsche Ihnen allen die Kraft, die Sie benötigen diese schwere Zeit zu überwinden. Bleiben Sie stark, für sich und die Menschen um Sie herum, die Sie lieben und die Sie brauchen. Trauer ist bestimmt einer der schmerzlichsten, zugleich anspruchsvollsten Prozesse für unsere Emotionen, die wir Menschen zu bewältigen haben. Trauern wir nur halbherzig oder wird uns die Möglichkeit zu trauern verwehrt oder genommen, aus welchen Gründen auch immer, wird es problematisch. Die Trauer um einen geliebten Menschen wird uns ein Leben lang schmerzen und verfolgen. Sie wird so lange an uns haften, bis wir über diesen einen Verlust getrauert haben.

Die Schauspielerin Marie-Luise Marjan, bekannt aus der Kultfernsehserie »Lindenstraße« beschreibt ihre Trauer um ihren verstorbenen Lebenspartner auf ergreifende Weise: »Die Trauer ist Freundin, Komplize und Feind zugleich, zudem ist sie ein unfairer Gegner. Zu Beginn nimmt sie einem die Luft zum Atmen, sie ist dauernd auf der Lauer. Wenn man überzeugt ist, sie endlich weitgehend verarbeitet zu haben, schlägt sie nochmals zu und überwältigt uns erneut, es fühlt sich an wie ein Überfall. Dann wenn wir es am wenigsten erwarten und völlig unvorbereitet darauf sind, und nicht im Entferntesten an Trauer denken, schlägt sie abermals zu und trifft uns tief ins Mark, weil wir etwas finden, einen Gegenstand, etwas Persönliches, oder sich jemand unerwartet meldet und eine unbedachte Äußerung macht, die allen Schmerz und tiefste Gefühle der Erinnerung in uns weckt, es ist wie ein erneuter Dolchstoß.«

Die Trauer kann uns immer wieder einholen, bis wir sie tiefgreifend abgeschlossen haben. Um danach mit der Zeit endlich besser damit leben zu können. Wenn wir jedoch jemand zutiefst geliebt haben, lebt die Trauer lebenslang in uns und klammert sich fest. Deshalb ist es besser sehr früh zu lernen, damit umzugehen. Wenn wir die uns eigene Art und Weise, die uns guttut, um damit umzugehen gefunden haben. Dann begleitet uns Trauer, ohne uns dabei zu schaden. Die Trauer wird sich in etwas verwandeln, was wir niemals wieder missen wollen. In letzter Konsequenz ist es unsere letzte Verbindung zur verstorbenen Person, und somit ein Geschenk. Doch bis wir dies als solches empfinden, benötigen wir viel Kraft und noch mehr Zeit.

Vielleicht haben Sie sich vorher gefragt, wie man jemandem, das Trauern verwehren kann. Aus den diversen Gesprächen aus meiner Praxis weiß ich, dies geschieht öfter als man denkt. Dazu ein Beispiel aus meiner persönlichen Erfahrung. Als es um eine mir lieb gewonnene Freundin, gesundheitlich schlecht stand, hatten wir die Gelegenheit uns noch rechtzeitig auszusprechen. Wir haben dabei unsere Freundschaft Revue passieren lassen. Und über einige Anekdoten nochmals herzhaft gelacht. Und uns nochmals über das, was uns beschäftigt und unsere Menschen, die uns wichtig sind, ausgiebig unterhalten. Mit ihr fühlten sich solche Gespräche für mich immer, wie der Gedankenaustausch zwischen »Geschwistern« an. Irgendetwas verband uns in hohem Maße. Ich vermisse und liebe diesen Menschen heute noch innig. Celine* kam aus gutem Hause, was sie allerdings geschickt überspielte. Ich hatte davon lange keine Ahnung. Als wir die Villa ihrer Eltern im schweizerischen Kanton Tessin einmal besuchten, war ich konsterniert. In der Villa hingen an den Wänden Dalis und überall standen Giacomettis und andere kostbare Kunst herum. Celine selbst war bescheiden, ich bemerkte erst nach und nach, dass sie überdies acht Sprachen fließend sprach. Manches Mal setzte sie sich nonchalant an den Flügel, um eben mal eine Etüde von Debussy zum Besten zu geben. In manchen Situationen erinnerte mich Celine an die große Gertrude Stein. Wie die Stein verbrachte Celine einige Jahre in Paris. Celine besaß dort eine Galerie. Was uns zwei immer verband, war die Liebe zu dieser Stadt. Alles hätte so schön sein können. Es gab nur ein Problem, das zwischen unserer Freundschaft stand.

* Namen wurden aus Diskretionsgründen geändert.

Es war die Eifersucht ihrer Freundin. Ihr Neid auf all das, was ich soeben beschrieben habe, es war unsere tiefe Freundschaft. Mit ihrer Eifersucht hatte ich mich mit der Zeit arrangiert. Womit ich aber nicht zurechtkam, waren ihre Allüren. Ihre neureichen Kapriolen machten mir mit der Zeit immer mehr Mühe. Ihr Verhalten führte manchmal zu peinlichen Situationen, in denen ich mich fremdschämte. Sie kennen das womöglich, sie sitzen gemeinsam in einem Restaurant am Tisch, und haben die Absicht einen angenehmen Abend zu verbringen. Aber jemand an ihrem Tisch macht die Bedienung, aus ihnen unerfindlichen Gründen, in Ihrer Anwesenheit zur »Schnecke«. Aus einer solchen Situation heraus hatte ich daher früher einmal, den Tisch verlassen. Ich bezahlte die Rechnung und habe mich verabschiedet. Was gibt es dazu noch zu sagen, es gibt solche Konstellationen. Celine hat diese Frau sehr geliebt und ich habe ihre Liebe respektiert, was denn sonst. Eines Tages, in der Zeit als Celine schon schwer krank war, es war an meinem fünfzigsten Geburtstag. Es war beinahe acht Uhr abends, da klingelte das Telefon. Wir machten uns bereits auf den Weg, wir hatten vor auswärts essen zu gehen. Am anderen Ende war Celines Freundin. Sie teilte mir kurz und knapp mit, dass Celine vor zwei Wochen verstorben sei. Die Bestattung habe vor einigen Tagen stattgefunden …!

Wenn man jemanden nach allen Regeln der Kunst verletzen will, dann genau so. Ich war am Telefon dieser Attacke völlig hilflos ausgeliefert. Der augenblickliche Schmerz über diese Nachricht lähmte mich regelrecht. Ich war nicht in der Lage, mich in dieser Situation zu verteidigen. Bestimmt können Sie sich vorstellen, mein Geburtstagsessen war somit gelaufen. Celines Freundin hatte mir nicht nur die Nachricht über Celines Tod vorenthalten. Nicht genug sie hat mir die Möglichkeit genommen, von Celine Abschied zu nehmen. Schlimmer gehts nicht, und genauso fühlte es sich auch an.

Leider muss ich Ihnen mitteilen, ich bin damit gewiss kein Einzelfall. Solche Spiele, die keine Spiele sind, finden immer wieder statt. Ich höre in Gesprächen mit Klientinnen immer wieder solche und ähnliche Geschichten. Es versteht sich von selbst, dass dies ein Tabu ist. Das aber immer wieder ignoriert wird. Menschen, die so etwas anderen antun, sind sich fast immer bewusst, wie sie anderen damit Schmerz zufügen und bezwecken genau dies. Was ich jener Freundin unterstelle, es ist kein Zufall, dass sie Tage damit wartet, um genau an meinem 50. Geburtstag mit dieser Schreckensbotschaft mir mein Geburtstag zu vereiteln. Gewiss habe ich hinterher auf stille Weise am Grab von Celine Abschied genommen. Letzten Endes ist diese Bosheit für mich nicht bedeutsam. Celine und ich, wir zwei sind mit uns im Reinen. Alle Gemeinheiten haben nichts gebracht. Celine und ich wir lieben uns noch immer wie Bruder und Schwester und daran wird niemand etwas ändern, ihre Freundin nicht und auch nicht der Tod.

Dann gibt es jene, die aus Unachtsamkeit vergessen, jemanden dem es wichtig wäre, von einem Todesfall zu berichten. Indes ist es unverzichtbar über einen schmerzlichen Verlust zu trauern. Es gehört zur seelischen Hygiene. Gemeint ist nicht das Gefühl von Verbundenheit und Liebe, das nach einer gesunden Trauerphase immer wieder hochkommt. Das im Übrigen seinen berechtigten Platz einnimmt und ihn haben darf. Wir alle sind dazu gezwungen, unser Leben nach dem Verlust eines Partners oder der Partnerin, der Eltern, der Geschwister oder von Freunden, neu zu erfinden. Zu trauern bedeutet nichts anderes als dass heilen einer Verletzung. Wie schwer die Verletzung sich darstellt, hängt eng damit zusammen, wie nahe wir dem Menschen standen. Und damit wie wir diesen verloren haben und in welcher Weise. Der wichtigste Punkt ist, wie wir uns von ihm verabschieden konnten. Solche seelischen Verletzungen gehen in einzelnen Fällen so weit, dass sie für die betroffene Person und seine seelische Gesundheit, bedrohlich werden. Da gilt es für alle Beteiligten aufmerksam zu sein und zu beobachten, um für die Betroffenen jeweils da zu sein.

Wie bei einer Verletzung aus Fleisch und Blut verursacht Trauer Schmerzen. Wie verhält es sich aber mit seelischem Schmerz? Er belastet uns in zunehmendem Masse je länger er links liegen gelassen wird und uns quält. Eines steht fest, von alleine verschwindet er nicht, wenn wir nichts dagegen unternehmen. Wie bei einer Wunde bleiben in unserer

Seele Spuren und Narben zurück. Die Wunden verheilen mit der Zeit. Zurückbleiben darf im Idealfall eine gut geheilte Narbe. Ein Mahnmal, das uns an das Vergangene erinnert, aber in uns keinen Schmerz mehr erzeugt. Selbst Tränen sollten im Idealfall keine mehr fließen. Was bleiben darf und gewünscht ist, sind schöne Erinnerungen. Selbst Gefühle der Liebe können durchaus da sein. Wir sind dazu aufgefordert sie zu hegen und zu pflegen. Ich wiederhole, sie sind das, was bleiben kann und bleiben darf.

Bei jenen Menschen, die für den Trauerprozess, nicht genügen Raum und Zeit erhielten oder er nicht stattfand, wird es problematisch. Es kann verschiedene Gründe haben. Beispielsweise durch das Räumen einer Wohnung oder eines Hauses der Eltern. Daneben bleibt meist keine Zeit, um zur Ruhe zu kommen, und um zu trauern. Es gibt einen weiteren Grund, der mir immer wieder von Klientinnen zu Ohren kommt. Es sind Streitigkeiten ums Erbe. Diese Fehden sind meist zu heftig, um zeitgleich zu trauern. Auch alltägliche Dinge können uns von einer vernünftigen Trauerarbeit abhalten. Beispielsweise zu große Distanzen, um beim Abschied dabei zu sein. Eine der verletzendsten Gründe ist und bleibt, jemanden aus böser Absicht vom Abschied fernzuhalten. Wie mein Beispiel zeigt. Oder die Person wird nicht richtig informiert. Eine Einladung wird vergessen, man gibt nicht Bescheid. Immer öfter erlebe ich in Gesprächen, das Beteiligte nicht korrekt über die Krankheit informiert oder die Gründe im Dunkeln gelassen werden. Man verschweigt oft den Gesundheitszustand oder es wird nicht richtig aufgeklärt. Somit wird ein letzter Besuch am Krankenbett zu spät oder nie mehr stattfinden. Oder die Teilnahme einer Bestattung, wie beschrieben, verunmöglicht. Dies führt zu neuen seelischen Verletzungen, und erschwert das Trauern zusätzlich.

Menschen sind in der Lage grausame Dinge zu tun. Solche oder ähnliche Situationen sind nicht gesund. Derartige Erfahrungen belasten unser seelisches Gleichgewicht in ungeheuerlichem Ausmaß. Das geht so weit, dass sie uns traumatisieren. Es ist, wie wenn man ohne Vorwarnung, von einer Brücke stürzt und fällt und fällt. Im Grunde ein emotionaler Bungee Sprung. Es ist möglich, nach solchen Erlebnissen für sich ein Ritual auszuführen, zu dem ich dringend rate. Wie damals bei Celine. Irgendwann habe ich mich dazu aufgerafft, ihr Grab zu besuchen. Ich gebe zu, ich habe lange gebraucht, bis ich dafür stark genug war. Als ich am Grab meiner Freundin stand, da hat meine Seele endlich verstanden, dass Celine tot war. Endlich habe ich mein persönliches Abschiedsritual vorgenommen. Und damit meinen Frieden wieder erlangt.

Im Zusammenhang mit der Trauer ist ein wichtiger Begriff gefallen, das Ritual. Ein Begräbnis ist ein Ritual wie eine Taufe, Geburtstage, eine Hochzeit oder ein Richtfest. Wir Menschen benötigen bei wichtigen Ereignissen des Lebens Rituale. Sie signalisieren uns einen Anfang oder in diesem Fall das Ende. Ein Abschiedsritual macht uns das Ende ersichtlich, wir erleben es. Hierdurch wird der Abschied fassbar. Nehmen wir an keinem Ritual teil, wie einer Beisetzung, kann uns dieser Verlust, und der damit verbundene Schmerz uns immer wieder einholen. Das tut er meist auf unliebsame Art, in den unmöglichsten Situationen. Wir schleppen diesen unbewältigten Schmerz wie Gepäck mit uns. Flucht hilft nicht und ist keine Lösung. Sie fliegen ans andere Ende der Welt, ihr Sitznachbar ist schon da, die Trauer. Besonders in Situationen, wie endlosen Flügen ist genug Zeit vorhanden, um Stunden mit Grübeln zu verbringen. Sie lenken sich ab mit Sport, ihr größter Konkurrent läuft mit, die Trauer wird Sie am Siegen hindern. Sie gehen überstürzt eine neue Partnerschaft ein, um nicht allein zu sein. Im Grunde genommen spricht nichts dagegen und es ist verständlich. Aber sie wählen hierdurch eine Partnerschaft zu dritt. Trauer lässt keine frische Liebe erblühen. Wo auch immer Sie sich hinbewegen, die Trauer ist schon da, wir nehmen Sie überall mit, wir reisen nie allein. Dies schlimmstenfalls ein Leben lang. Es ist unmöglich unseren Emotionen, unserem Unterbewusstsein und unserer Seele zu entfliehen, sie ist in uns.

Dies sind die signifikantesten Gründe, weshalb Trauerarbeit außerordentlich wichtig ist. Weil sie für unsere Seele, damit für uns und unser Leben letztlich existenziell ist. Wahrhaftig und mit ganzem Herzen zu trauern, benötigt Ruhe und viel Zeit. Deshalb begleiten wir jemand bei seinem letzten Weg, deshalb führen wir letzte Gespräche, deshalb weinen wir, um unseren Schmerz zu- und zu gegebener Zeit loszulassen. Für echte tiefe Trauer ist Zeit kein Maß, sie existiert nicht. Wer seine große Liebe verloren hat, trauert noch nach Jahrzehnten, als wäre es gestern gewesen. Dies indes auf eine unbedenkliche Weise. Solche Gefühle dürfen wir getrost zulassen, sie werden uns nicht schaden, im Gegenteil. Die Trauer hat sich über die Zeit zurückerinnert, an die Liebe. Sie lädt uns dazu ein, die Trauer wieder abzulösen. Wenn uns das gelingt, bleibt in unserem Herzen und in unserer Seele nur das Schönste, die Liebe zurück.

Manchmal gibt uns aber das Leben keine Möglichkeit zu einem Abschied. Denken wir an die Angehörigen von Opfern eines Flugzeugabsturzes. Aus welchem Grund reisen Fluggesellschaften mit Angehörigen an den Ort des Absturzes. Es ist unerlässlich, Angehörigen zu ermöglichen, in einer Zeremonie Abschied zu nehmen. Wenn möglich am Ort des Unglücks, er ist die letzte Verbindung zu den Verstorbenen. Zu diesem Zweck werden beinahe immer Grabmale erstellt. Auf dem Pariser Friedhof Père-Lachaise gibt es beispielsweise eine gläserne Stele, die an die Opfer erinnert, die beim Flugzeugabsturz im Juni 2009 ums Leben kamen. Der Air-France-Flug 447 war ein Linienflug von Rio de Janeiro nach Paris. Bei dem in der Nacht vom 31. Mai zum 1. Juni 2009 ein Airbus A330 über dem Atlantik abstürzte. Alle 228 Insassen kamen dabei ums Leben. Dieses Denkmal, ermöglicht es, den Angehörigen an diesem Ort zu trauern. Um hin und wieder ihren Lieben zu gedenken. Es ist eine tröstende Alternative, deren Wichtigkeit wir nicht unterschätzen sollten. In der Pandemie war es schmerzlich, das Angehörige nicht ans Krankenbett Sterbender durften. Diese Menschen waren gezwungen, ihre letzte Reise, ohne Unterstützung ihrer Lieben anzutreten. Es ist begreiflich, dass der Schmerz der Angehörigen umso schwerer wiegt. Nochmals, Schmerz und Trauer sind Gefühlszustände, die man nicht unterschätzen sollte. Es ist für uns Menschen außerordentlich wichtig, sogar unabdingbar, Schmerz loszulassen, es befreit unsere Seele.

Wir haben darüber gesprochen, wie wichtig Rituale sind. Deshalb noch ein Vorschlag, der in dieselbe Richtung geht. Eventuell tun Sie es Marie-Luise Marjan gleich und legen ein Erinnerungsbuch an. Mit Ihren schönsten und liebsten Erinnerungsfotos, einigen Kondolenzbriefen, die Ihnen wichtig sind und allem, was Sie mit dem/der Verstorbenen verband. Dies hilft, genauso Schmerz loszulassen. Kennen Sie dieses befreiende Lachen über einen simplen Scherz, den jemand in einer Trauersituation macht? Oder wenn eine unbeabsichtigte komische Situation bei einem Begräbnis entsteht. In jenen Momenten wird damit die vorherrschende Anspannung durchbrochen. Es ist jeweils für alle Beteiligten regelrecht befreiend und wohltuend. Dies ist nichts, worüber wir uns schämen müssten. Im Gegenteil, solche Situation sind dazu geschaffen Trauer zu bewältigen, uns zu entlasten und von Schmerz zu befreien. Denn der Schmerz kehrt schneller, als wir denken von ganz allein zurück. Solange bis er eines fernen Tages überwunden ist, nur Mut!

Nachdenkliche Geschichten ums Trauern

Wenn Sie das Bedürfnis empfinden, für einen geliebten Menschen eine Bestattung zu gestalten. Oder sie haben die traurige Pflicht eine Trauerfeier zu planen und zu organisieren, will ich Ihnen folgende Empfehlungen ans Herz legen. Das Wichtigste zuerst. Lassen Sie sich in Ihrer schwierigen und schmerzvollen Situation durch nichts und niemanden beirren. Oft wird der Umstand, dass jemand der in einer Trauerphase ist, dazu benutz, um sie/ihn zu manipulieren, zu nötigen oder zu übergehen. So weit sollten Sie es erst gar nicht kommen lassen. Sie tun das, wozu ihr Andenken, Ihre Gefühle und ihre Trauer sie inspirieren.

Hier meine Begründung. Sie werden nicht glauben, was sich bei Trauerfeierlichkeiten, vor und hinter den Kulissen, alles abspielt. Ich könnte darüber ein Buch schreiben. Darunter sind viel Bewegendes, Gelungenes und Schönes. Alles andere wirkt zum Teil bizarr, befremdend und verstörend. Hier einige Beispiele. Einmal war ich bei einer Begräbnisfeier eines lieben Freundes, gegen Ende des verlesenen Lebenslaufs stellte ich mir die Frage, bin ich an der Bestattung seines Hundes? Die Trauerrednerin hatte sich darauf eingeschworen, weil ihr wahrscheinlich kaum etwas über den Verstorbenen mitgeteilt wurde. Sie sprach mehrheitlich über das Lieblingstier des Verstorbenen. Es gibt jene Trauerfeiern, in denen sich die Angehörigen konkurrieren. Dies habe ich beim Begräbnis eines anderen Freundes erlebt, an der gleich drei Lebensläufe verlesen wurden. Jeder Angehörige wollte offenkundig seine Version durchdrücken. Was zum Ergebnis führte, das ich den Eindruck gewann, beim Verstorbenen handelt es sich um drei völlig unterschiedliche Leben. Und ich kannte den Verstorbenen und sein Leben gut.

Eine der befremdlichsten Beisetzungen war jene, an der ich das Gefühl hatte, es gäbe zwei Gruppen von Trauernden. Die eine Offizielle, die sich wie üblich in der Kirche versammelte, um hinterher auf den Friedhof zur Grablegung zu gehen. Da gab es noch eine andere, mir völlig unbekannte Gruppe von Menschen. Sie schienen mir noch betretener als die Trauerfamilie. Sie befanden sich im hinteren Teil der Kirche. Keiner von den Gruppen tauschte nur ein Wort mit der jeweils anderen aus. Am Begräbnisplatz wurde es noch grotesker. Die Familie stand mit dem Priester vor dem Grab. Die anderen in gehörigem Abstand nebenan. Alles gipfelte auf skurrile Weise, beim Verabschieden jedes einzelnen am Grab der Verstorbenen. Wir, die Offiziellen warfen eine von den bereitgestellten Orchideen ins Grab. Die anderen kamen selbstverständlich erst zum Schluss. Dabei machte ich die Beobachtung, wie die eine oder andere verlegen etwas aus der Manteltasche oder Jackentasche zückte und verstohlen in das Grab warf. Voneinander verabschiedet haben sich die beiden Gruppen nicht. Bei der Heimfahrt kam ich ins Grübeln. Weshalb waren all die Menschen, die mir im Grunde genommen alle sympathisch erschienen, von der Familie nicht offiziell eingeladen? Weshalb gab es keine Kontakte? Selbst mir war von den vielen Personen niemand bekannt. Das alle in großer Trauer waren, war nicht zu übersehen, einige von ihnen zeigten unverhohlen ihre Trauer und ihre Tränen. Irgendwann kam ich zum Schluss, es gibt nur eine vernünftige Erklärung. Es sah alles danach aus, als ob die Verstorbene ein Doppelleben geführt haben muss. Das ergab einen Sinn. Bis heute ist mir ein Rätsel, wer die trauernden Freunde der Verstorbenen waren.

Zu den positiven Beispielen. Eine meiner schwersten Pflichten war die Bestattung meiner Patentante zu organisieren. Sie war mein Herzensmensch. Mein Glück war, dass sich ein befreundeter Priester dazu bereit erklärte, die Bestattung zu zelebrieren. Das machte es mir unendlich leichter. Er ist ein beeindruckendes Beispiel dafür, was ein motivierter, menschlicher Geistlicher in solchen Momenten zu leisten im Stande ist. Als wir zur Musikauswahl kamen, äußerte er seine Bedenken, über einen Titel. Es war ein Wienerlied von Peter Alexander: »Sag beim Abschied leise Servus«. Sein Einwand, es sei für eine Trauerfeier doch zu kitschig. Ich verstand zwar seinen Vorbehalt. Ich hingegen war davon überzeugt, dass es der Richtige war. Meine Patentante war ein Fan. Sie reiste zu Alexanders Konzerten und hörte mit Vorliebe seine Musik. Aus diesem

Grund gab es für mich keine Alternative. Meine Begründung überzeugte letztlich auch den Priester. Hier ein Auszug aus dem Liedtext:

> »Sag beim Abschied leise Servus
> Nicht Lebwohl und nicht Adieu
> Diese Worte tun nur weh
> Doch das kleine Wörter'l Servus
> Ist ein lieber letzter Gruss
> Wenn man Abschied nehmen muss
>
> Es gibt Jahraus Jahrein
> Ein neuen Wein und neue Liebelein
> Sag beim Abschied leise Servus
> Und gibt's auch kein Wiedersehen
> Einmal war es doch schön.«

Musik/Text: Peter Kreuder, Hans Lengsfelder, Siegfried Tisch

Nach der Trauerfeier nahm mich der Priester mit einem Lächeln zur Seite. »Ich habe es mir nicht vorstellen können, aber es hat wirklich gepasst, es war perfekt. Ich habe das Lied noch nie so gehört wie heute und erst der Text, wunderbar. Gut hast du darauf bestanden.«

Bei einer anderen Beisetzung, die in einer romantisch gelegenen kleinen Kapelle stattfand, erlebte ich folgenden Kontrast. Alles war ansprechend dekoriert, der Blumenschmuck und die Kirche. Die gesamten Trauerfeierlichkeiten waren liebevoll, gleichzeitig perfekt, organisiert. Ich habe selten einen Bestatter erlebt, der sein Metier dermaßen diskret und gekonnt beherrscht. Die Musikauswahl war entsprechend der verstorbenen ausgewählt worden. Auch dieser Priester hatte zuerst offensichtlich vorbehalte, war aber freundlicherweise damit einverstanden. Im Verlauf des Gottesdienstes erdröhnte aus der kleinen Kapelle Rockmusik. Johnny

Hallydays Reibeisenstimme füllte den Raum über die Kirche hinaus mit seinem, »Pardon«. Zum Ende der äußerst stimmigen Trauerfeier erklang Johnnys Coverversion von Edith Piafs »Non je ne regrette rien«. Es war ein Volltreffer, sie war eine Verehrerin von Johnny. Nach der Bestattung tauchte der Priester bei uns auf und meinte: »Das hat mir richtig gut gefallen. Ich habe heute seine Musik und den Text zum ersten Mal gehört. Hallydays Musik funktioniert bei einer Trauerfeier, was ich zuerst nicht glauben wollte, und sie hat mich sehr berührt.«

Dann gibt es diese Variante. Wenn Sie es sich einfach machen möchten, dann handeln Sie wie eine Bekannte. Herz, Liebe und Trauer werden Sie da in geringem Maße finden. Dafür um so mehr Kalkül. Von ihr erhielt ich eines Tages eine E-Mail mit etwa folgendem Inhalt, an den ich mich recht gut erinnere: Meine Mutter ist am ... gestorben, die Bestattung ist ... falls Du hingehen möchtest. Ich werde nicht da sein. Ich habe mich bereits von meiner Mutter verabschiedet. Da ich einen Flug gebucht habe, den ich nicht verfallen lassen kann. (Meine Anmerkung: Es war ein Ticket um die 30.- Euro, für einen Billigflieger, bereits Monate im Voraus gebucht, um in ihre Sommerresidenz an die Côte d'Azur zu fliegen.)

Wie alle Beispiele zeigen, kann vieles schief gehen. Aber auch vieles gelingen. Selbstverständlich gibt es viele Richtungen eine Trauerfeier zu gestalten. Und eine jede ist die Richtige, wenn es dem Willen der Verstorbenen Genüge tut. Und den Möglichkeiten der Angehörigen und den gesetzlichen Vorschriften entspricht. Bei einer Bestattung eines ortsbekannten Nachtklubbesitzers warf man keine Blumen ins Grab. Da stand eine Schale voller kleiner Whisky Fläschchen bereit. Ein jeder trank seinen Schluck Whisky und warf das Fläschchen danach ins Grab. Es war lebenslang sein Metier und er war Whisky Liebhaber, weshalb also nicht?

Sie können sehr viel richtig machen, wenn man Sie nur lässt. Das dürfen Sie nie übersehen, wenn man Ihnen Steine in den Weg legen will. Es muss letztlich nicht so weit kommen wie bei einer Beisetzung an der, ein sogenannter Trauerredner eine Rede hielt, die ich mit Verlaub einfach nur abstoßend fand. Es war ein Mix von bunt zusammengewürfelten Sprüchen und Zitaten. Kein Anfang, kein Ende, kein Zusammenhang

QUELLEN DES GLÜCKS

und kein Bezug zum Verstorbenen. Es hörte sich an wie ein buntes Bildchen mit vielen lieblichen Sprüchen und einigen Emojis auf dem Smartphone. Eines haben Sie mit Sicherheit nie, die Gelegenheit das Ganze auf andere Art zu wiederholen. Deshalb mein Anliegen, lassen Sie sich nie beirren, hören Sie auf ihr Gefühl und Ihren Bauch. Tun Sie das, was Sie für geeignet halten, für den Menschen, den Sie lieben. Eine zweite Chance gibt es dazu nicht, nur Mut!

Zum Schluss noch dies: Der Komponist Peter Kreuder ließ sich von einer längst vergessenen Melodie vom Walzerkönig Johann Strauß, zu »Sag beim Abschied leise Servus« inspirieren. Das Lied entstand für den Film »Burgtheater« aus dem Jahr 1936. Sein damaliger Interpret der Sänger und Schauspieler Willi Forst war ein Star und Frauenschwarm. Seine Aufnahme gilt als die Schönste. Den Text schrieben Hans Lengsfelder und Siegfried Tisch. Die im Film mitwirkenden Schauspielerinnen sind Werner Krauß, Hortense Raky, Olga Tschechowa und Hans Moser, die Regie führte Forst selbst.

»Es gibt nur zwei Dinge, die von Interesse sind:
die Liebe und der Tod.«

Charles-Ferdinand Ramuz (1878 - 1947)

Amadis Amarrés

Das Essay

Stille Gebete

»Tausende von Kerzen kann man am Licht einer
Kerze anzünden ohne dass ihr Licht schwächer wird.
Freude nimmt nicht ab, wenn sie geteilt wird.«

Buddha (560 - 480 v. Chr.)

Gewiss haben Sie auch schon einmal eine Opferkerze, in irgendeiner Kirche auf der Welt, entzündet. Aus welchem Grund haben wir hin und wieder das Verlangen, ob auf Reisen, in einer Pilgerkirche oder der Heimatkirche für etwas oder jemanden eine Kerze zu entfachen. Haben Sie sich zuvor schon einmal gefragt, weshalb Sie das tun? Und was macht diese Handlung mit uns. Opferkerzen haben eine lange Tradition. Warum tun es so viele, überall auf der ganzen Welt, dies oft ohne religiöse Motivation. Weshalb spenden diese kleinen Lichter so viel Trost, Freude und Hoffnung?

Für uns Menschen besaß Licht schon immer eine tiefere Bedeutung. Es gibt kaum eine Religion, in der das Licht einer Kerze und damit das Licht nicht ein Schlüsselelement in ihrer Mythologie einnimmt. In so gut wie allen Zivilisationen, symbolisiert das Licht das Leben.

Es ist wenig überraschend, dass Menschen seit Jahrhunderten Kerzen symbolisch verwenden. Einmal als wegweisendes Licht im Leben, oder als Sinnbild für ein Opfer, um göttlichen Beistand zu erhalten. Dieser uralte Brauch hat sich bis heute gehalten und erfreut sich immer neuer Beliebtheit. Die Kerzenopferstöcke erstrahlen gerade in hellstem Kerzenlicht. Zu viel Kummer und Sorgen quälen die Menschen momentan überall auf der Welt. Wir entzünden Kerzen für einen geliebten Menschen, um den wir bangen. Für uns selbst und unseren Schutz. Für einen Herzenswunsch oder eine Heilung. Wir tun dies an einem Opferstock in einer Kirche. Auf Reisen in fernen Ländern in einer uns fremden Kirche. Oder bei uns im trauten Heim an einem dafür geeigneten Platz. Für die meisten bedeutet dieses kleine Ritual ein Zeichen der Hoffnung und kann eine wahre Wohltat für die Seele sein.

Heute sind die kalten Winternächte von damals in ländlichen Gebieten nur schwer vorstellbar. Für uns, die wir mit Bodenheizungen und Handtuchheizkörpern im Badezimmer leben. Gegensätzlicher könnte es nicht sein, heute haben wir gegen die Verursachung von Lichtverschmutzung zu kämpfen. Wie die sogenannten Lichtglocken über den riesigen Ballungsgebieten. Die künstliche Aufhellung des Nachthimmels entsteht im Übrigen, durch reflektiertes Kunstlicht. Das Licht stößt dabei in der Atmosphäre auf Luft- und Staubteilchen. Es ist diese Auswirkung, die den Nachthimmel deutlich sichtbar aufhellen lässt.

Amadis Amarrés

Die Winter des 19. Jahrhunderts waren gnadenlos in absolute Dunkelheit und Kälte getaucht. Weit und breit kein Licht. In den Häusern brannte im Kamin Feuer. Die Frauen verwendeten dieses gleichzeitig zum Kochen. In den Stuben gab es Holzöfen und das Licht kam von Öllampen und Kerzen. Licht war schlechthin überlebenswichtig und es war kostspielig. Abends saß man gemeinsam um eine Feuerquelle, die Frauen erledigten Handarbeiten, dabei erzählte man sich längst vergangene Geschichten und zelebrierte die Gemeinsamkeit.

Zurück zu den Opferkerzen, den sogenannten Votivkerzen. Licht spielt in diversen religiösen Festen eine zentrale Rolle. Kerzen sind traditionell ein Symbol des Lichts. Weshalb werden aber allerorts in Kirchen und in Wallfahrtsorten auf der ganzen Welt Kerzen angezündet? Und um was bitten die Menschen, was sind ihre Beweggründe?

Diese Kerzen und ihre Verwendung haben Ihren Ursprung im alten Rom. Dort ist ihre Anwendung schon im 2. Jahrhundert n. Chr. in der Form von niedrigen Talg-, Pech- und Wachskerzen nachgewiesen. Zur damaligen Zeit erfüllten, diese Kerzen den Zweck die Räume und Katakomben zu beleuchten. In der Gegenwart werden Kerzen vor allem in Kirchen verwendet. In Weinkellern dienen sie der Sicherheit und Kontrolle der Luftqualität. Bei festlichen Anlässen werden Kerzen dazu verwendet, um für eine feierliche Atmosphäre zu sorgen. In den eigenen vier Wänden schafft Kerzenlicht eine romantische und behagliche Atmosphäre.

Ob bei religiösen oder ähnlichen Ritualen, stellt sich die Frage, was helfen, oder wozu dienen uns diese Lichter? Wenn es völlig sinnlos wäre, würden dann über Jahrhunderte hinweg, Menschen dies bis heute zelebrieren? Christen entzünden Kerzen, als sichtbares Zeichen des Gebetes. Außerhalb der Liturgie bildet den Hintergrund oft ein spezielles Anliegen. Durch die Kerze und ihr Licht nimmt das Anliegen eine sichtbare Gestalt an. Mehr noch, dieser kleine Ritus wirkt durch das Licht der Kerze, weit über die Zeit der Anwesenheit des Betenden oder Bittenden hinaus. Und genau dies gibt den meisten ein gutes Gefühl beim Verlassen der Kirche. Das Licht der Kerze ist somit ein wahrlicher Hoffnungsträger.

In den meisten katholischen-, orthodoxen- und inzwischen auch in evangelischen Kirchen, gibt es eigens für Opferlichter vorgesehene Opferkerzenstöcke. Die meisten bieten gegen ein kleines Entgelt, je nach Kerzengröße, diverse Kerzen an. Meist handelt es sich um gewöhnliche Kerzen. Mancherorts werden unseren Teelichtern ähnelnde Lichter in einer Hülle aus Kunststoff oder Glas angeboten. Es gibt auch äußerlich, einer Kerze nachempfundene Öllampen. Sie werden mit Lampenöl befüllt und sind daher wiederverwendbar. In orthodoxen Kirchen sind traditionellerweise meist dünne, lange Kerzen üblich, die in eine Schale mit Sand gesteckt werden. In Asien kommen, zu den Öllichtern, die uns bekannten Räucherstäbchen hinzu.

Welche Beweggründe gibt es eine Opferkerze anzuzünden? Manchmal ist es einfach aus Dankbarkeit, einen schweren Unfall oder eine Krankheit überlebt oder überstanden zu haben oder geheilt zu sein. Eventuell gedenkt man einem geliebten verstorbenen Menschen. Manche tun es für Partner, Freunde oder Verwandte, weil sie das Gefühl haben, sie bedürfen göttlicher Hilfe. Eine Klientin erzählte mir, sie habe gemeinsam mit ihren Eltern Kerzen angezündet, seit sie sich erinnern kann. Heute stelle sie vieles infrage, was ihre Eltern ihr auf den Weg mitgegeben haben. Jedoch in Kirchen Kerzen anzuzünden bereite ihr schon immer große Freude, es gebe ihr ein gutes Gefühl. »Es ist gut, zu wissen, wenn das eigene Gebet verstummt, betet das Licht der Kerze für mich brennend weiter. Auch dann, wenn ich die Kirche längst verlassen habe.« Dazu sollte man wissen, beten geschieht nicht nur durch Worte, auch durch das Tun beten wir. Eine Opferkerze zu entzünden, ist ein Gebet zu beginnen. Wir verlassen unsere Wohnung, betreten eine Kirche, werfen Geld in den Opferstock und zünden eine Kerze an. Danach verharren wir eine Weile schweigend und beobachten das Brennen der Kerze, all das ist Gebet.

Selbst tue ich es vorzugsweise auf Reisen in mir fremden Kirchen. In solchen Momenten, wenn ich eine Kerze entzünde, denke ich an die Menschen daheim. Und bitte darum es möge ihnen Glück bringen, in gewisser Weise, als spirituelle Vorsorge ohne besonderen Grund. Gerade im Trubel einer Großstadt, wirkt das Eintauchen in die besinnliche Atmosphäre einer Kirche, wie eine Oase der Stille. In der eine kleine Meditation neue Kraft und Ruhe spendet. Mancherorts stehen die beiden Extreme Tür an Tür, wie beispielsweise in Paris.

In der Rue du Bac befindet sich ein Wallfahrtsort für Shopping-Touristen. Das weltberühmte Pariser Nobelkaufhaus »Le Bon Marché« aus dem Jahre 1852. Dies in direkter Nachbarschaft mit der »Chapelle Notre-Dame-de-la-Médaille-Miraculeuse« (*Kapelle unserer lieben Frau von der wundertätigen Medaille*). Die Kapelle ist ein weltberühmter Wallfahrtsort. Ihr Eingang ist unscheinbar. Die Kirche entdeckt man erst, wenn man das Portal durchschreitet. Ruhe finden Sie in der Kirche indes nur, wenn keine Gottesdienste stattfinden. Ansonsten ist der Menschenauflauf teilweise größer als im gegenüberliegenden Kaufhaus. Die Kirche wird das ganze Jahr über von Tausenden Pilgern aus der ganzen Welt besucht.

Eine andere Klientin hat mir vom Erlebnis berichtet, das sie in einer ihr fremden Kirche, eine Kerze entfacht hatte. Bei dieser Gelegenheit gelang es ihr, sich mit ihrem verstorbenen Bruder auszusöhnen. Glücklich konnte sie am Ende ihres Gebetes statt Bitte, Danke sagen. Jemand anderes erzählte mir, er habe in seiner Jugend ein schlimmes Erlebnis gehabt. Und stellte sich Jahre lang unentwegt dieselbe Frage: Warum ist das gerade mir widerfahren? Als er einmal auf Reisen war und in einer winzig kleinen schmucklosen griechischen Kapelle am Meer eine Kerze entzündete. Da wurde ihm die Frage endlich beantwortet. Seither frage er sich nicht mehr warum, sondern, wozu? Denn darauf ergaben sich unzählige Antworten, die ihm dabei halfen, sein Erlebnis anzunehmen und sich mit ihm zu versöhnen.

Gelegentlich gibt es Momente, da verstummen unsere Gebete. Es sind Augenblicke, in denen man nicht mehr weiß, wie man seinen Schmerz in Worte oder in eine Bitte fassen will. Es sind dunkelste Stunden, die uns sprachlos machen. Wie der Verlust eines Herzensmenschen, den man gehen lassen musste. Es sind Ereignisse, wie ein schwerer Unfall. Oder wenn durch einen Unfall, oder ein Feuer ganze Familien ausgelöscht werden. Bei tragischen Flugzeugabstürzen, wenn gleichzeitig Hunderte Menschen ihr Leben verlieren. Angehörige hilflos in Flughäfen warten auf die Freundin, den Mann, die Mutter, den Bruder, die Kinder, die Familie. Bei riesigen Naturkatastrophen, wenn ganze Dörfer und ihre Bewohner ausgelöscht werden. Wenn der Schmerz zu groß ist und uns

Menschen verstummen lässt. In jenen Momenten ist es unglaublich tröstlich, eine Kerze anzuzünden. Um dabei in Stille zu verharren, damit unsere Seele allmählich wieder ihr Gleichgewicht findet.

Unvergesslich sind jene Augenblicke, wenn wir uns von einer großen Persönlichkeit, einer Königin, oder einer berühmten Künstlerin unerwartet verabschieden müssen. Erinnern sie sich an das Blumenmeer und all die Kerzen weltweit. Für die in Paris am 31. August 1997, tödlich verunglückten Lady Diana. Es gibt Verluste, die es nicht bis auf die Titelseiten schaffen, uns aber mindestens genauso schmerzen. Wenn nicht noch viel mehr, da sie unser eigenes Leben bewegen. Auch ihnen setzen wir deutlich sichtbare Denkmäler, es sind die vielen Kreuze an Straßenrändern, die an tödlich Verunglückte erinnern. Kerzen anzuzünden zum Gedenken an Verstorbene, insbesondere nach Unfällen und Verbrechen, ist inzwischen ein allgemein akzeptiertes und weit verbreitetes Phänomen. In all jenen Situationen, in denen wir hilflos und kraftlos vor Schmerz sind. Und wir keine Worte für das Leid finden. Wenn nur unaussprechliche Trauer uns erfüllt, die uns verstummen lässt. Dies ist die Stunde der kleinen Kerzen und des stillen Gebets. Es ist ein wenig Licht, ein wenig Wärme, ein wenig Trost. Trost, der jetzt so dringend von Nöten ist. Das ist der Grund, der dieses kleine unscheinbare Licht so kostbar macht. Wir erinnern uns an die vielen Nachrichtenbilder, in denen Tausende kleine Lichter die Nacht beinahe zum Tag machen.

Es ist egal, welcher Konfession ein Gotteshaus angehört. Es ist ein geweihter Ort, oft ein sogenannter Kraftort. Meistens wurde aus einem tieferen Grund genau diese Lage für den Bau gewählt. Auf der ganzen Welt gibt es solche Orte. Seien es Kirchen, Synagogen, Moscheen und Tempel an denen Menschen aus welchen Beweggründen auch immer um Hilfe ersuchen oder für Hilfe Danken. Sei es in Form einer Kerze, in

Südamerika sind es bunte Bänder und Kerzen, in Asien sind es durchweg meist Öllichter und Räucherstäbchen, in Bangkok kommen noch Glöckchen hinzu. Selbst kirchenferne Menschen leben den Brauch, gegen einen geringen Betrag vor einem Kreuz oder einem Marienbild eine Kerze zu entzünden. Dabei steht jedes Licht für ein Gebet. Eines verbindet all diese Symbole und Rituale, sie schenken uns Kraft und Freude. Aktuell brennen unglaublich viele Kerzen überall auf der Welt. In Zeiten von Krisen, Naturkatastrophen und Kriegen. Es sind Zeiten, in denen wir Menschen ein wenig Licht und Wärme benötigen.

Vor allem bedürfen wir Hoffnung. Damit wir daraus den Optimismus gewinnen, dass der Augenblick kommen wird, wo die Welt diese Krisen als überstanden ansieht. Und wir diese Krisen endlich alle hinter uns lassen. Dieses kleine sanfte Licht birgt etwas Kostbares, es ist sein Trost, es ist greif- und sichtbare Zuversicht.

Zum Schluss noch dies: Mit einem kleinen Trick können Sie die Brenndauer Ihrer Teelichter verlängern. Wenn das Wachs des Teelichts flüssig ist, streuen Sie vorsichtig eine kleine Prise Kochsalz in das flüssige Wachs. Dadurch brennt das Teelicht bis zu 1 ½ Stunden länger, zudem bleiben weniger Wachsrückstände zurück.

Amadis Amarrés

»Der Frühling des Jahres,
Wie glänzt er im Mai;
Doch wenige Wochen,
So flog er vorbei.

Der Frühling der Jugend,
Wie blüht er so schön;
Doch wenige Jahre,
so muß er vergeh'n.

Der Frühling des Herzens,
Ein schönes Gemüth:
O lieblichste Blüthe,
Die nimmer verblüht.«

Karl von Gerok (1815 - 1890)

L'Heure exquise – die zauberhafte Stunde

Treue und ewige Liebe

»Es gibt nichts Schöneres, als zu vergessen,
außer vielleicht – vergessen zu werden.«

Oscar Wilde (1854 - 1900)

Sie ist lieblich dennoch nicht zu unterschätzen. Sie ist eine kleine, aber feine Schönheit, die so einiges verträgt. Das »Mäuseohr« ist Ihnen wohl bekannt. Die wenigsten kennen diese reich blühende Pflanze unter seiner botanischen Bezeichnung; Myosotis, es ist eine Kombination der griechischen Wörter »mus« und »otis«, was übersetzt Mäuseohr ergibt und auf die Form der Blätter verweist. Doch diese bisher allgemein anerkannte Erklärung für die Entstehung des Namens ist inzwischen fraglich. Fakt ist, der Name Vergissmeinnicht ist im deutschsprachigen Raum erst seit dem 15. Jahrhundert nachgewiesen. Heute ist die kleine zierliche Pflanze, mit den verträumt dreinschauenden Blüten, nahezu über die ganze Erde verbreitet. Im Englischen wird sie »forget-me-not« genannt. In Frankreich nennt man sie »ne m'oubliez pas«. Selbst in China heißt sie »wu wang cao« was sinngemäß, Nicht-Vergessen-Kraut bedeutet. Kaum eine Blumen-Bedeutung ist so offensichtlich wie die des Vergissmeinnichts. Als Symbol der Sehnsucht nach Liebestreue und ewiger Erinnerung, letztlich gilt die Farbe Blau als Symbol der Treue.

Es gibt zahlreiche volkstümliche Namen für das Vergissmeinnicht. Diese sind »Blauer Augentrost« oder »Blaues Mausöhrlein«. So harmlos seine Erscheinung und arglos sein Name, das Vergissmeinnicht beinhaltete stets eine große Symbolik. Während des 2. Weltkriegs war das Vergissmeinnicht ein Erkennungszeichen der deutschen Freimaurer. Da der damalige Innenminister Frick am 17. August 1935 die Freimaurerei in Deutschland verbot. Die Freimaurer Logen setzten sich, mit dem Symbol des Vergissmeinnichts, über das Abzeichen Verbot der Nazis hinweg. Seit 1938 wurde daher das Vergissmeinnicht von Freimaurern als geheimes Erkennungszeichen verwendet. Allerdings war das Vergissmeinnicht bereits 1926 von der Großloge »Zur Sonne« als freimaurerisches Emblem in Bremen zur Jahresversammlung verwendet worden. Bis heute blieb das fünfblättrige Vergissmeinnicht ihr Symbol. Damit hält es die Erinnerung an die verfolgten Freimaurer lebendig.

Zeitweise diente das Vergissmeinnicht als Aufforderung an zahlungssäumige Kunden. In Berlin wurde aus diesem Grund manchem Kunden, von seinem Gläubiger zum Jahreswechsel ein Vergissmeinnicht Pflänzchen kredenzt, somit wusste dieser Bescheid.

Das heutige Gartenvergissmeinnicht, mit seinen vielfältigen Farbnuancen von lichtblau bis tief dunkelblau bringt ein wenig von dem einstigen Zauber, des viel besungenen blauen Blümchens zurück. Selbst Wildformen haben den Weg in unsere Gärten und auf die Balkone gefunden. Als althergebrachte Liebesgabe ist das Vergissmeinnicht, mit seiner Symbolik heute so aktuell wie eh und je. Weltweit kennt man über hundert Arten aus der Familie der Raublattgewächse. Das Pflänzchen wächst an Bachufern und auf Feuchtwiesen. Es erfreut uns von April, Mai bis in den Herbst hinein mit seinen charmanten Blüten. Es versteht sich von selbst, dass dieses sagenumwobene Blümchen im Brauchtum eine wichtige Rolle einnahm. In Schlesien, wo das Vergissmeinnicht auch »Wieselblum« genannt wird, galt die Regel. Wenn es wenig Vergissmeinnicht gab, dass es kaum Wiesel gab, dafür umso mehr Mäuse. Was aus heutiger Sicht plausibel ist. Denn es ist geläufig, wo viele Vergissmeinnicht wachsen ist der Boden vorwiegend feucht, und wird daher von Mäusen gemieden. In Württemberg hieß es beispielsweise, wer an »Sommerjohanni« *(24. Juni)* ein wildes Vergissmeinnicht mit drei Spatenstichen ausgrabe, bleibe vor allerlei Schaden bewahrt.

Es gibt unzählige Legenden, Lieder, Sagen und Gedichte über das Vergissmeinnicht. Ihr Inhalt ist immer wieder Trennung, Liebe, Treue und ewige Erinnerung. In der Sakralen Kunst des Mittelalters ist die symbolträchtige Blume oft zu Füßen von Darstellungen der Gottesmutter oder von Heiligen zu finden. In Sagen gilt sie mitunter als blaue Wunderblume. Mit deren Hilfe, man bescheiden und demütig blieb, verborgene Schätze gehoben, ferner überhaupt das Glück gefunden werden konnte.

Als Liebesorakel ist das Vergissmeinnicht nicht wegzudenken. Man glaubte, sich die geheimnisvollen Kräfte der reizvollen Blume zunutze zu machen. Indem man für ein Liebesorakel in der Walpurgisnacht *(30. April)* ein wenig Erde auf einen Stein streute, um zwei Vergissmeinnicht darauf zu pflanzen. Wuchsen diese aufeinander zu, sollte dies belegen das der oder die Geliebte treu blieben und bald darauf heiraten würden. Wenig überraschend wurde ihm auch eine aphrodisierende Wirkung zugesprochen. Der Arzt und Botaniker Adam Lonitzer erwähnt im 16. Jahrhundert: »Die Wurzel angehenkt soll die Buhler holdselig und werth machen.« Seit Alters her wird in der Volksheilkunde »Myosotis arvensis« mit seinen schwach giftigen Inhaltsstoffen erwähnt. Es soll Linderung oder gar Heilung bringen bei Augenentzündungen, Geschwüren und chronischem Bronchialkatarrh oder bei Erschöpfungszuständen. Wie alle seine verwandten Pflanzen enthält es neben Flavonoiden auch Gerbstoffe, Mineralien und Alkaloide. Es spielt dennoch in der heutigen Schulmedizin keine Rolle. In der Homöopathie wird es indes für Atemwegserkrankungen verwendet. In Lettland wird mit Vergissmeinnicht geräuchert, um Dämonen zu vertreiben, wenn Kinder unruhig schlafen. Dagegen sprach Hildegard von Bingen dem Vergissmeinnicht jegliche Heilwirkung ab. Sie bezeichnete es sogar als Unkraut. Es war eher Ihre fromme Absicht der Wollust, Einhalt zu gebieten, da die

Wurzel als Aphrodisiakum genutzt wurde. Zudem galt das Vergissmeinnicht als Ursprung von Liebeszaubern und abergläubischen Bräuchen.

Diese reichblühende Pflanze bringt schon früh im Jahr Prächtiges blau, weiß und rosa in Ihren Garten. Es wächst bis spät ins Frühjahr stürmisch weiter. Und im nächsten Jahr? Dann vergisst das Vergissmeinnicht nicht, von selbst zurückzukehren!

Zum Schluss noch dies: Das Vergissmeinnicht lässt sich dazu verwenden, um einem Freund, einer Freundin oder Bekannten eine Freude zu machen. Anstatt einem Blumenstrauß oder Süßigkeiten, bringen Sie doch lieber zwei oder drei Töpfchen Vergissmeinnicht mit. Mit einer Schlaufe um den Topf als bleibendes Geschenk. Wenn man Sie lässt, pflanzen Sie diese gleich in den Garten oder in einen Balkonkasten. So wird man Sie und Ihren Besuch nie mehr vergessen. Denn das genügsame Pflänzchen wird sich von selbst jedes Jahr mehr und mehr vermehren und mit der Zeit einen bleibenden Eindruck hinterlassen. Ein letzter Tipp, seien Sie achtsam, denn es heißt: Wenn eine Jungfer einen Strauß Vergissmeinnicht in der Vase welken lässt, wird sie von ihrem Liebsten verlassen!

Amadis Amarrés

Vergißmeinnicht

»Ein Blümchen, das sich zwar nicht mehr
für unsere Lage schickt,
hab ich doch, Freund, von ungefähr für
dich jüngst abgepflückt.

Denn wiß, als ich es pflückte, hing ein Schmetterling daran,
ich sah, daß auch ein Schmetterling dies
Blümchen lieben kann.

Dies Wunder der Natur entging dann
meinem Blicke nicht,
Drum schick ich dir den Schmetterling
und das Vergißmeinnicht.«

Gabriele von Baumberg (1768 - 1829)

Das Essay

Zauber des Augenblicks

»Was wäre das Leben, wenn wir keinen Mut hätten, etwas zu versuchen?«
Vincent van Gogh (1853 - 1890)

Der Zauber des Augenblicks ist magisch. Er entsteht in den unterschiedlichsten Situationen. Sei es beim Betrachten eines glutroten Sonnenuntergangs oder die Erhabenheit großer Wasserfälle. Es ist die edle Aussicht auf dem Gipfel eines Berges. Eine Herde weidender Giraffen auf einer abenteuerlichen Safari, oder der monumentale Panoramablick in den Grand Canyon. Einer der reizvollsten Augenblicke ist mit Sicherheit, wenn wir mit einem Mal einen farbenprächtigen Regenbogen am Firmament erspähen und erleben. Wenn wir solchen Naturspektakeln begegnen, sind wir meist erschüttert von ihrer Schönheit. Es kann kein Zufall sein, dass es sich dabei fast ausnahmslos um Naturereignisse handelt. Es sind somit zauberhafte Augenblicke daraus geworden. Es ist die Fähigkeit, sich vollständig auf das zu konzentrieren, was gerade passiert und Gedanken über die Vergangenheit oder die Zukunft loszulassen. Wenn man die Strahlkraft des Augenblicks erkennt und schätzt, kann man ein tieferes Gefühl von Glück und Zufriedenheit erleben.

Amadis Amarrés

Er erinnert uns daran, dass das Leben aus einzelnen kostbaren Momenten besteht, die wir nicht übersehen sollten. Er fordert uns aber dazu auf, umsichtig zu sein. Um mit Achtsamkeit und bewusstem Handeln, im Hier und jetzt zu leben. Dies, um die Schönheit und Bedeutung des Lebens zu erfassen. Der Zauber des Augenblicks erinnert uns daran, dass das Leben vergänglich ist und wir jeden Moment schätzen sollten.

Er macht uns bewusst, dass wir nicht auf die Zukunft warten sollten, um glücklich zu sein. Der Zauber des Augenblicks ist eine Einladung, das Leben in seiner ganzen Fülle zu erleben und die kleinen Freuden und Wunder des Alltags zu schätzen. Es ist eine Erinnerung daran, dass das Glück im Hier und Jetzt liegt, und dass wir die Wahl haben, es zu erkennen und zu genießen.

Erinnern Sie sich an schöne Momente oder den schönsten Augenblick Ihres bisherigen Lebens. Der Schönste steht ihnen je nachdem ja noch bevor. Wir alle haben schon welche erlebt. Schon Johann Wolfgang Goethe wusste ihn zu schätzen, den Augenblick. Goethe belehrte uns in seiner Tragödie Faust erster Teil mit dem Satz:

» ... wird ich zum Augenblicke sagen:
Verweile doch! Du bist so schön!«

Sehnsuchtsschwer erinnere ich mich an einen heißen Sommernachmittag in Siena, in der italienischen Toskana. Den Vormittag verbrachte ich in den pittoresken Gassen des »mittelalterlichen Manhattan«, mit seinen 13 Geschlechtertürmen. Diese wurden damals von den Adelsfamilien errichtet und galten als Statussymbol.

Seit dem Mittelalter hat sich, was die Türme betrifft, nichts verändert. Türme sind nach wie vor ein Statussymbol, ihre Höhe hingegen gewaltig. Inzwischen sind die Türme Meilensteine der Architektur und reichen wie der »Burj Khalifa« mit einer Höhe von sagenhaften 828 Metern, geradezu bis in den Himmel von Dubai, dem »heutigen Manhattan«. Er ist damit momentan das höchste Bauwerk der Welt. Aber nicht mehr lange, Dubais neustes Projekt ist der »Dubai Creek Tower«, vom umstrittenen Stararchitekten Santiago Calatrava, der sich anscheinend ein Denkmal erschaffen möchte. Der Turm sollte die sagenhafte 1000-Meter-Marke deutlich überschreiten. Man sprach von 1350 Metern. Seine genaue Höhe wurde geheim gehalten. Gerüchte, die immer lauter wurden, besagten, das Bauwerk soll gegen 1400 Meter in die Höhe ragen und damit für lange Zeit zum höchsten Gebäude des Planeten werden. Heute stellt sich die Situation anders dar. Das Projekt geriet durch die Pandemie im Jahr 2020 ins Stocken. Die Arbeiten wurden letztlich im Dezember 2020 von Mohammed Alabbar, dem Gründer der Emaar Group gestoppt. Seitdem ist kein Baufortschritt zu verbuchen. Außer der jüngsten Ankündigung, dass eine zweite Version des Projekts in Angriff genommen werden soll. Ein völlig neu gestalteter Turm, der 2025 fertiggestellt werden könnte.

Kehren wir zurück zu ihren Vorfahren. Ins beschauliche Italien. Sienas höchster Turm ist der »Torre del Mangia« und misst 102 Meter. Er gehörte damit lange zu den höchsten Türmen Italiens.

Die Mittagsstunden verbrachte ich in einer Seitenstraße Sienas, im kühlenden Schatten. Ich ließ meinen Gaumen kulinarisch mit einem ausgiebigen dreistündigen toskanischen Mittagessen verwöhnen. Siena hat hundert Gesichter, es ist Kunst- und Kulturstadt. Es ist die Stadt des Palio*, Universitätsstadt sowie Stadt des guten Essens. Nach dem gediegenen Mahl schlenderte ich träge wieder hoch zur Piazza del Campo.

Dort legte ich mich neben dem kühlenden Brunnen im Schatten auf den Boden, um eine kleine Siesta zu halten. Es ist jener Brunnen, der den oberen Mittelpunkt des großen Platzes markiert. Dieses Verdauungsschläfchen bleibt mir stets in Erinnerung. Zu schön war der Ort, die Stimmung um mich, die Ruhe und die Gelassenheit. In diesen wertvollen Momenten fühlte sich meine Seele dermaßen geborgen und gut aufgehoben, einfach himmlisch. Es war im wahrsten Sinne des Wortes: »Die Seele baumeln lassen«, an einem der schönsten Plätze der Welt. Nicht umsonst hat die UNESCO 1995 die mittelalterliche Stadt Siena, die ihren Charakter und ihre Schätze bewahrt, zum Weltkulturerbe ernannt. Diese lauschigen Nachmittagsstunden bleiben für mich das italienischste Erleb-

QUELLEN DES GLÜCKS

nis. Eine süße Erinnerung an Italien, das pittoreske Siena und die traumhaft liebliche Landschaft der Toskana.

Was sind, was waren Ihre schönsten Momente und Erinnerungen? Wo haben Sie solche erlebt? Und mit wem? Unter welchen Umständen? Welche Gefühle und Erinnerungen an diesen einen wichtigen Moment haben Sie, wenn Sie zurückschauen? Wie fühlten Sie sich? Was fühlten Sie? Was hat dieser eine Augenblick in Ihnen erzeugt? Wenn Sie mögen, notieren Sie sich doch einige Notizen dazu. Solche Momente sind es gewiss wert, festgehalten zu werden. Sie haben jetzt die Gelegenheit dazu, nach diesem Artikel gibt es genügend Raum dafür, auf den weißen Seiten finden Sie den geeigneten Platz, um Ihren zauberhaften Augenblick festzuhalten, nur Mut!

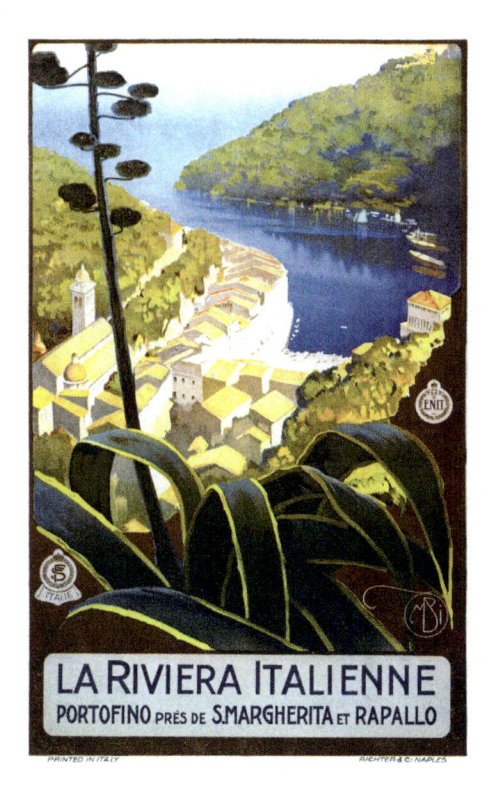

»In Italien sieht die Erinnerung mehr wie das Auge.«
Samuel Rogers (1763 - 1855)

Amadis Amarrés

An diesen Augenblick erinnere ich mich mit Vergnügen ...

*Der Palio findet auf der Piazza del Campo statt. Seit dem Mittelalter findet zweimal jährlich das bedeutendste kulturelle Ereignis Sienas dort statt. Das Pferderennen findet jeweils am 2. Juli zu Ehren der Madonna di Provenzano und am 16. August zu Ehren von Maria Himmelfahrt statt. Der Palio di Siena ist eines der härtesten Pferderennen der Welt.

QUELLEN DES GLÜCKS

Das Essay

Die Schafherde

»Jeder, der versucht aus der großen Herde, die da heißt „Gesellschaft", auszubrechen, ruft das Mißfallen der Herde hervor.«

Francesco Petrarca (1304 - 1374)

Überraschende Momente empfinden wir oft so schön, weil sie uns aus unserer gewohnten Routine herausreißen. Sie konfrontieren uns mit neuen Erfahrungen. Sie berühren uns und schenken uns das Gefühl, lebendig zu sein. Daneben schärfen sie unsere Sinne. Überraschungen rufen oft positive Emotionen wie Freude, Glück oder Aufregung hervor. Weil sie meist unerwartet und unvorhersehbar sind. Sie holen uns aus unserer Komfortzone heraus. Sie bringen uns dazu, neue Dinge auszuprobieren oder neue Erfahrungen zu machen. Sie lassen uns auf neue Menschen zugehen und uns auf ungewohnte Situationen einzulassen. Darüber hinaus können überraschende Momente auch unsere Neugier wecken und unser Interesse an der Welt um uns herum steigern. Insgesamt bereichern sie unser Leben und machen es bunter und aufregender. Wie in jener Autofahrt durch die badische Weinstraße.

Amadis Amarrés

Kürzlich sind wir bei einer Fahrt durch die badische Weinstraße von einer riesigen Schafherde am Straßenrand überrascht worden. Friedlich grasten die Tiere idyllisch zwischen den Weinbergen, wohlbehütet von einem Hirten, oder wie hier, von einem Schäfer. Er trug einen bodenlangen Schäfermantel mit Hut, um sich vor dem regnerischen Wetter zu schützen. In Gesellschaft von drei weißen Border Collies. Die Schäferhunde hielten aufmerksam die Herde zusammen und bewachten sie. Es war ein urtümliches und romantisches Bild, das sich uns in den sanften Hügeln der badischen Weinlandschaft bot. Wie aus einer Welt, wie sie mir als Kind einst in Märchen begegnete. Eine kleine Zeitreise in eine intaktere Welt. Inzwischen ist es eine Beobachtung, die wir in manchen Regionen immer öfter machen. Auch im benachbarten Elsass sind uns schon Herden begegnet. Weil es immer mehr Menschen dazu bewegt, auszubrechen aus ihrem hektischen Alltag. Frauen und Männer, die es vorziehen, Hirte oder Hirtin zu werden. Solange es Hirten gibt, gab es schon immer Frauen, die diesen Dienst ausübten. Es ist einer der ältesten Berufe der Erde. Erste Hirten tauchten vor etwa zehntausend Jahren in Kleinasien auf. Letztlich ist es ein edler Beruf, den jeder Christ kennt. Ein oft zitierter Bibeltext aus dem 23. Psalm lautet: »Der Herr ist mein Hirte, mir wird nichts mangeln. Er weidet mich auf einer grünen Aue und führet mich zum frischen Wasser. Er erquicket meine Seele.« Besonders zur Weihnachtszeit begegnen uns Hirten in den vielen Krippen immer wieder. Hirten als Krippenfiguren sind unverzichtbare Figuren und gehören zu jeder Krippe, wie das Jesuskind, die Mutter Maria und der Vater Josef. Traditionellerweise nähern sie sich von links, Maria, mit ihren Schafen.

»Ein furchtbar wütend Schrecknis ist
der Krieg, die Herde schlägt er und den Hirten.«
Friedrich von Schiller (1759 - 1805)

Quellen des Glücks

Die Hirtin, Gemälde von William-Adolphe Bouguereau. 1889 Original, Pastourelle (Begriff für Hirtin aus dem Südfranzösischen). Das Gemälde befindet sich im Philbrook Kunstmuseum in Tulsa.

Amadis Amarrés

Leidenschaftliche Worte & ihre Autorinnen

„Wie hast Du mir süß geschrieben, Du!"

„Es ist gut, sich aus Verhältnissen zu lösen, die einem die Luft nehmen."
Paula Modersohn-Becker (1876 - 1907)

Wie hast Du mir süß geschrieben, Du! - Diese Zeile schrieb einst eine innig liebende Frau und Künstlerin. Paula war eine Pionierin der modernen Kunst. Paula Modersohn-Becker gilt als Vorreiterin der Künstlerinnen, die den weiblichen Körper in ihrer Kunst darstellten. Paula war ebenso die erste Künstlerin der Welt, der ein ganzes Museum gewidmet wurde. Paula starb früh im Alter von 31 Jahren. Sie hinterließ an die 700 Gemälde und zudem unzählige Briefe und Tagebücher aus fünfzehn Jahren. Obwohl sie zu Lebzeiten nur wenig Anerkennung erhielt, wird die Malerin als eine der wichtigsten deutschen Künstlerinnen des 20. Jahrhunderts bewertet.

Im Frühsommer 1892 wurde Paula auf Wunsch ihrer Eltern nach England, in den Ort Wiley zu einer Tante geschickt. Sie sollte dort Englisch und die Haushaltsführung erlernen. Doch Paula wurde schon nach einem halben Jahr nach Hause geschickt. Sie litt unter Heimweh und kam mit der autoritären Führung ihrer Tante nicht zurecht. Aufgrund des Einwirkens ihres Vaters besuchte Paula von 1893 bis 1895 ein Lehrerinnenseminar in Bremen. In dieser Periode erhielt sie privaten Malunterricht. Es war ein Kompromiss zwischen Vater und Tochter, denn Paula willigte nur ungern der Ausbildung zur Lehrerin ein. In dieser Zeit entstanden einige Porträts ihrer Geschwister und ihr erstes Selbstporträt. Pflichtbewusst schloss sie im September 1895 ihr Lehrerinnenexamen mit einem guten Abschluss ab. Zur Belohnung durfte sich Paula an einem Kurs des »Vereins der Künstlerinnen und Kunstfreundinnen zu Berlin« einschreiben. Es folgte eine eineinhalbjährige Ausbildung in Porträt-, Akt- und Landschaftsmalerei.

Paula Becker ist jung, sie ist gerade mal vierundzwanzig Jahre alt, als ihr Wettlauf gegen die Zeit und ihr kurzes Leben beginnt. Paula malt nicht nur intuitiv, sie lebt auch so. Und so verspürt sie schon früh etwas, was anderen vielleicht Kummer bescheren würde. Paula jedoch schreibt über ihre Gefühle:

Amadis Amarrés

26. Juli 1900

»Ich weiß, ich werde nicht sehr lange leben. Aber ist das denn traurig. Ist ein Fest schöner, weil es länger ist? Meine Sinneswahrnehmungen werden feiner, als ob ich in den wenigen Jahren, die mir geboten sein werden alles, alles noch aufnehmen sollte. Und ich sauge alles in mich ein und auf. Und mein Leben ist ein Fest, ein kurzes, intensives Fest ... Und wenn nun die Liebe mir noch blüht, vordem ich scheide, und wenn ich drei gute Bilder gemalt habe, dann will ich gern scheiden mit Blumen in den Händen und im Haar.«

Dies sind erstaunliche Gedanken für eine Frau, der es an nichts fehlt. Sie ist jung, intelligent, leidenschaftlich und sie besitzt ein großes Talent, das Malen. Paula verbringt ihre Zeit in Worpswede, etwa 20 Kilometer nordöstlich von Bremen. In einer Künstlerkolonie gemeinsam mit anderen jungen Talenten. Sie führt fortan ein freies und glückliches Leben. Paula ist umgeben von Bildhauern, Malern und Dichtern. Alle verbindet eines, sie sind neugierig auf sich, die Kunst und das Leben. Darunter ist ein Künstler, den Paula aufmerksam beobachtet. Es ist ein Mitbegründer der Kolonie, der Maler Otto Modersohn. Paula beschreibt Otto so:

»Ich habe nur in Erinnerung, etwas Langes im braunen Anzug mit rötlichem Bart. Er hatte so etwas weiches sympathisches in den Augen. Seine Landschaften hatten tiefe Stimmung in sich.«

Den Augenblick, als Otto Modersohn erstmals auf Paula aufmerksam wird, diesen Moment beschreibt Otto mit folgenden Worten:

»Ich sah sie zuerst im Sommer 1899, wie sie eine alte fast blinde Frau aus dem Armenhaus an meinem Hause vorüber zu ihrem Atelier führte. Ihre Erscheinung, ihre lebendige sprühende Unterhaltung fesselten mich vom ersten Augenblick.«

Paula wächst mit ihren fünf Geschwistern in einem gutbürgerlichen Hause auf. Paula wurde am 8. Februar 1876 in Dresden Friedrichstadt geboren. Sie war das dritte Kind von insgesamt sieben Geschwistern. Ihre Mutter entstammt einer thüringischen Adelsfamilie. Ihr Vater ist Ingenieur und Baurat der preußischen Eisenbahnen. Da ihre Eltern leidenschaftliche Kunstliebhaber sind, wird bei der Erziehung der Kinder Wert auf Kunst, Literatur und Musik gelegt. So erhielten Paula und ihre Schwestern früh Klavierunterricht. Mit zwanzig besucht Paula, eine Zeichen und Malschule für Frauen in Berlin. Paula ist von Gesichtern fasziniert, was dazu führt, dass sie ihren Fokus auf Porträts richtet. Ein Erlebnis in ihrer Kindheit hatte Paula früh geprägt. Mehr noch, es hat sie wohl traumatisiert. Seither wird sie von ein und demselben Antlitz verfolgt. Im Alter von zehn Jahren wird sie Zeugin eines Unglücks. Sie muss hilflos mitansehen, wie ihre Lieblingscousine beim Spielen in einer Sandgrube verschüttet wird und dabei unter den Sandmassen erstickt. Dieses Erlebnis prägt sie und weckt in Paula einen ungebrochenen Lebens- und Schaffensdrang.

Amadis Amarrés

Die Landschaft, die Ruhe, die Künstler um sie herum, alles in Worpswede lädt sie ein, auch zur Liebe. Paula fühlt sich zu Otto hingezogen. Er ist ihr ein väterlicher Freund. Paula gerät über Otto ins Schwärmen:

»Neulich war Modersohn da, der hat mir so viel Liebes über meine Sachen gesagt. Das ich fast gar nicht mehr glaube, dass es meine Sachen waren. Das war lieblich, gerade Modersohns Urteil ist mir sehr viel wert.«

Es gibt dabei nur eine, wenn auch delikate Schwierigkeit. Ihr Otto ist verheiratet. Aus diesem Grund stürzt sich Paula in ihre Arbeit. Paula ist fasziniert von Körpern, von denen anderer Frauen aber auch ihrem eigenen. Sie nimmt ihre ersten Selbstporträts in Angriff und beginnt zu malen. Paula ist wie besessen von Gesichtern aber auch vom Nacktsein. Sie skizziert einfach und schlicht, auf der Suche nach dem Wesentlichen. Ihr Malstil ist roh, mit Vorliebe malt sie Arme, Kinder und Alte. Es sind ehrliche, berührende jedoch ungeschönte Momentaufnahmen, die sie mit ihrem Pinsel festhält. Als sie im Jahr 1899 einige ihrer Bilder, in der Bremer Kunsthalle ausstellt, erhält sie erste kritische Stimmen. Sie sind schonungslos und unverblümt, die Kritik ist regelrecht vernichtend. Die Kritiker schreiben über ihre Werke: »Ekel erfasse einen beim Anblick dieser Machwerke.«

Unbeirrt schreibt Paula an ihre Eltern: »Ich verlebe jetzt eine seltsame Zeit. Vielleicht die ernsteste meines kurzen Lebens. Ich fühle das alle Menschen an mir erschrecken und doch muss ich weiter. Ich darf nicht zurück.«

»Die Menschen hegen eine instinktive Abscheu vor dem Erfolg anderer, sie finden es ungerecht vom Schicksal, den einen zu begünstigen, und versuchen deshalb, das Gleichgewicht wiederherzustellen, indem sie ihm Steine in den Weg rollen.«

August Strindberg (1849 - 1912)

Es ist der erste Januar 1900, ein historisches Datum, ein Neubeginn auch für Paula. Sie mietet in der Pariser rue Campagne-Première ein schlichtes Zimmer. Um Geld zu sparen, nimmt sie täglich nur eine Mahlzeit zu sich, und sie heizt nicht. Alles Geld geht für ihren Malunterricht drauf. An dem Tag, als Paula in einer Galerie zum ersten Mal auf ein Bild trifft, begreift sie ihre eigene Kunst. Es ist ein Gemälde vom damals noch unbekannten Paul Cezanne. Während Paula das Bild betrachtet, erkennt sie in Cezannes impressionistischen Stil, Teile ihrer eigenen Arbeit. Sie schreibt Otto, er solle ihr unverzüglich nach Paris folgen, damit sie ihm ihre Entdeckung zeigen könne. Aber Modersohns Frau ist zu diesem Zeitpunkt krank, Otto lehnt deshalb ab. Paula bleibt jedoch hartnäckig und Otto gibt schließlich nach. Eine Reise nach Paris ist zu verlockend, zudem findet in Paris gerade die Weltausstellung statt. Ein derart faszinierendes Ereignis war zu verlockend. Die Ausstellung war epochal, sie prägt bis heute das Stadtbild von Paris. Viele Bauten werden heute noch rege genutzt für grandiose Ausstellungen. Wie das Grand Palais oder das Petit Palais. Beide wurden eigens für die Weltausstellung errichtet. Das Grand Palais war in der Ära von Karl Lagerfeld Schauplatz für die Show-

Kulissen von Chanel für die damals für Lagerfeld typischen monumentalen Modeschauen.

Die Weltausstellung zieht Besucher aus aller Herrenländer an. Im Juni 1900 trifft endlich auch Otto Modersohn in Paris ein. Paula ist überglücklich, gemeinsam besuchen sie Ausstellungen und Galerien. Sie ziehen durch das Paris der künstlerischen Avantgarde. Doch nur drei Tage später erhält ihre Leichtigkeit einen brüsken Dämpfer. Sie erhalten die Nachricht, dass Ottos Frau Helene an Tuberkulose gestorben ist. Otto Modersohn fährt noch in derselben Nacht zurück.

Otto Modersohn schreibt über seinen Verlust: »So überaus plötzlich ist das herbe Schicksal über mich hereingebrochen. Mitten in den heitersten Lebensgenuss, fuhr wie ein Blitzstrahl vernichtend das tiefste Leid. All die Jahre hatte ich in meinem Leben einen Mittelpunkt, worum sich alles drehte. Jetzt fühle ich täglich wie schwer mir der Verlust dieses Mittelpunktes ist.«

Paula, die junge Kunststudentin kehrt ebenfalls nach Worpswede zurück. Es war Zeit, sich von ihrem anstrengenden Parisaufenthalt zu erholen. Drei Monate nach Helenes Tod gestehen sich Paula und Otto endlich ihre Liebe. Am 25. Mai 1901 heiraten Otto und Paula an einem Samstag. Auf Druck ihrer Eltern musste Paula zuvor noch einen Kochkurs in Berlin besuchen. Sie bricht den Kurs jedoch frühzeitig ab. Sie begründet dies in einem Brief mit den Worten: »Es ist gut, sich aus Verhältnissen zu lösen, die einem die Luft nehmen.« Diese Zeile charakterisiert nicht nur Paulas Person. Es lässt auch ihre kommenden Ehejahre erkennen. Für ihre Zeit waren dies fortschrittliche, nahezu emanzipatorische Gedanken.

Otto richtet neben ihrem Haus ein kleines Atelier für Paula ein, wo sich seine Frau ihrer Malerei widmet. Das Leben ihrer jungen Familie erfüllt Paulas Leben. Sie ist ihrer kleinen Elsbeth eine gute und liebevolle Stiefmutter. Das Ehepaar führt Tagebuch, darin malen und zeichnen sie einander. Der Künstler Otto ist von Paula und ihrem Schaffen beseelt, er notiert: »Wundervoll ist das Wechselseitige geben und nehmen. Ich fühle, wie ich lerne an ihr und mit ihr. Unser Verhältnis ist zu schön, schöner als ich je gedacht. Ich bin wahrhaft glücklich. Sie ist eine echte Künstlerin wie es wenige gibt in der Welt. Sie hat etwas ganz Seltenes. Keiner kennt sie, keiner schätzt sie, das wird anders werden.«

Paula reist im Alter von siebenundzwanzig Jahren im Jahr 1903 erneut nach Paris. Sie geht immer öfter und bleibt immer länger. Otto folgt ihr hin und wieder. Doch Paris ist ihm zu turbulent, es macht ihn müde. Aber Paula blüht in all dem Treiben regelrecht auf. Sie sucht überall nach neuen Ideen und Anregungen, sie ist unersättlich. Berauscht von ihren neuen Eindrücken kehrt sie nach Worpswede zurück. Sie betreibt in der Künstlerkolonie Leibesübungen in der Natur, dies völlig nackt, und Otto zeichnet sie dabei. Das Glück, wie könnte es anders sein, währt nicht ewig. Paula fühlt sich als Künstlerin von Otto geschätzt und gefördert. Doch die Ehefrau fühlt sich im Bett von ihrem Mann vernachlässigt. Sie reist erneut nach Paris. Im Jahr 1906 erhält Otto einen Brief von Paula:

»Lieber Otto, lass eine Zeit verstreichen und uns abwarten wie meine Gefühle dann sind. Nur lieber versuche den Gedanken ins Auge zu fassen, das sich unsere Wege scheiden werden.« Für Otto kommt dies einem Bruch gleich, er ist niedergeschmettert. Enttäuscht schreibt er ihr zurück: »Meine Paula, zwei Punkte sind es gewesen die Deinen Entschluss herbeigeführt haben. Erstens die sexuelle Unbefriedigung und zweitens die Entfremdung.«

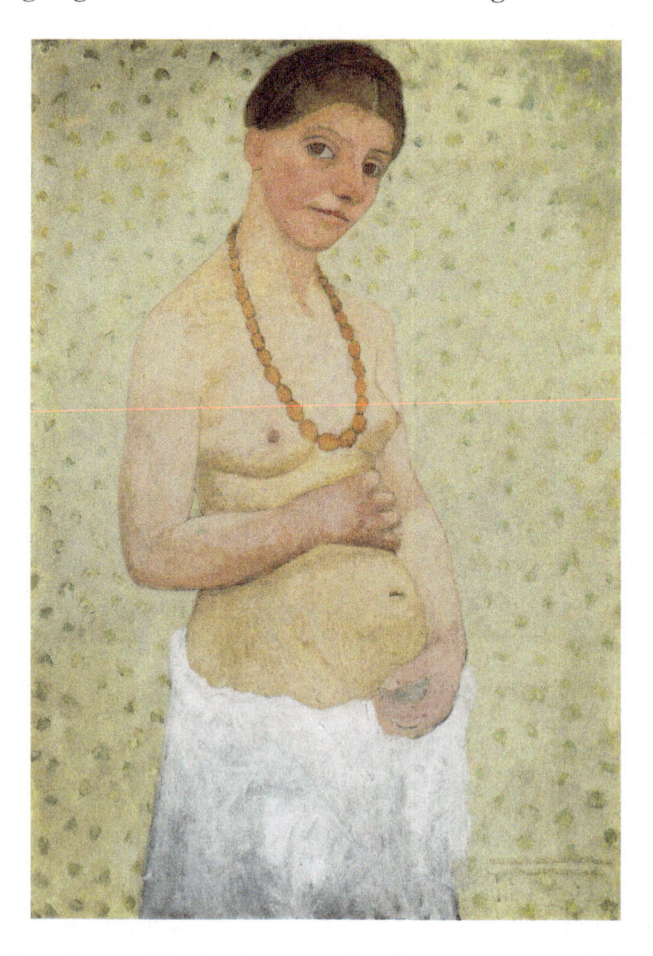

Doch Otto lässt nicht locker, er schreibt Paula einen Brief nach dem andern. Er ist nicht dazu bereit, zu diesem Zeitpunkt ihre Beziehung aufzugeben. Er unterstützt sie regelmäßig und schickt ihr weiterhin Geld. Doch die Bildverkäufe Paulas lassen auf sich warten, sie hat bislang kein einziges verkauft. Was sie nicht zurückhält, in ihrem kleinen Zimmer in Paris, Tag und Nacht fieberhaft an ihren Bildern zu arbeiten. In diesem Zeitraum malt sie allein achtzig Werke, darunter zwanzig Selbstporträts. Eines der Porträts ist eines ihrer größten Werke. Sie malt sich halb nackt mit sichtlich gerundetem Bauch, ein Novum in der Kunstgeschichte. Sie nennt das Gemälde; »Bildnis am sechsten Hochzeitstag«. Das Bild und sein Titel geben Rätsel auf. Denn Paula ist nicht schwanger. Zudem ist es erst ihr fünfter Hochzeitstag. Paula malt eine visionäre und moderne Form der Frau. Sie schreibt über ihr Porträt: »Und nun weiß ich gar nicht wie ich mich unterschreiben soll, ich bin nicht Modersohn, und ich bin auch nicht mehr Paula Becker. Ich bin ich, und hoffe es immer mehr zu werden.«

Paula hatte sich in Paris, in diesem Jahr intensiven Schaffens überarbeitet. Aus diesem Grund bittet sie Otto nach Paris zu kommen und was macht er, er erfüllt ihr diesen Wunsch erneut. Otto reist im Oktober 1906 nach Paris. Paula schreibt am 26. Dezember 1900 einen Liebesbrief an Otto:

»Wie hast Du mir süß geschrieben, Du! Dein Brief war wie ein weiches Kosen Deiner Hände. Und ich hielt mich Dir hin und ließ es mir so gerne gefallen. Wie ist doch die Liebe so ein seltsam Ding. Wie wohnt sie in uns und ruht sie in uns und nimmt Besitz von jedem Fäserlein unseres Körpers. Und hüllt sich ein in unsere Seele und bedeckt sie mit Küssen. Das Leben ist ein Wunder. Es kommt über mich, dass ich oftmals die Augen schließen muss, wenn Du mich in Armen hältst. Es überrieselt mich und durchleuchtet mich und schlägt in mir satte verhaltene Farben an, dass ich zittere. Ich habe ein wundervolles Gefühl der Welt gegenüber. Lass sie treiben, was sie will, und hinken statt tanzen, so viel sie will, und schreien statt singen, so viel sie will. Ich gehe an Deiner Seite und führe Dich an der Hand. Und unsere Hände kennen sich und lieben sich und ihnen ist wohl.

So zwei sich lieben von ganzem Herzen,
Sie können ertragen der Trennung Schmerzen.

Amadis Amarrés

> So zwei sich lieben von ganzer Seele
> Sie müssen leiden des Himmels Befehle.
> So zwei sich lieben mit Gottesflammen,
> Geschieht ein Wunder und bringt sie zusammen.

Und bei uns geschieht das Wunder! Wir sehen uns wieder trotz des Abschieds in der kleinen Vogeler-Bibliothek. Und bald, mein Schatz, bald. Komm, wann Du willst, lieber. Komm Silvester oder komm am zweiten, mache es ganz, wie Du wünschest, ich finde alles gut. Ich habe das wundervolle Gefühl, als ob in dieser Zeit der Trennung unsere Liebe geläutert und durchseelter würde. Das erfüllt mich mit einer dankbaren Frömmigkeit gegen das Weltall. Mein König Roter! Ich bin das Mägdelein, das Dich liebt, und dass sich Dir schenkt und dessen Scham vor Dir gebrochen liegt und zerronnen ist wie ein Traum. Und das ist meine Demut, Lieber, dass ich mich gebe, wie ich bin und in Deine Hände lege und rufe: Hier bin ich. So sei es bis an unseres Lebens Ende. Lass Dir leise den Rotbart streicheln und empfange einen Kuss auf jede Wange und dann nimm meine Seele auf und trinke sie. Trinke sie in einem heißen Kuss der Liebe.

Ich bin immer Dein.

Paula Modersohn-Becker«

Otto bleibt den ganzen Winter über bei seiner Paula. Die Stadt der Liebe schafft, was die beiden lange nicht mehr zustande brachten. Sie teilen ihre Kunst und hin und wieder auch das Bett. Das Paar kehrt im Frühling nach Worpswede zurück, denn Paula erwartet nun ein Kind.

In ihrer Schwangerschaft verbringt Paula, immer mit derselben Leidenschaft, viel Zeit an der Staffelei. Am 2. November 1907 bringt Paula ihre Tochter Mathilde zur Welt. Es ist eine schwere Geburt, die sie zur Bettruhe

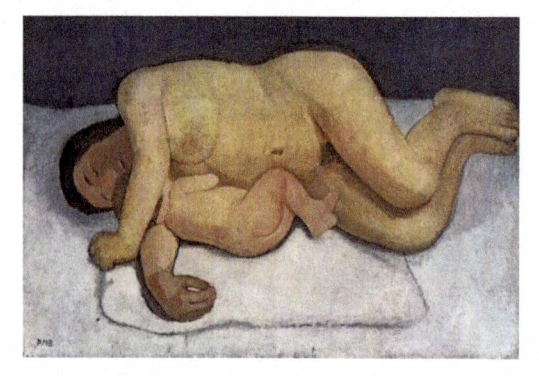

QUELLEN DES GLÜCKS

zwingt. Achtzehn Tage später will die Familie endlich das freudige Ereignis feiern. Paula darf erstmals am 20. November 1907 erstmals wieder aufstehen. Es ist ein tragischer und verhängnisvoller Fehler. Nur einige Minuten später bricht Paula infolge einer Lungenembolie im Alter von zweiunddreißig Jahren, mit Blumen im Haar zusammen und stirbt. Otto überliefert ihre letzten Worte, so soll ihr letzter Seufzer gelautet haben: »wie schade!«

Ihr Leben endete genauso wie sie es am 26. Juli 1900, in ihr Tagebuch eingetragen hatte: »… und wenn nun die Liebe mir noch blüht, vordem ich scheide, und wenn ich drei gute Bilder gemalt habe, dann will ich gern scheiden mit Blumen in den Händen und im Haar.« Paula hat in ihrem Leben drei Bilder verkauft.

»Das Leben ist ein Wunder. Es kommt über mich, dass ich oftmals die Augen schließen muss.«

Paula Modersohn-Becker (1876 - 1907)

Amadis Amarrés

L· Heure exquise - die zauberhafte Stunde

Die Sprache des Herzens

»Das Schreiben von Hand hilft Menschen beim Denken.«
©Carole Hübscher (*1967)

Zwischendurch möchte ich Sie mit einem Thema überraschen. Beschäftigen wir uns mit etwas, das ziemlich aus der Mode gekommen ist, mit Liebesbriefen. Jüngere Leserinnen werden sich eher die Frage stellen, wovon spricht er eigentlich? Im Zeitalter von sozialen Netzwerken wirken Briefe wie Relikte aus der Steinzeit. Früher gehörte es zum guten Ton sich Briefe zu schreiben. Und in seiner schönsten Form, dem Liebesbrief, war er begehrt. Fakt ist, die E-Mail, WhatsApp, TikTok, Twitter (heute X), SMSen & Co. haben echte Briefe in unserer modernen Welt gänzlich abgelöst. Im Briefkasten finden wir zwar täglich bündelweise Werbung und einige Rechnungen, aber ein Brief verirrt sich nur noch selten unter die Post. Wann haben Sie ihren letzten Brief erhalten? Selbst die bunten Postkartengrüße aus aller Welt, die unsere Pinnwände und Kühlschränke einst schmückten, an denen wir uns durchs Jahr so gern erfreuten, finden wir nur noch selten in unserer Briefpost. Ein Gruß übers Smartphone ist bequem und findet schneller seine Empfängerin. Dramatischer sieht es mit einer der romantischsten Gepflogenheiten aus, dem Liebesbrief.

Aktuell ist er einfach nur noch ein romantisches Fossil aus längst vergangenen Zeiten. Heute kennt die Jugend Liebesbriefe nur noch aus Filmen, Büchern oder von ihren Großeltern.

Zumindest gibt es Hoffnung, es scheint, dass Briefe schreiben, gerade wieder in Mode kommt. Denn es macht den Anschein, dass alles, was nach Retro riecht, momentan rasch zum Trend wird. Weshalb eigentlich nicht. Einen Brief zu öffnen ist wie ein Geschenk auspacken. Wir wissen zu Beginn nicht, welche Mitteilungen er enthält. Im Gegenzug, sich hinzusetzen und einen Brief zu verfassen benötigt Ruhe. Währenddessen wir uns mit Bedacht überlegen wie wir unsere Gefühle, Erlebnisse oder Episoden aus unserem Leben formulieren wollen. Wir benötigen dazu Zeit. Was uns zugleich eine Gelegenheit zur Entschleunigung schenkt. Die Kunst des Briefeschreibens scheint in den letzten Jahren immer mehr verloren gegangen zu sein. Bei einer SMS denken wir nicht lange darüber nach, was und wie wir unsere Gedanken ausdrücken. In meiner Praxis erfahre ich aus Erzählungen von unzähligen Missverständnissen, und Konflikten, die aus SMS-Nachrichten entstehen. Hier mein wertvollster Rat, den ich Ihnen demzufolge geben kann. Wichtige Mitteilungen, oder wenn Klärungsbedarf besteht zwischen Liebenden, Partnern usw. gehören nicht in eine Kurznachricht verpackt! Ich rate dringend davon ab. In den meisten Fällen führt es unweigerlich zu falschen Reaktionen beim Empfänger oder der Empfängerin. Ein Paradebeispiel ist das Beenden einer Beziehung per SMS oder WhatsApp, schlimmer gehts nicht.

Eine schriftlich verfasste Liebeserklärung, die ein Bewunderer oder eine Verehrerin sich nicht traut, mündlich mitzuteilen, ist faszinierend zu lesen. Außerdem werfen wir solche Briefe hinterher nicht einfach weg. Oft bewahren wir Liebesbriefe ein Leben lang auf. Schon so manch eine Erbin war überrascht, welche Briefe sie in längst vergessenen Schubladen entdeckte und was darin zu lesen war.

Erinnern sie sich daran, wie Sie in Ihrer Kindheit eine Schachtel Farbstifte geschenkt erhielten? Es waren sinnliche Momente. Wenn beim Öffnen der Schachtel uns der Holzgeruch von den Stiften dabei in die Nase stieg. Diese vielen bunten Farben, die säuberlich sortiert unsere Kinderaugen leuchten ließen. Egal welche Marke, es gibt sie noch, die edlen und hochwertigen Schreibzeuge wie; Faber-Castell, Koh-i-noor, Herlitz oder Caran-d'Ache und die vielen anderen. Die Präsidentin von Caran-d'Ache Carole Hübscher, sagte in einem Interview: »Wer von Hand schreibt, verlängert seine Seele. Mit einem digitalen Schreibgerät geht das nicht.«

Zum Umstand, dass es inzwischen Schulen in Finnland, den USA und in der Schweiz gibt, die das Schreiben per Hand für überflüssig halten und es deshalb gar nicht mehr unterrichten wollen, erzürnt Frau Hübscher: »Lesen und Schreiben bedeuten Freiheit. Es ist verrückt, wenn man Kinder heute nicht mehr lehrt, richtig von Hand zu schreiben. So produzieren wir Kinder, die wie kleine Roboter agieren.«

Das viele Kinder und Jugendliche, aber auch Erwachsene, die mit SMSen aufwachsen, nicht mehr fehlerfrei schreiben können stimmt sie nachdenklich: »Ich finde es bedenklich, wie viele Menschen nicht mehr fehlerfrei schreiben können. Wir sind uns nicht bewusst, dass wir mit immer mehr Technik ein Stück Identität verlieren. Viele vergessen: Die Schrift ist eine Visitenkarte. Die Eltern haben eine Verantwortung, sie müssen von Kindern verlangen, dass sie Texte ohne Fehler verfassen. Das Schreiben von Hand hilft Menschen beim Denken. Das ist wissenschaftlich erwiesen.«

Bekannte Künstler, Grafiker und Designer legen Wert auf gute Farbstifte. So verrät Frau Hübscher einige wenige prominente Kunden, die mit ihren Stiften kreativ sind. Dazu gehören der Architekt Mario Botta, der Banknotengrafiker Roger Pfund, aber auch Karl Lagerfeld zeichnete seine Skizzen unter anderem mit Caran-d'Ache Farbstiften.

Quelle: BZ WIRTSCHAFT / Jean Revillard / Rezo

In einem Brief können wir uns erklären. Wir haben die Möglichkeit, anschaulich in Worte zu fassen, was wir wollen oder uns wünschen. Wir haben Zeit, über einen verfassten Brief eine Nacht zu schlafen. Um ihn am nächsten Tag zu ergänzen oder umzuschreiben. Wir können uns auch dazu entschließen, ihn gar nicht erst abzuschicken! Wenn wir uns entscheiden, jemandem einen Brief zu schreiben, schenken wir ihm vor allem eines, Zeit! Dazu sollten wir vor Beginn unsere Gedanken ordnen, und uns überlegen, welches Papier verwende ich? Was will ich mitteilen? Was verwende ich für einen Stift oder benütze ich die edlere Variante, eine Füllfeder? Wenn ja, welche Tintenfarbe soll es sein? All diese Überlegungen geben uns selbst schon viel Ruhe. Schreiben ist keine einseitige Sache, von der nur die Briefempfängerin etwas hat.

Wenden wir uns wieder dem Brief zu. In seinem Inhalt sprechen wir über unsere momentanen Gefühlsregungen und Empfindungen. Oder wir verfassen beispielsweise einen Reisebericht. Darin teilen wir Erlebnisse, angereichert mit frischen Begebenheiten von unterwegs. Es ist möglich, dem Brief etwas beizufügen. Sei es eine auf dem Weg gefundene Feder. Oder wir trocknen eine Blüte, ein Blatt und legen diese dem Brief als Dekor bei. Wie wäre es mit einem zarten Vergissmeinnicht? Ist dies alles nicht tausendmal romantischer, berührender und sinnlicher als hundert Emojis?

Wenn wir es zulassen, geben wir in unseren Briefen unsere Sinnesempfindungen, unsere Gemütslage preis. Eine gute Freundin oder Freund wird in einem ehrlichen Brief, am Schriftbild, an der Wortwahl unsere Gefühlslage sofort erkennen. Mehr noch, sie wird diese zwischen den Zeilen lesen können.

Apropos Freundin, haben Sie schon von Brieffreundschaften gehört? Vorzugsweise über große Distanzen sind Briefe ein Geschenk. Da bieten sich Brieffreundschaften regelrecht an. Eine Brieffreundschaft beinhaltet so manchen Vorteil. Wir können uns Zeit lassen beim Beantworten. Anders als bei einer E-Mail oder einer Textnachricht. Diese beantworten wir allzu oft vorschnell. Durch die Entschleunigung haben wir die Möglichkeit, in Ruhe unsere Gedanken zu sortieren, um sorgfältig und ausführlich zu antworten. Dies schafft eine tiefere, individuellere Kommunikation zwischen den Briefpartnerinnen.

Zudem erhalten Sie dadurch die Chance, eine andere Kultur oder Sprache kennenzulernen. Eine Brieffreundschaft bietet sich über große Distanzen, oder bei Reisebekanntschaften geradezu an. In einem Briefaustausch zwischen Menschen aus verschiedenen Ländern erfahren Sie mehr über dessen Kultur und das Leben des anderen. Einen weiteren Vorteil Zeichen Brieffreundschaften aus. Sie erleichtern den Gedankenaustausch. Es fällt leichter, uns zu öffnen, und unsere wahren Gefühle in den Briefen auszusprechen. Es ermöglicht ihre Sorgen, Ängste und Freuden, ihre Gefühle auszusprechen. Damit können Sie sich gegenseitig ermutigen und trösten. Brieffreundschaften sind eine wunderbare Form der Freundschaft. Nicht selten gipfelt eine Brieffreundschaft in einem gegenseitigen Besuch, dies nach Jahren des Briefwechsels. Es gibt Brieffreundschaften, die über Jahre erhalten bleiben.

Einem Liebesbrief können Sie eine ausgesprochen persönliche Note geben. Wie, indem sie den Umschlag mit ihrem Lieblingsduft parfümieren. Auf diese Weise besteht nicht die Gefahr, dass auf ihrem Brief die Tinte verläuft! Das Erste, was der Empfänger oder die Empfängerin beim Öffnen ihrer Liebesbotschaft wahrnimmt, wird Ihr bezaubernder Duft sein. Teilen Sie Ihre Gefühle mit, gestehen Sie ihrem Liebsten oder Ihrer Liebsten Ihre Liebe schriftlich. Tun Sie es Johnny Cash gleich. Es gibt kaum eine schönere Liebeserklärung. Es sei denn, sie erklären ihre Liebe mündlich. Vielleicht schreiben Sie wieder einmal einer Freundin oder jemandem in weiter Ferne einen Brief. Sie werden erstaunt sein, welche Reaktionen sie damit auslösen, nur Mut!

»Briefe gehören unter die wichtigsten Denkmäler, die der einzelne Mensch hinterlassen kann. Der Brief ist eine Art Selbstgespräch.«
Johann Wolfgang von Goethe (1749 - 1832)

Amadis Amarrés

Das magische Buch

Der Machtverlust des Schmerzes

»*Wer ein aufrichtiges Herz besitzt, kann getrost seine Augen schließen, er wird mit seinem Herzen gewiss besser sehen.*«

©Amadis Amarrés

Seit Jahren, ja über Jahrzehnte habe ich kaum, zu wenig oder nicht auf die Stimme meines Herzens gehört. Da ich schon immer gelernt hatte, auf die Stimmen der anderen zu hören. So ergeht es vielen. Zuerst sind da die Eltern. Dann kommen die Lehrerinnen. Darunter gibt es glücklicherweise immer wieder löbliche Ausnahmen. Später sind es die Vorgesetzten. In all den Jahren wird uns zugestandenermaßen auch viel Wertvolles mit auf den Weg gegeben. Dessen ungeachtet befindet sich darunter viel Mumpitz. Schwachsinn, der unseren Lebensrucksack unnötig füllt und mit irreführenden Leitsätzen belastet. Unbestreitbar ist, den Lebensweg, gehen nicht jene die uns all diese Fingerzeige, Glaubenssätze und Regeln verpassen. Sondern jede und jeder von uns individuell auf unseren eigenen Füssen. Eines Tages kam in meinem Leben jener Punkt, an dem es mir dämmerte, es ist Zeit einmal anzuhalten. Eine Rast einzulegen, um lange und kräftig durchzuatmen, um darüber nachzudenken. Wenn wir Menschen dazu in der Lage sind, geschehen manchmal die schönsten Dinge. Eines ist dabei wichtig, zu erkennen, die wahren Abenteuer entstehen im Kopf. Dabei entdeckte ich etwas sehr Einfaches. Wer sich gut zuhört, vor allem seinem Herzen, muss einfach weniger Fragen stellen.

Menschen, die sich die Zeit für eine Auszeit nehmen, um beispielsweise ein Stück Jakobsweg zu erwandern, erkennen und erfahren in dieser Zeit eine Menge über sich selbst. Eine weitere Möglichkeit ist der Rückzug in ein Kloster, um für einige Tage als Gast zur Ruhe zu kommen. Die Stille des Klosters schafft genug Raum, um sich und das Leben zu betrachten. Es gibt viele Orte und Varianten der Selbsteinkehr. Welchen Weg auch immer Sie wählen, um ihren Geist zu durchlüften, ist nicht entscheidend. Es gilt dabei nur eine Regel von entscheidender Bedeutung einzuhalten. Es ist unabdingbar für eine solche Reflexion tiefgreifend aus seinem bisherigen Alltag auszusteigen, dies konsequent! Nur nach dieser Vorgehensweise ist unsere Seele in der Lage, sich uns tiefschürfend mitzuteilen. Die Sprache der Seele ist fein und leise. Es ist unmöglich, im Lärm und der Hektik einer Großstadt sie differenziert wahrzunehmen. Es

ist ein Ding der Unmöglichkeit. Wenn ich Menschen begegne, die sich für eine gewisse Zeit aus der Monotonie ihres Alltags gelöst haben, erhalte ich interessante Einblicke. Viele von ihnen leben hinterher ein anderes, meist beseelteres und erfüllteres Leben.

Es war schon immer mein Anliegen, besonders jenen mein Ohr zu schenken, die mit den Härten des Lebens zu kämpfen haben. Mit den

Jahren wurde mir dabei immer bewusster, wie wichtig es für mich selbst ist, auf meine innere Herzensstimme zu hören. In der Folge habe ich erkannt, es ist eine absolute Notwendigkeit, für mich und meine Arbeit! Es ist die Voraussetzung für jedes einzelne Gespräch. Ich öffne mein Herz, für jede Klientin, die in meiner Praxis Platz nimmt und Beratung wünscht. Anders ist meine Arbeit, meiner Meinung nach, nicht zu machen. Wenn ich seriös und wahrhaftig zu helfen und zu beraten versuche. Mindestens, so wichtig ist es, aber auch sich selbst zu begegnen. Offen zu sein für seine Sorgen und Nöte, hinzuhören, wenn unsere Seele uns um Hilfe bittet. Was für mich und mein Verständnis von Beratungsgesprächen gilt, ist überhaupt die Basis, um im Leben verstanden und nicht unnötig verletzt zu werden.

Manche gehen in ihrem Schutzwahn zu weit. Sie bauen einen regelrechten Schutzwall um sich. Sie entwickeln Verschwörungstheorien und sehen in allem, das Unheil. Dies einzig und allein, um ihren Schutz damit zu begründen. Seien wir doch ehrlich, die meisten von uns möchten nicht allein sein. Sie wollen nur eines, geliebt und angenommen werden. Doch wir wissen manchmal nicht, wie wir das anstellen sollen. Wir Menschen sind in aller Regel nicht darauf aus, anderen Schmerz zuzufügen. Tun dies manche trotzdem, kann es durchaus sein, dass sie versuchen, unsere Schutzmauern niederzureißen, um uns näherzukommen.

Es ist nur normal, dass einige ein solches Verhalten als Angriff auffassen. Sie reagieren darauf oft ungehalten, wenn sie erleben, dass ihr Problem Beziehungen aufzubauen, auf sie selbst zurückgeführt wird. Als Reaktion darauf versuchen sie uns als Erstes zu treffen, bevor sie selbst zum Ziel werden. Auf diese Art entsteht eine unsägliche Kettenreaktion. Mit dem Ergebnis, dass sie am Ende selbstverletzt, allein bleiben.

In ihrer Umgebung aus dicken Mauern erkennen solche Menschen nicht, wie sie damit andere verletzen, wegstoßen und ihre Einsamkeit damit untermauern. Wir wiederum sind meist zu stolz, unsere eigenen

Verletzungen preiszugeben. Folglich bewegen wir uns lieber von solchen Menschen weg. Dies schafft ein immer größer werdendes Klima von Kälte und Entfremdung. Dieses Verhaltensmuster spielt tief in Beziehungen hinein.

Insbesondere in einer Partnerschaft muss die Offenheit zu Verletzungen gegeben sein. Wenn wir unserem Partner nicht zeigen können, was uns verletzt, wie kann er begreifen, sich und sein Verhalten zu ändern? Verletzt zu werden ist, wie wir alle immer wieder erfahren, ein schmerzvoller Prozess. Aber hin und wieder ein notwendiger. Wenn wir uns und unsere Beziehungen zu Freunden, Partnern, Arbeitskolleginnen und zur Familie verbessern wollen.

Nur wenn wir lernen, seelischen Schmerz zu erkennen, mit seelischem Schmerz umzugehen, verliert er mit der Zeit seine Macht über uns. Wenn sich unsere Seele, in Form von Schmerz meldet, verhält es sich wie beim physischen Schmerz in unserem Körper. Es ist ein eindeutiges Signal. Den Schmerz zu ignorieren, ihn zu unterdrücken oder nicht zuzulassen, bedeutet letztlich sich und seine Gefühle zu leugnen. Dies kann der Beginn eines verhängnisvollen Weges sein. Seelischen Verletzungen keine Beachtung zu schenken, führt früher oder später nicht selten zu ernsthaften seelischen Erkrankungen. Es beginnt je nach Situation mit negativem Stress. Es folgen Depressionen oder Burn-outs. Es kann dazu führen, dass zusätzlich physische Probleme hinzukommen, wie Verspannungen, Rückenschmerzen, Krämpfe, Migräne und ähnliche Symptome.

Sich zu verstellen, um uns von Verletzungen zu schützen, ist anstrengend und kräfteraubend. Vor allem ist es ein Raubbau an sich selbst. Solches Verhalten ist ein Rollenspiel. Das uns unbewusst im Hintergrund Leistungsfähigkeit und Energie entzieht. Vitalität, die uns anderswo im

Amadis Amarrés

Leben fehlt. Wäre es nicht von Vorteil sich dem warnenden Signal des Schmerzes zu stellen. Um den Versuch zu unternehmen, zu erkennen, wo sein Ursprung liegt. Sei es mit psychologischer Unterstützung oder einer anderen Form der Beratung. Es ist kein Zeichen von Schwäche, sich diesen Möglichkeiten des Erkennens von Problemen zu öffnen. Im Gegenteil, es zeugt von Weisheit und Stärke. Im besten Fall führt es dazu, das Leben möglichst bald schmerzfrei und mit offenem Herzen zu leben. Unser Leben erhält damit eine neue Qualität und ist somit wieder lebenswerter. Auf diese Weise taucht in Ihrem Leben hin und wieder der eine oder andere Glücksmoment auf. Wenn der Schmerz seine Macht über uns verliert, stellt dies für uns keinen Verlust dar, im Gegenteil es ist ein Gewinn von Freiheit.

»Bevor Du mein Leben oder meinen Charakter beurteilst,
Ziehe meine Schuhe an und geh den Weg, den ich gegangen bin.
Lebe meine Schmerzen, meine Zweifel, mein Lächeln.
Lebe die Jahre, die ich gelebt habe, und falle,
wo ich gefallen bin, und stehe auf, wie ich es getan habe.«

Luigi Pirandello (1867 – 1936)

Luigi Pirandello war ein italienischer Schriftsteller. Pirandello zählt zu den bedeutendsten Dramatikern des 20. Jahrhunderts und erhielt 1934 den Nobelpreis für Literatur.

QUELLEN DES GLÜCKS

Die Schatztruhe

Höre »nur« Musik

Die einen machen Musik, weil sie Musik leidenschaftlich lieben, wir anderen hören Musik. Auf die Aufforderung, höre nur Musik, wirst Du mit ziemlicher Sicherheit antworten, das tue ich täglich. Zum einen gebe ich Dir recht, zum anderen stellt sich die Frage, hörst Du der Musik jeweils auch wirklich zu? Dieses Musik-Ritual hat die Aufgabe, Dich wieder zur Ruhe zu bringen. Mit dem Zweck Dich auf Dein eigenes Wesen zu fokussieren. Dich zugleich zu stimulieren und glücklich zu stimmen. Es ist nicht mit jenem Musik-Ritual zu verwechseln, das sich »Die Kraft heilsamer Musik« nennt. Jenes Ritual ist ein aktives, dieses hier soll Dich passiv stimulieren. Wie das funktionieren soll, mit »Klängen« Ruhe zu erzeugen? Ganz einfach, lass Dich überraschen.

Amadis Amarrés

In unserer Zeit ist Musik immer und überall omnipräsent. Wir werden von früh bis spät mit Musik berieselt. Sei es beim Einkaufen, im Warteraum, beim Friseur, sie ist einfach allgegenwärtig. Am meisten liebe ich es in der Warteschlaufe am Telefon. Nachdem ich mich endlich von Taste 1-9 durchgewählt und sämtliche Fragen beantwortet habe. Um letztlich doch nur wieder in der Warteschlaufe zu landen. Währenddessen knallt mir willkürliche, zudem meist völlig übersteuerte Musik ins Ohr. Leidest Du in solchen Momenten auch so wie ich? Wir hören Musik beim Autofahren, bei der Fitness und allen möglichen Gelegenheiten. Bei dem vielen Musik hören fragt sich, sind wir wirklich in der Lage, während dieser Tätigkeiten, der Musik wahrhaft zu lauschen? Sind wir im Stande der Musik die Aufmerksamkeit zu schenken, die sie und ihre Urheberinnen verdienen? Nehmen wir uns damit nicht selbst etwas weg, was uns im besten Fall viel geben könnte?

Mit Sicherheit machen die genannten Verwendungsbeispiele alle Sinn. Sie erfüllen ihren Zweck ausreichend, aber das ist nicht mein Verständnis von Musik hören. Es ist Musik konsumieren. Es fällt eher unter die Begriffe, Beschallung, Stimmung machen, Ablenkung und Verführung. Musik hören und erleben bedeutet doch eher folgendes. Wir erleben

Musik live in einem Konzert. Wir genießen eine dramatische und zu Herzen gehende Opernvorstellung. Oder wir sitzen bei einem Glas Wein in einem stylishen Jazzlokal und lauschen einer Band, die uns begeistert. Wir besuchen gut gelaunt und tanzend einen Schlager Event. Oder erleben gemeinsam mit Freunden vergnügt ein Open-Air-Konzert. Andere feiern lieber auf einem der kultigen Rockkonzerte ab. In solchen Momenten widmen wir unsere ganze Aufmerksamkeit den Künstlerinnen und ihrer Musik. Was solche Erlebnisse mit uns machen, muss ich hier nicht lange erklären. Wenn ein Konzert richtig gut war und uns begeistert hat, wissen die meisten von uns, wie fantastisch sich das anfühlt, wie erfüllt und beseelt wir heimreisen. Vielmehr noch, diese Energie tragen wir Tage und Wochen noch mit uns herum. An manche Konzerte erinnere ich mich heute noch intensiv, wie wenn es erst gestern stattgefunden hätte. Wie an jenes Konzert, am Samstag dem 27. Juni 1987, mit dem vielversprechenden Titel: Golden Summer Night. Wir hörten an jenem Abend und jetzt bitte festhalten, in der Reihenfolge: The Robert Cray Band, Joe Cocker, die Eurythmics und als Kirsche auf der Torte, Tina Turner. Und was soll ich sagen, in der Mitte von Tina Turners Konzert, verliessen wir müde das Stadion. Nicht weil Tinas Konzert uns weniger gefiel, sie war wie immer fulminant! Wir waren müde und ermattet, zudem hatte ich kurz zuvor Tina Turner bei einem Solokonzert gesehen. Ja wir waren damals verwöhnt, die golden Summer Night, war kein leeres Versprechen. Das Beste kommt zum Schluss, rate mal, was das Ticket damals gekostet hat? Unglaubliche 48.- Schweizer Franken.

All das können wir in einer reduzierten Version in unseren vier Wänden erleben. Indem wir uns die Zeit und den Raum dafür nehmen. Am besten machen wir es uns auf dem Sofa bequem. Dies ohne nebenbei etwas anderes zu erledigen, nein, wir surfen auch nicht nebenbei auf dem

Smartphone! Es ist so leicht und offenbar doch so schwer, nichts anderes zu tun. Um unser Ziel zu erreichen, unsere ganze Aufmerksamkeit nur der Musik zu schenken. Einfach nur unserer Musik, die wir lieben zu lauschen. Ich bin mir nahezu sicher, so hast Du Musik schon lange nicht mehr gehört, wenn ja, Bravo!

Das Wichtigste, es stellt sich die Frage, was möchtest Du hören? Das ist abhängig von Deiner Laune, Deiner Stimmung. Willst Du Dich aufmuntern, oder eher beruhigen. Hast Du Lust, Deinen Träumen nachzuhängen. Oder quält Dich Liebeskummer und Musik soll Dich trösten. Dann stell Überlegungen an wie: Welche Musik erzeugt in mir Glücksgefühle und macht mich froh? Welche Songs stimmen mich optimistisch? Welche Instrumente beruhigen und besänftigen mich. Welche Künstlerin bewegt- und stimuliert mich positiv? Welche Klänge bringen mich zum Träumen? Verwende die Musikquelle Deiner Wahl. Suche und wähle Deine Lieblingsmusik heraus. Es kann Schlager, ein Musical oder eine Oper sein. Wähle ein klassisches Klavierkonzert. Musik aus Deinem Lieblingsfilm. Pop oder Love Songs, die Dich an behagliche Momente erinnern. Chansons, die Dir Freude bereiten und die Dich berühren. Ich wiederhole, auch hier gilt, nicht das Genre ist entscheidend, sondern der Umstand, dass die Musik Deine Seele berührt. Setz Dich dazu aufs Sofa oder leg Dich für einmal flach auf den Teppich. Schließe Deine Augen und höre zu. Lass Dich von der Musik eine Stunde oder mehr berieseln und stimulieren. Ungestört und ohne Ablenkung. Nimm Dir genügend Zeit dazu. Vielleicht fällt es Dir beim ersten Mal noch schwer, nichts anderes dabei zu erledigen. Dann ist es umso wichtiger für Dich endlich einmal zur Ruhe zu kommen. Wenn Du dabei einschläfst, was durchaus geschehen darf, ist es ok! Dann hast Du der Ruhe bedurft, sei's drum. Musik auf die Weise zu genießen, wird mehr mit Dir machen, als Du es zunächst ahnst. Heute reden alle davon, dass Zeit Luxus ist. Wenn das stimmt, weshalb gönnen wir uns diesen Luxus nicht öfter. Zumal er zum Nulltarif erhältlich ist. Leiste Dir heute diesen Luxus. Lass Dich von Deiner Musik hinwegtragen, dorthin wo Du und Deine Seele einen Kurzurlaub zelebrieren können, nur Mut!

QUELLEN DES GLÜCKS

*»Die Musik steckt nicht in den Noten.
Sondern in der Stille dazwischen.«*

Wolfgang Amadeus Mozart

Amadis Amarrés

Das Essay

»Geh aus, mein Herz, und suche Freud«

Schauen wir ungeachtet aller verworrenen Umstände, und allen Krisen zum Trotz, oder gerade wegen der vielen Krisen, nach vorne. Gehen wir lieber auf Spurensuche eines jährlich wiederkehrenden Phänomens. Einige von uns erleben dabei einen Energieschub, andere kämpfen mit tiefer Müdigkeit. Bei manchen geraten die Gefühle in Wallung. Dass im Frühling mit den Temperaturen auch die Laune steigt, ist eine Binsenweisheit. Der Frühling weckt in uns die viel zitierten Frühlingsgefühle. Was ist so besonderes an diesen Gefühlen? Es ist ein Gefühl der Leichtigkeit, Freude und der Aufbruchstimmung. Es ist mit dem Erwachen aus dem Winterschlaf vergleichbar. Die Tage werden länger und die Natur beginnt zu blühen. Frühlingsgefühle zeigen sich in den verschiedensten Formen. Wir haben mehr Energie und das Bedürfnis, unter Menschen zu gehen. Es erwachen mit dem Frühling die romantischen Gefühle. Durch die lauen Lüfte zieht es uns hinaus in die Natur. Wir fühlen uns lebendiger und glücklicher. Wir entfalten neue Pläne und Ziele. Frühlingsgefühle erfüllen uns mit Tatendrang. Viele Menschen verbinden mit dem Frühling die Lebenslust, weshalb wir ihn auch Wonnemonat nennen. Wenn die Sonne lacht, lachen auch die Menschen.

QUELLEN DES GLÜCKS

Leider muss ich Sie schon zu Beginn enttäuschen, so romantisch der Name Wonnemonat auch klingt. Sein Name hat rein gar nichts damit zu tun, was wir gemeinhin damit verbinden. Der Begriff stammt aus dem 8. Jahrhundert und leitet sich aus dem althochdeutschen »Wunnimanot« ab, was Weidemonat bedeutet. Die Erklärung, im Mai konnte man das Vieh wieder auf die Weide lassen.

Paradoxerweise können wir Frühlingsgefühle zu jeder Jahreszeit erleben. Deshalb sagt man jemandem nach, er ist im zweiten Frühling. Es beschreibt den Lebensabschnitt, in der wir neue Energie, Vitalität oder Begeisterung für etwas entwickeln. Überwiegend bezieht es sich auf eine leidenschaftliche neue Liebe. Es ist auch denkbar, dass es sich dabei um eine persönliche Entwicklung oder berufliche Veränderung handelt. Es signalisiert, dass wir eine positive Veränderung oder einen Neuanfang erleben. Unbestreitbar dominieren die echten Frühlingsgefühle im Frühjahr. Wir alle kennen Frühlingsgefühle. Aber was macht sie so prickelnd. Was ist anders mit diesen Gefühlen? Was machen diese Gefühle tatsächlich mit uns? Und was an diesen Gefühlen ist sogar wissenschaftlich nachweisbar? Dichter und Denker, Maler und Komponisten, alle ließen sich von dieser Jahreszeit beflügeln. Wie der Titel aus Paul Gerhardts »Sommerlied« uns anschaulich einstimmt: »Geh aus, mein Herz, und suche Freud.«

»Glücks Momente lösen in uns ein einziges Gefühl aus, wir schauen zum Himmel, breiten die Arme aus und rufen, ja!«

©Amadis Amarrés

Ich fasse zusammen. Wir verbinden die Frühjahrsmüdigkeit mit dieser Jahreszeit. Wir erledigen den sogenannten Frühjahrsputz. Und wir entwickeln die besagten Frühlingsgefühle. Es ist unübersehbar, dass dem Frühling im Reigen der Jahreszeiten eine besondere Stellung zukommt. Selbst astronomisch bietet der Frühling eine spezielle Konstellation. Wenn Tag und Nacht gleich lang sind und die Sonne senkrecht über dem Äquator steht, beginnt in Mitteleuropa der kalendarische Frühling. Interessant ist, dass wir Frühlingsgefühle nicht in allen Kulturen finden. In Nordamerika gibt es das sogenannte »Spring Fever«. Je näher wir aber dem Äquator kommen, umso kleiner sind die Unterschiede zwischen Sommer und Winter, zwischen Tag und Nacht. Folglich existieren dort so gut wie nie Frühlingsgefühle.

Weshalb stimmt uns der Anblick von sprießenden Blüten, derart froh? Warum erzeugen die ersten wärmenden Sonnenstrahlen und leichtere Kleidung, in uns derlei gute Laune? Wenn wir diese Gefühle empfinden, Leben wir wie berauscht. Diese Jahreszeit scheint uns Menschen in jeder Hinsicht zu vitalisieren. Selbst Fauna und Flora versetzt der Frühling in Wallung, alles grünt und blüht. Wie keine andere Jahreszeit verbinden wir mit dem Frühjahr die schönsten Lebensgefühle. Besonders der Monat Mai übt eine regelrechte Magie aus. Denken wir nur an die vielen Eheschließungen, die in diesem Monat vollzogen werden. Es kann nicht nur am schönen Wetter liegen. Grund, genug diese Jahreszeit und ihre Auswirkungen einmal genauer zu betrachten. So viel zu den positiven Aspekten des Frühlings. Sind wir in Hochstimmung, sagen wir das müssen die Frühlingsgefühle sein. Haben wir Mühe, in den Tag zu starten, oder die ganze Betriebsamkeit nervt. Wir sind müde und mies gelaunt, dann sprechen wir von der Frühjahrsmüdigkeit.

Der Frühling ist ein gutes Mittel gegen die sogenannte Winterdepression. Dies ist eine leichte Form der Krankheit. Meist verschwindet diese mit den ersten Sonnenstrahlen von allein. Eine schwerere Depression lässt sich jedoch nicht so einfach vertreiben. Eine Depression ist eine eigenständige Erkrankung und nicht bloß »schlechte Laune«. Das schöne Wetter weckt nicht bei jedem Menschen Frühlingsgefühle. In dieser Jahreszeit steigt die Zahl akuter Depressionen bis zu 20% und sinkt erst wieder im Sommer nach und nach. Was im ersten Moment befremdlich wirkt, ist durchaus verständlich und erklärbar. Menschen mit depressiven Gefühlen werden zu dieser Jahreszeit verstärkt mit ihrer Krankheit konfrontiert. Währenddessen sie sich unglücklich und niedergeschlagen in ihren Wohnungen verkriechen, tobt um sie herum das erwachende, blühende Leben. Dies, zu registrieren und zu erleben, den blauen Himmel und den Sonnenschein, alle die strahlenden und glücklichen Menschen, wirkt destruktiv. Es passt nicht in ihr Krankheitsbild, es stößt sie geradezu vor den Kopf. Dieser Umstand wirft Menschen mit Depressionen somit vermehrt in ihre Krankheit zurück. Noch einmal, die beschriebenen Zustände haben nichts gemein mit der Frühjahrsmüdigkeit, die sich nach etwa drei Wochen verflüchtigt. Deshalb haben wir Verständnis für Menschen, die über der Blütenpracht und dem Vogelgezwitscher nicht jubilieren wollen.

Im Frühjahr werden die Tage endlich wieder länger. Die Dunkelheit weicht dem Licht. Was dazu führt, dass wir wieder mehr Tatendrang verspüren. Zudem führt es zu hormonellen Veränderungen. Der eigentliche Auslöser für das Stimmungshoch sind nicht die angenehmen Temperaturen. Vielmehr wird durch die zunehmende Lichteinwirkung über das Auge in der Zirbeldrüse im Gehirn, die Produktion des Schlafhormons Melatonin reduziert. Eine Reihe von Hormonen kommen zusätzlich hinzu. Wie das Glückshormon Serotonin. Und zwei weitere Hormone stimulieren uns, das Dopamin und Noradrenalin, ihre Anteile steigen. Was macht dieses körpereigene »Hormon-Labor« mit unserem Körper und unseren Gefühlen?

Wir fühlen uns damit wacher, aktiver. Unser Körper registriert das als willkommenes Gefühl. Nicht nur unser Auge nimmt den Aufbruch wahr. Wir können ihn auch riechen. Wir erschnuppern all die sprießenden Blüten, die in den wärmenden Sonnenstrahlen ihren lieblichen Duft verströmen. Es erstaunt nicht das bei all diesen Reizen, die Plattformen der Partnervermittlungen im Frühjahr mächtig florieren. Diese vermelden im Frühjahr durchschnittlich bis zu 17% saisonalen Zuwachs.

Es überrascht nicht, endlich müssen wir uns nicht mehr zu Hause vor der Kälte und der Dunkelheit verschanzen. Wir sind nicht gezwungen dick eingewickelt in schwerer Kleidung ins Warme und trockene Restaurant, Kino oder Theater zu flüchten. Wir nehmen die blumenübersäten Wiesen wahr. Und wir inhalieren das Parfüm des Frühlings, wenn wir den Nachmittag auf einer Bank im Park verbringen. Wir laben uns an den ersten wärmenden Sonnenstrahlen. Und können dabei beobachten wie die Bienen es uns vormachen und von Blüte zu Blüte fliegen, diese Befruchten und damit neues Leben schaffen.

QUELLEN DES GLÜCKS

Lassen wir uns betören von all dem Erquicklichen. Lassen wir uns beflügeln von der Natur und all den Aktivitäten um uns herum. Beginnen wir unsere Frühlingsgefühle zu spüren. Lassen wir uns anstecken von all dem Leben und der Freude. Namentlich wenn wir Krisen erleben, benötigen wir diese Art der Zerstreuung am aller meisten. Die Frühlingszeit weckt in uns alles Schöne. Es sind bedeutsame Gefühle wie die Hoffnung, die Freude und die Zuversicht. All dies bekundet uns der Frühling. Es ist ein Freudenfest der Natur, ein buntes und reiches Spektakel, auf, dass wir alle eingeladen sind, um es zu feiern.

»Wer nicht glücklich ist, fühlt sich leicht am unglücklichsten beim ersten Erwachen des Frühlings. Wenn die Natur aufzuleben anfängt, möchte es so gern auch das Herz. Kummer und Sorgen drücken dann doppelt schwer.«

Julius Hammer (1810 - 1862)

Amadis Amarrés

Ergründen & Erproben

Maiköniginnen, Maibäume und Maiennächte

»Es ist besser, Genossenes zu bereuen,
als zu bereuen, dass man nichts genossen hat.«

Giovanni Boccaccio (1313 - 1375)

Vom »wunderschönen Monat Mai…«, schrieb Heinrich Heine, den »Wonnemonat« hat er verschmäht. Der Mai ist nach der römischen Göttin des Frühlings Maia benannt. In der nördlichen Erdhalbkugel ist der Mai der Frühlingsmonat und in der südlichen der Herbstmonat. Wir lieben den Mai für sein mildes und angenehmes Wetter, mit seinen steigenden Temperaturen und länger werdenden Tagen. In vielen Ländern ist der 1. Mai ein Feiertag. Es ist der Tag der Arbeit und der Arbeiterbewegung. Der Mai ist vor allem eines, er ist ein Symbol des Aufbruchs und der Freude über den beginnenden Sommer. Der Mai ersucht uns, wie kein anderer Monat, zu lieben und zu leben. Es ist kein Zufall das im Mai in ganz Mitteleuropa vielfältige Bräuche, Feste und Traditionen gepflegt werden. Er ist ein Verführer der Mai, mit all seinen sprießenden Knospen und Blüten, die uns mit ihren aufreizend sinnlichen Düften in der Nase kitzeln. Und uns bei unseren ersten behaglich wärmenden Maispaziergängen, damit schier berauschen.

Der Mai weiß wie kein anderer Monat des Jahres, in uns Gefühle der Liebe zu wecken. Die Kunst, die Literatur, die Musik und vielgestaltige Bräuche zeugen von der enormen Magie dieses Monats. Der »Wonnemonat« ist ein absolutes Wunder unserer Natur, uns Menschen mit einbezogen. Im Mai funktioniert dieses Zusammenwirken von sprießender Natur und unserem Hormonhaushalt nahezu schon spielerisch. Wir können also, wenn wir es wollen, durchaus mit der Natur harmonieren und im Einklang mit ihr leben. Apropos Hormone, bei vielen Brauchtümern geht es traditionell um das Zusammenführen von Paaren. Aber der Brauch zur Wahl einer »Maikönigin« hat sich durch die Zeit da und dort verändert und das ist gut so. In manchen Orten wird am 30. April oder am 1. Mai, noch eine Maikönigin gewählt. Vor nicht allzu langer Zeit war es geradezu eine Versteigerung lediger junger Mädchen. Es wurde oft gefeilscht und Höchstgebote folgten, wobei man nie wusste, wer nun die »Teuerste« wurde. Daher stammt der überholte Begriff für die Partnerin, »meine Teuerste«. Wird das Brauchtum formgerecht abgehalten, wählt ein gekürter Maikönig seine Maikönigin selbst aus dem Reigen der »Schönen« des Ortes. Selbstverständlich sind dies in unserer Zeit Mädchen des Ortes, die bei so einer Wahl mitmachen wollen. Die Maikönigin darf abgesehen davon nicht mehr »versteigert« werden. Das so gesammelte Geld wird meist für einen guten Zweck verwendet oder zum Trost unter den Verliererinnen aufgeteilt. Das Brauchtum zwischen dem 30. April, dem 1. Mai oder an Pfingsten einen geschmückten Baum auf dem Dorfplatz aufzustellen ist in ganz Nord und Mitteleuropa verbreitet. In den skandinavischen Ländern wird der Baum, zu Mittsommer am Johannistag dem 24. Juni aufgestellt. Meist sind diese Aktivitäten in Vereinen organisiert, in einigen Regionen sind auch private Maibäume anzutreffen.

In Bayern existiert der Brauch, dass Maibäume von anderen Gemeinden bei Nacht und Nebel entwendet werden. Gemeinden, deren Bäume verschwunden sind, haben diese mit einer großen Menge Bier wieder auszulösen. Es gibt auch das Brauchtum des Pfingstsingens. Dieses wird im Bergischen Land von jungen Männern und Männergesangsvereinen gepflegt. Sie ziehen singend von Haus zu Haus und entbieten den sogenannten »Pfingstgruß«. Dabei erhalten sie jeweils Naturalien wie Eier, Speck und andere Gaben, oft auch Geld. Das Maisingen wird ebenso im schweizerischen Kanton Freiburg im Sensebezirk und im Bezirk La Glâne und Veveyse gepflegt. Bei diesem Heische Singen *(Erbitten von Gaben)* erhalten die Jugendlichen ebenfalls Süßigkeiten und Geldspenden. In der Schweiz in den Kantonen Aargau und Solothurn, in Deutschland in Baden-Württemberg, und in Teilen von Rheinland-Pfalz und des Saarlandes sind des Nachts Mai-Buben unterwegs. Diese lassen traditionellerweise vom Gartentor, bis zur Sitzbank alles mitgehen, was in den Gärten herumsteht und nicht niet- und nagelfest ist. Das auf den Streifzügen zusammen gekommene Mobiliar wird auf einem zentralen Platz gestapelt. Wo den Eigentümern die Aufgabe entfällt, sich ihre Sachen wieder mühselig herauszusuchen und heimwärts zu schleppen.

In vielen Regionen gibt es daneben die traditionellen Maitouren oder Maiwanderungen. Die Teilnehmer führen dabei nicht selten, mit reichlich Alkohol ausgestattete Bollerwagen mit sich. Überdies ist in ländlichen Teilen Baden-Württembergs das Maienstecken verbreitet. Dabei stecken junge Männer ihrer Herzensdame eine geschmückte Birke auf das Dach. Manche machen sich die Nacht zunutze, meist die Dorfjugend, für einen Maistreich. Dabei beschmieren sie die Türklinken der Nachbarschaft mit Schuhcreme, Honig oder Senf, es darf auch gern mal Ketchup sein. Sie haben ihren Spaß beim sogenannten Klingelputzen, Klingelrutschen oder Schellekloppe. Es gleicht dem jugendlichen Klingelstreich, in dem die Türklingel betätigt wird, um im Anschluss wegzulaufen. In Bayern wird dieser Brauch ebenso in Städten gepflegt, bekannt unter dem Begriff »Freinacht«.

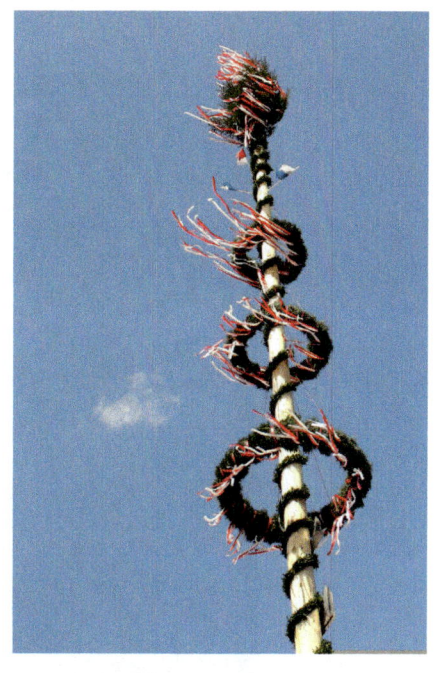

Amadis Amarrés

»Viel wandern macht bewandert.«

Peter Sirius (1858 - 1913)

Maiwandern

Mainächte können zauberhaft sein. Es sind die ersten milden Abende und Nächte. Das lädt förmlich dazu ein, einen größeren Abendspaziergang zu unternehmen. Wie wäre es zur Frühjahrszeit mit einer geselligen Maiwanderung. Gemeinsam mit Partnern, Freunden, Bekannten oder Arbeitskolleginnen, Ihrem Klub, der Schule oder dem Verein. Ergreifen Sie doch für einmal die Initiative. Maiwanderungen kenne ich aus meiner Jugend. Traditionellerweise haben wir diese abends durchgeführt. Dieser Umstand war es, was uns Jugendliche damals faszinierte. Eine Wanderung, die man nachts unternimmt, ist eine außergewöhnliche Erfahrung. Zumeist haben wir uns schon am späten Nachmittag getroffen.

Es gilt dabei einige Punkte zu beachten. Entscheiden Sie sich für eine Ihnen bekannte und leichte Route. Wählen Sie eine Strecke, die Sie schon öfter gelaufen sind. Das gewährleistet, dass Sie sich im Dunkeln nicht verlaufen. Ein kurzer, gut ausgebauter und sinnvoller Weg gewährleistet, den sicheren Verlauf einer Maiwanderung. In erster Linie geht es um den Spaß, die Freude und das Miteinander. Es ist kein Wettbewerb, in dem wir eine möglichst große komplizierte Wanderung abwandern. Statten Sie sich mit einigen Lichtquellen aus. Fackeln, Kerzen oder andere romantische Lichter sind willkommen. Digitale Leuchten oder Taschenlampen gehören in den Rucksack. Während der Wanderung sind sie verpönt. Auf die Weise ist es möglich, ohne ein Risiko einzugehen, nachts zu wandern. In der Gruppe sind alle sicher und beschützt. Wichtig ist, niemanden aus den Augen zu verlieren. Insbesondere auf die Kinder sollten Sie achten. Sprechen Sie sich daher zuvor ab. Es ist sinnvoll, wenn jemand den Anfang bildet und eine Person am Ende der Gruppe läuft. Heute sind beinahe alle, inklusive Kinder mit Smartphones ausgestattet, das bietet zusätzliche Sicherheit. Wir wollen uns amüsieren und die Nacht nicht damit verbringen, verlorene Teilnehmerinnen und Kinder zu suchen.

Mit Vergnügen erinnere ich mich an einen früheren Betriebsmaibummel, wie wir ihn in unserer Region nennen. Nachdem wir unsere Maiwanderung abgelaufen waren, trafen wir uns zum Ende in einem stadtbekannten Naherholungsgebiet. Wir haben gegrillt und gemeinsam einen geselligen Abend mit unterhaltsamen Spielen verbracht. Dabei wurde so einiges gezecht. Spät abends machten wir uns auf den Heimweg. Mit Fackeln und Kerzen bewaffnet waren wir unterwegs zur, wie wir dachten, weit entfernten Straßenbahnstation. So weit der Plan. Zwei unserer älteren Kollegen waren sich sicher den kürzesten Weg zu kennen. Stolz und beschwingt von der Maibowle führten Sie die Gruppe an. In schöner Regelmäßigkeit kamen wir nach fünfzehn Minuten immer wieder am selben Wegkreuz vorbei. Beim dritten Mal wurde uns allen schließlich bewusst, sie hatten keine Ahnung, wo wir uns befanden. Sie verliefen sich in einer Tour und wir uns damit. In völliger Dunkelheit sich zu orientieren kann tückisch sein. Ehrlicherweise war das nicht allein der Dunkelheit geschuldet. Insgesamt waren wir eineinhalb- bis zwei Stunden unterwegs. Als wir am Ende endlich den richtigen Weg einschlugen, benötigten wir für die Strecke zur Straßenbahn Station nicht mal zehn Minuten. Hohn und Spott verfolgte die beiden Kollegen noch Wochen danach.

Damit Ihnen Ähnliches erspart bleibt, wählen Sie am besten eine Rundwanderung. Dies hat den Vorteil, sie kommen dort an, wo sie die Wanderung gestartet haben. Gegen Mitternacht sollten Sie ihr Ziel erreicht haben. Zu einer Maiwanderung gehören ein Grillfeuer oder ein Picknick. Dazu dienen Waldhütten, Vereinslokale oder Sportstätten. Achten Sie darauf, dass der Heimweg einfach und kurz ist. Ist Alkohol im Spiel, sorgen Sie für eine sichere Heimfahrt mit öffentlichen Verkehrsmitteln oder organisieren Sie eine sichere und nüchterne Fahrerin mit Fahrgelegenheit. Sind Sie auf den Geschmack gekommen? Also nur zu, organisieren Sie eine Maiwanderung. Freuen Sie sich mit lieben Menschen um sich, am Frühling und seinen ersten lauschigen Nächten, nur Mut!

Zum Schluss noch dies: Bitte unternehmen Sie eine Maiwanderung des Nachts niemals allein.

Amadis Amarrés

Blütenglück & Pflanzenzauber

Giftgrün und innig aromatisch

»*In den Wäldern sind Dinge, über die nachzudenken man jahrelang im Moos liegen könnte.*«

Franz Kafka (1883 - 1924)

Senken wir im Wald unseren Blick, auf den Waldboden, zu einem unscheinbaren, eigensinnigen Kraut. Wir kennen es aus Bowlen. Diese zierliche aromatische Pflanze kann weit mehr. Die Rede ist vom Waldmeister, er ist ein Klassiker und gehört in jede Maibowle.

Der kleine hellgrüne Waldmeister *(Galium odoratum)*, mit seinen zierlichen weißen Blüten ist unscheinbar und wächst beinahe in jedem Laubwald. Er wird Maikraut, oder geflecktes- wohlriechendes Labkraut, Mäserich, Waldmännchen oder Schumarkel genannt. Im Reigen der Heilpflanzen nahm der Waldmeister in der Volksmedizin lange eine prominente Stellung ein. Seine Wirkung ist eher sanft. Er wurde auch Waldmutterkraut genannt. Die Hebammen legten einst einer Gebärenden ein Sträußchen Waldmeister ins Bett. Es sollte für eine leichte Geburt sorgen. Waldmeister wirkt anregend und ausgleichend. Äußerlich angewendet sollen frische Waldmeisterblätter die Wundheilung unterstützen.

Dieses heimische Wildkraut gehört zu den ersten Pflanzen, die im Frühjahr aus dem Boden sprießen. Je nach Standort blüht Waldmeister Anfang April bis in den Juni. Er wird oft und gern für die Herstellung von Getränken und Süßspeisen verwendet. Am weitesten verbreitet ist die Waldmeister-Bowle. Er lässt sich auch zur Limonade und zu Sirup verarbeiten. Zudem aromatisiert man Eis und grünen Wackelpudding mit seinem Kraut. Für sein unverwechselbares Aroma sorgt sein Wirkstoff Cumarin. Einen Stoff, den wir auch in Zimt finden. Zur Vorsicht sollte man nicht allzu große Mengen zu sich nehmen. Cumarin kann Kopfschmerzen, Schwindel, und in größeren Mengen Leberschäden verursachen. In geringer Dosierung wirkt er dagegen gegen Kopfschmerzen und Migräne. Zudem wirkt er entzündungshemmend, krampflösend, gefäßerweiternd und beruhigend.

Der winterharte Waldmeister ist anspruchslos, er liebt einen leicht feuchten Boden. Seine Wurzeln breiten sich rasch aus. Besonders gut gedeiht er an einem schattigen Platz im Garten. Meist wird er zehn bis 30

Zentimeter hoch. Auf dem Markt wird Waldmeister oft in Bündeln angeboten. Wenn wir Waldmeister verwenden, gilt es Folgendes zu beachten. Ernten Sie ihn vor der Blüte, denn durch die Blüte steigt der Gehalt an Cumarin. Trocknen Sie den Waldmeister, denn durch das Verwelken wird sein Aromastoff freigesetzt. Oder Sie frieren ihn einige Stunden oder Tage ein, das Einfrieren beschleunigt den Zerfallsprozess. So entwickelt und entfaltet der Waldmeister sein volles Aroma. Getrocknet lässt sich Waldmeister auch als Tee aufbrühen. Waldmeister-Tee hilft heiß oder kalt gegen Kopfschmerzen und Migräne, trinken Sie ihn aber in Maßen.

Bei der Verwendung in einer Bowle oder ähnlichen Getränken gilt es folgende Punkte zu beachten. Bündeln Sie die Pflanze an den Stilen. Hängen Sie ihn mit den Stängeln nach oben, in die Flüssigkeit. So vermeiden Sie, dass durch die offenen Schnittstellen der Stängel, zu viel Cumarin in die Flüssigkeit übertragen wird. Das Waldmeister-Sträußchen bleibt nur etwa 15-maximal 60 Minuten, in der Flüssigkeit hängen. Die Lebensmittelindustrie arbeitet längst mit künstlichem Waldmeisteraroma, um grünen Wackelpudding, Eis oder Berliner Weiße herzustellen.

Waldmeister Bowle

Zum Mai gehört eine Maibowle, die man mit Waldmeister einfach selbst herstellen kann! Bei industriell hergestellter Maibowle sind weder Farbe noch Geschmack natürlich. Die meisten enthalten Aroma- und Farbstoffe und teilen mit der Waldmeisterpflanze nur ihren Namen. Ihre Maibowle können Sie gewiss, mit Waldmeistersirup aus dem Supermarkt mixen. Aber ich frage Sie, warum sich mit künstlichem Aroma abgeben, wenn das Original im nächsten Wald leicht verfügbar ist. Besonders Kinder freuen sich, im Wald Kräuter und andere Gaben der Natur zu sammeln. So erhalten Sie früh einen Bezug zur Natur und ihren vielfältigen Produkten und was wir damit alles anstellen können. In einer Waldmeisterbowle kommt der unverwechselbare fein-würzige Geschmack zur Entfaltung.

Das Rezept

Eine klassische Waldmeisterbowle besteht aus den folgenden Zutaten:
- 2 Flaschen trockenen Weißwein
- als alkoholfreie Variante dient heller Traubensaft oder Apfelsaft.
- 1 Flasche Sekt
- als alkoholfreie Variante dient alkoholfreier Sekt, Mineralwasser, Tonic Wasser oder Sprudelwasser.
- 1 kleiner Bund Waldmeister (ca. 5 Stängel)
- 3 EL braunen oder weißen Zucker, oder 3 EL Honig

Variieren Sie mit folgenden Zutaten:
1 Handvoll Minze
1 Bio-Limette
1 Handvoll Erdbeeren oder Himbeeren

Amadis Amarrés

Die Zubereitung

Am Vortag binden Sie den Waldmeister mit Küchengarn zusammen und lassen ihn über Nacht trocknen oder frieren sie ihn ein. Dafür eignet sich ein größeres Einmachglas mit Deckel. Befüllen Sie das Glas mit der Flasche trockenem Weißwein. Jetzt hängen Sie den bearbeiteten Waldmeister 15 Minuten bis maximal eine Stunde kopfüber in das Glas. Lassen Sie ihn ziehen, indem Sie den Faden zwischen dem Deckel einklemmen. Damit bleiben die Stielansätze vom Wein fern, damit vermeiden Sie, dass Bitterstoffe austreten und die Maibowle bitter wird. Hinterher entfernen Sie das Bündel Waldmeister und werfen es weg. Füllen Sie diesen Ansatz in eine Bowlenschüssel und gießen den restlichen Wein hinzu. Vermischen Sie den Zucker oder Honig mit dem kalten Weißwein, bis er sich vollständig aufgelöst hat. Schmecken Sie alles mit einigen Limettenscheiben ab. Als alternative können Sie ein, zwei, Zweige Minze hinzugeben. Aber nicht zu viele, da diese das zarte Aroma des Waldmeisters überdecken. Dekorativ sind Himbeeren oder Erdbeeren, hier gilt dasselbe, nicht zu viele. Da das Aroma der Beeren das typische Waldmeisteraroma ebenso rasch überdeckt. Für eine alkoholfreie Variante verfahren Sie gleich. Anstelle von Wein verwenden Sie alkoholfreien weißen Traubensaft oder Apfelsaft. Stellen Sie alles gut kühl, kurz vor dem Servieren fügen Sie eine Flasche Mineralwasser oder Tonic Wasser hinzu.

Hinweis! Schwangere sollten gänzlich auf Waldmeister verzichten. Cumarin gilt als Frucht schädigend und darf daher nicht von Schwangeren eingenommen werden. Aus diesen und anderen Gründen ist das Aromatisieren mit Cumarin von Limonaden, Sirup und Süßigkeiten in Deutschland inzwischen verboten.

Quellen des Glücks

Das Seelenatelier

Über dieses Buch

Es mag Ihnen ins Auge springen, dass ich Sie das ganze Buch über mit einem »Sie« anspreche. Eine Ausnahme bilden jene Texte, wenn das magische Buch und die Schatztruhe direkt zu Ihnen sprechen. Was ist der Grund? Ich weiß nicht wie es Ihnen ergeht, aber mir ist es durchaus unangenehm, vom blaugelben Einrichtungshaus, beim grünen Kaffeeröster, in der Werbung oder auf sozialen Medien stets mit einem kumpelhaften Du angesprochen zu werden. Ich erkläre Ihnen auch gleich den Grund. Meist ist ein solches »Du« in geschickt eingebettete Werbekuschelpoesie getarnt. Weshalb? Um damit in irgendeiner Form beeinflusst, suggeriert, manipuliert und gegängelt zu werden. Aus diesem Grund ziehe ich es vor, Sie mit einem taktvollen »Sie« anzusprechen. »Old fashioned« hin oder her, nicht alles ist schlecht, nur weil es altmodisch ist. Wie ergeht es Ihnen in Situationen, wenn ein Du zur Qual wird?

In manchen Unternehmen wird, das Du regelrecht zelebriert. Man ist stolz auf diese vorgeschobene freundschaftliche Atmosphäre. Selbst ich fand diese Umgebung mitunter rückblickend bei meiner ehemaligen Arbeit erfrischend und unkompliziert. Dieses Du schuf in der Tat oft ein angenehmes Arbeitsklima. Der Haken an der Sache ist der, alles ist nur so lange freundschaftlich und kollegial, bis Sie diesen Unternehmen, sozusagen zur Last werden und wegrationalisiert werden sollten.

Personalentlassungen sind nicht erst seit gestern ein bewährtes Mittel, um entweder Sparauflagen einzuhalten oder Aktionäre glücklich zu machen, ohne dabei Kader Honorare anzutasten. Ich spreche hier aus einem ganz bestimmten Grund über diese Missstände. Weil meine

Klientinnen und mich die Thematik, inzwischen seit Jahren in meinen Beratungsgesprächen immer wieder beschäftigen. Diese Methodik greift schon lange wie eine Seuche um sich. Weil dies inzwischen eine gängige Methode ist, um den Personalbestand abzubauen, und die Lohnkosten zu drücken. Es ist ein perfides System, nach dem die HR-Kader geschult werden. Ein System, das inzwischen die Kader selbst erreicht. Wie neuste Zeitungsberichte offenbaren. Die HR-Verantwortlichen und Kader-Leute ertragen die damit einhergehenden psychischen Belastungen selbst nicht mehr. Menschen dermaßen zu entwürdigen, macht inzwischen alle Beteiligten krank. Die Versicherungen schlagen inzwischen deswegen Alarm. Derart steigen die Krankheitsausfälle. Vielmehr ist die Krise endlich dort angekommen, wo sie hingehört. Damit die verantwortlichen Kader endlich aufwachen und dieser Massen Erniedrigung, diesen Missständen endlich Einhalt geboten wird. Die Gründe für Entlassungen sind vielfältig. Die von Klientinnen meist genannten sind, lange schwere Krankheit, Schwangerschaften und die absolute Nummer eins, das Alter! Wenn Sie die vierzig hinter sich haben, nehmen Sie sich in acht vor der jungen aufstrebenden HR-Vorgesetzten. Sie werden nicht in ihr dynamisches Weltbild passen. Sie sind inzwischen für das Unternehmen viel zu kostenintensiv. Wenn keine Gründe für Ihre Entlassung gefunden werden, werden welche geschaffen. Um es auf den Punkt zu bringen, weil die Personalverantwortliche des Human Resources Management (HRM) andere Pläne mit Ihnen hat. Wenn Sie so wollen, keine mehr. Glauben Sie mir, Sie können sich in einer solchen Situation, anstrengen und ins Zeug legen, wie Sie wollen, es ist Sinn und zwecklos. Ihre Qualifikationen sind ausgezeichnet. Sie sind eine brillante Arbeitskraft und Kollegin und Ihr Verhalten ist ohne jeden Tadel. Um das Sprichwort einmal umzudrehen: »Wo kein Wille ist, ist auch kein Weg!« Oder schlimmer, wenn die Planung aufgegleist ist, liegt es an der HR-Vorgesetzten, diese umzusetzen.

Diese ruchlose Strategie wird in unzähligen Unternehmen schon länger, immer wieder verfolgt. Obwohl aktuell händeringend Arbeitskräfte gesucht werden. Mir ist ein Fall bekannt, indem eine herausragende Filialleiterin wegen ihres Alters, sie war damals 58-jährig, entlassen wurde. Dies von einem bekannten, international tätigen Detail- und Großhandelsunternehmen. Ein Kapitalfehler, wie sich wenig später herausstellen sollte. In der Zwischenzeit ist sie bei einem anderen Unternehmen beschäftigt. Schon wenig später machte ihr die alte Firma, das Angebot wieder neu einzusteigen. Sie lehnte jedoch dankend ab. Inzwischen sucht auch dieses Unternehmen Angestellte ihres Formats vergebens, auf dem leer gefegten Arbeitsmarkt. All die Menschen, die während- und nach der Pandemie entlassen wurden. Sie alle mussten sich aus der Not heraus neu orientieren. Da sie einst im Stich gelassen wurden, haben sie kein Interesse daran, diese Erfahrung je nach Situation nochmals zu erleben. Und lehnen deshalb solche oder ähnliche Angebote aus Vorsicht, aber auch aus stolz dankend ab. Solche Umstände lassen sich nicht andauernd schönreden. Was die Wirtschaft zum Teil gerade verzweifelt versucht. Manchmal lassen sich eben Fehler nicht mehr geradebiegen. Die Folgen tragen leider wieder wir alle, die Gesellschaft. Deshalb bin ich der Meinung, solche Strategien und Methoden, beinhalten alle das, was in Zukunft keine Zukunft hat.

Obschon es viele Anzeichen und Belege dafür gibt, dass diese Strategien den Unternehmen auf lange Sicht eher schaden. In gewissen Konstellationen sogar massiv in ihrem Fortbestehen gefährdet oder zumindest schwächt. Wenn Sie mehr über dieses viel diskutierte Thema wissen wollen, empfehle ich Ihnen sich mit Professor Hermann Simon und seinem Buch: »Hidden Champions« erschienen 2012 Campus Verlag GmbH, zu beschäftigen. Es ist aktueller denn je. Mit seinen Erfahrungen und seinem Wissen widerlegt er die mehrheitlich vorherrschenden Strategien namhafter Unternehmen. Simon belegt mit seinen Thesen hieb- und stichfest das es auch anders geht. Das Unternehmen sich durchaus menschlich und wirtschaftlich durch eine globalisierte Welt manövrieren können. Dies mit riesigem Erfolg. Er selbst ist Berater solcher Hidden Champions *(Heimliche Gewinner)*. Es sind Unternehmen, die weltweit auf dem Vormarsch sind. Gerade weil diese eine andere Strategie fahren. Es sind Unternehmen, die ältere Mitarbeiter als ihr

Kapital betrachten. Weil sie im Betrieb gewachsen sind und das Unternehmen durch und durch kennen. Die Firma hat im Gegenzug mit den Jahren durch Weiterbildungen usw. viel Geld in die Mitarbeiter investiert. Aus all diesen Gründen sollen sie nicht entlassen werden. Sondern so lange wie möglich im Unternehmen bleiben, damit sie ihr Wissen weiter geben an jüngere Kolleginnen.

Hermann Simon schreibt: »In Deutschland, Österreich und der Schweiz gibt es mehr als 1.500 Weltmarktführer. Vielfach sind sie der Öffentlichkeit kaum bekannt. Diese Hidden Champions sind bestens gerüstet für Globalia, die veränderte Welt der Zukunft, die auch durch den Aufstieg Chinas und diverser Schwellenländer geprägt wird. Die unbekannten Weltmarktführer trotzen der Konkurrenz und viele sind aus der Wirtschaftskrise gestärkt hervorgegangen. Ausdauer, Orientierung und Weitblick zeichnen sie aus. In diesen Unternehmen sind Angestellte motivierter, weniger oft krank - und halten ihrem Arbeitgeber länger die Treue als in Großbetrieben. Auf Dauer sei nur erfolgreich, wer seine Angestellten anständig behandle und auch in der Krise nicht fallen lasse, meint der Spezialist für diese heimlichen Champions.«

So viel über Hermann Simon und seine äußerst Visionären Gedanken und Thesen. Wenn Sie mehr über das Thema und über Hermann Simon wissen möchten, empfehle ich Ihnen die Radiosendung: »Heimliche Champions«, kleine Firmen machen vieles besser. Zu finden in der SRF Radio Mediathek, hier der QR-Code zur Sendung:

Dass es tatsächlich auch anders geht, beweist ein Grand Hotel. Es ist das »Vier Jahreszeiten« in Hamburg. Einmal im Jahr werden die Angestellten, die Jubilare des Hotels, genauso festlich bedient, wie sie selbst sonst die Gäste bedienen und verwöhnen. Wer zehn Jahre im vier Jahreszeiten arbeitet, wird mit Begleitung zum Dinner eingeladen. Hotelkultur als Verneigung vor den Mitarbeitenden. Zum Champagner Empfang am Nachmittag werden diejenigen geladen die mindestens drei Jahre zum Haus gehören. Drei Jahre gelten in der Gastronomie Branche bereits als kleine Ewigkeit. Viel Zeit für Wissensaustausch zwischen den Mitarbeitern. Generationenübergreifend voneinander zu lernen ist essenziell für ein Haus, indem Tradition und Innovation zusammen finden sollen.

Der Hoteldirektor Ingo Peters macht in einem Interview folgende beeindruckende Aussage: »Wir suchen nur nach Persönlichkeit und Charakter aus. Nicht nach Fähigkeiten, die Fähigkeiten die kann man den Leuten beibringen. Wir machen hier keine Atomphysik, wen jemand gut drauf ist, wenn jemand extrovertiert ist und gerne mit Menschen zusammen ist und kommunikativ ist, und gute Laune hat. Alles andere können wir den Mitarbeitern beibringen.«

Es ist eben das entscheidende Quäntchen mehr, das nicht erlernbar ist. Prächtig an der Grenze zum Prunk, festlich wie es dem Hause entspricht. Ohne falsche Bescheidenheit. Eine Dinnertafel für Jubilare. Wer zehn Jahre hier ist, kennt solche Feiern. Einmal selbst so gefeiert werden, macht den Unterschied. Mit den Mitarbeitern wird die Seele des Hauses gefeiert. Das weiß Direktor Ingo Peters auch aus den Gästekommentaren. »Wenige sagen: Oh, was für ein tolles Badezimmer oder die Aussicht oder so was. Die Gäste reden immer nur über die Mitarbeiterin. Das ist der Dank an Sie und auch an Gesichter, die lange da sind, die der Gast wiedererkennt. Aber die auch den Gast wiedererkennen.« *(Quelle: NDR)*

Kehren wir zurück in die unheilige Welt, der materialistischen, gewinnorientierten, gefühlskalten und unbeseelten Unternehmen. Sie erinnern sich gewiss, wir sind ja beim kollegialen Du. Dieselben Leute, mit denen Sie in der Betriebskantine soeben noch behaglich eine Mahlzeit zu sich nahmen, sitzen Ihnen nun gegenüber. Sie sitzen da, mit einer aufgesetzt, bemitleidenswerten Mine. Diese ist so glaubwürdig wie ein »Hütchenspieler« am Straßenrand. Sie sitzen Ihnen an dem Tisch gegenüber und Sie sind so frei, sie entlassen Sie auf kollegiale Weise, mit einem freundschaftlichen Du. Autsch, das tut weh! Das Schmerzlichste an dieser Situation ist nicht entlassen zu werden. Es ist die Tatsache mit einem Du, über denselben Tisch gezogen zu werden, an dem Sie gerade sitzen. Es ist schlicht an der Schmerzgrenze. Deshalb und aus ähnlichen Situationen und Überlegungen heraus betrachte ich es als äußerst komfortabel, einen gewissen Abstand zu wahren, mit einem freundlichen und wohlgemeinten Sie.

Weshalb ist mir dieses Thema derart wichtig? Weil mir diese in den verschiedensten Versionen tagtäglich in meinen Gesprächen mit Klientinnen begegnen. Es ist zuweilen ekelhaft und zum Fremdschämen, was ich alles von meinen Klientinnen zu hören bekomme. Es ist unmenschlich, wie heute zum Teil mit Menschen am Arbeitsplatz umgegangen wird. Da hilft meiner Meinung nach nur eines, eine gesunde Distanz, immer und jederzeit.

Daher bleibe ich gern beim höflichen »Sie« im Umgang mit Ihnen der Leserin, dem Leser, auch wenn dies im Zeitalter der sozialen Medien völlig old-fashioned erscheint. Manchmal ist es eben der richtige Entscheid altmodisch zu sein. Womöglich täte es der Sache gut, wenn in den sozialen Medien mehr über ein distanziertes »Sie« kommuniziert würde. Dann wären sie womöglich etwas weniger asozial und es würde mehr Höflichkeit und Respekt darin herrschen. Selbstverständlich lässt es sich auch mit einem »Sie« höchst ausfallend werden. Dennoch die Hemmschwelle ist höher.

Es ist mir wichtig, dass Sie meine Anliegen, Ideen, Ratschläge und Tipps lediglich als Empfehlungen betrachten. Das förmliche »Sie« schafft dazu die nötige Distanz, um nie ins suggestive zu verfallen oder gar durch ein Kumpelhaftes Du unbewusst Druck auszuüben. Sie sollen völlig frei entscheiden, wofür und warum sie sich für- oder gegen etwas entscheiden und wann.

Es mag im ersten Moment etwas seltsam klingen, dennoch ist es möglich, selbst in schweren Zeiten oder Lebenskrisen ein klein wenig Glück in sein Leben zu lassen. Um wenigstens für einige Augenblicke glücklich zu sein. Denn das Glück ist überall zu finden, wenn wir danach suchen. Sei es bei der Partnerin, dem Partner, in der Familie, bei Arbeitskolleginnen, Freunden, Nachbarn oder einer einzelnen Begegnung mit der Briefbotin oder einer Kassiererin. Genauso können Haustiere wie Katzen oder Hunde uns mit ihrer Zuneigung, täglich ein Lächeln ins Gesicht zaubern. Und damit kleine kostbare Glücksmomente schaffen. Einen exzellenten Glücksmacher sollten wir dabei nicht übersehen, die Natur. Feld, Wald und Wiese sind in der Lage Heilendes in uns zu bewirken. Die Natur hilft uns dabei, uns zu erden und zu erfrischen. Sie schenkt uns auf beeindruckende Weise mit ihrer umstrickenden Schönheit tiefe innere Balance. Manchmal genügt es, die Türe hinter sich zu schließen, um in den eigenen vier Wänden seinen Trost, in seiner Lieblingsbeschäftigung zu finden. So bleiben Sorgen und Ängste draußen vor der Tür. Wenn wir das Gefühl haben, das Glück habe sich aus unserem Leben davon gemacht, hilft es meist wenig, ihm hinterherzurennen. Dann bringt es mehr in kleinen Dingen, die Freude und das Glück wieder zu entdecken. Denn irgendwann lässt das große Glück nicht mehr länger auf sich warten. Und es taucht so, wie es verschwunden ist, plötzlich wieder auf. Die Erfahrung lehrt uns, alles Schöne findet dereinst sein Ende. Doch genauso verhält es sich mit einer glücklosen Phase, eines fernen Tages verliert auch sie ihre Kraft und vor ihrer Türe wartet schon ein neues Glück. Es beginnt damit, dass wir uns genau darauf besinnen und darauf vertrauen. Lassen Sie uns nicht länger reden, fangen wir an, es wird an sich ja schon genug geredet, nur Mut!

Amadis Amarrés

Der Autor

*„Man muss das Leben lieben, um es zu leben,
und man muss das Leben leben, um es zu lieben."*

Thornton Wilder, Our Town, 22. Januar 1938

Diese tiefgründigen Zeilen begleiten mich, seit ich sie in meiner Jugend auf einer Bühne zum ersten Mal, in dem Theaterstück »Unsere kleine Stadt« von Thornton Wilder selbst gesprochen und gespielt hatte. Diese Zeilen, beschreiben für mich alles, was dieses unser Leben ausmacht, besonders heute und jetzt! Er begleitet mich bei meiner täglichen Arbeit, in Gesprächen und Beratungen immer wieder. Weshalb, weil diese Zeilen, in den unterschiedlichsten Situationen, immer wieder aufs Neue, ein derartiges Gewicht erhalten. Davon hatte ich damals als Jugendlicher keine Ahnung, zum Glück!

Als ich endlich sehnsüchtig Matteo die Tür öffnete, lag wenig später mit einem Mal, meine heile Welt in Trümmern. Meine freudige Erregung erhielt einen herben Dämpfer. Es fiel mir gleich auf, dass etwas mit Matteo nicht stimmte. Er wirkte auf mich auffallend nachdenklich und bedrückt. Der Mann, der da in meiner Tür stand, war das pure Gegenteil von all dem, was diesen lebensfrohen, unbekümmerten und immer wohlgemuten Menschen sonst ausmachte. Sein strahlender Blick war heute freudlos und leer. Noch nie hatte ich Matteo so erlebt. Er war die ganze Zeit über bemüht, sich nichts anmerken zu lassen. Was ich während des Essens immer mehr, bereits mit Händen greifen konnte. Nachdem wir unsere Teller appetitlos zur Seite stellten, rückte er mit dem Grund, für dieses unverhoffte intime Tête-à-Tête heraus. Matteo hatte das Bedürfnis mir persönlich anzuvertrauen, dass er schlechte, sehr schlechte Nachrichten von seinem Arzt erhalten hatte. Es treibt mir noch heute Tränen in die Augen, wenn ich mich an jenen Augenblick erinnere. Fassungs- und sprachlos nahm ich seine ausweglosen Neuigkeiten entgegen.

Matteo war einer der zauberhaftesten und charmantesten Menschen, der mir je begegnet ist. Alle, die ihn kannten, bestätigten mir dies. Daneben war er einer der attraktivsten Männer der Stadt. Was ihn aber nicht, wie viele seiner Artgenossen heute, überheblich werden ließ. Er war damals im angesagtesten Fitnesscenter, Personal Trainer. Alle, Männer wie Frauen, schwärmten von ihm, sie rannten scharenweise hinter ihm her. Matteo war schlicht unwiderstehlich. Es war nicht nur sein Äußeres. Er war fraglos ein Adonis. Nun er war viel mehr als das. Die Art und Weise wie er sprach. Wie er ging, wie er sich ausdrückte. Sein ganzes Wesen war einfach außergewöhnlich liebevoll und anziehend. Er übte auf die Menschen um ihn herum, eine Magie aus, einer Magie, der man sich nicht entziehen konnte. Einem Zauber, dem auch ich bei unserem ersten Treffen, in der ersten Sekunde mit großem Vergnügen erlag.

Mir gegenüber saß jener Mensch, meine erste große Liebe. Der Mann meiner Träume mit dem ich schon die allerschönsten Stunden teilen durfte. Da saß er nun und sprach darüber, dass er nicht mehr lange zu leben hatte. Ich war schockiert, ich spürte und sah seine Verzweiflung, die in allem mitschwang. Es tat weh, es war unerträglich, Matteo so hilflos zu erleben. Das Einzige, was mir zum Abschied blieb, war eine allerletzte innige Umarmung, es sollte das letzte Mal sein, dass wir uns spürten und berührten.

Inzwischen war es Herbst geworden. Ich besuchte Matteo in der Klinik. Der Mann, der da jetzt vor mir im Bett lag, war nicht mehr derselbe. Matteo konnte kaum noch sprechen. Sein Körper war über und über mit Flecken des *Kaposi-Sarkom übersät. Er war abgemagert bis auf die Knochen, dem Tode näher als dem Leben. Ich war erschüttert, ich konnte nicht nachvollziehen, was dieses Virus mit einem Menschen in nur wenigen Wochen Entsetzliches anzurichten vermochte. Den ganzen Besuch über verbrachte ich beinahe sprachlos. Damals lernte ich eine erste schwere Lektion. Da zu sein, beizustehen bedeutet in jenen Momenten viel mehr als so manches überflüssige Wort.

Schließlich kamen die Festtage und ich war wie wir alle zu dieser Jahreszeit im Stress. Eigentlich war ich im Begriff Matteo noch kurz zu besuchen, bevor ich im Familienkreis Heiligabend feiern würde. Ich hatte das Bedürfnis, bei ihm vorbeizuschauen, um ihn etwas aufzumuntern, an diesem speziellen Abend. Doch es sollte nicht sein. Die Zeit war letztlich zu knapp. Als ich auf dem Weg zur Weihnachtsfeier, an der Klinik vorbeifuhr, schaute ich schweren Herzens hinauf zu seinem Fenster. In Gedanken war ich in jenen Momenten bei ihm. Wie sich herausstellte, wie so oft im Leben, war es die richtige Entscheidung, die für mich an irgendeiner Stelle getroffen wurde.

Am nächsten Morgen, es war Weihnachten, wurde ich morgens gegen sieben Uhr in der Früh vom Klingeln des Telefons geweckt. Matteos bester Freund war am anderen Ende. Er weinte, es war mir augenblicklich klar, was geschehen war. Matteo hatte uns an Heiligabend, am Geburtstag seiner Mutter für immer verlassen. In jenen Wochen und Tagen wurde mir jählings eines bewusst, die Kindheit, die unbeschwerte Jugend und unsere Feste waren mit einem Schlag vorbei. In jenen Jahren habe ich, wie wir alle, unzählige Freunde und Weggefährten verloren.

ein Kaposi-Sarkom ist ein Hautkrebs, bei dem zahlreiche flache, rosafarbene, rote oder purpurne Flecken oder Knoten auf der Haut auftreten.

Werfen wir einige Blicke zurück in jene Zeit. Wir alle reisten, wie damals üblich, viel und mit großem Vergnügen um die Welt. Mit vierundzwanzig Jahren wollte ich die Welt sehen. Wie viele von uns, auch die USA entdecken. Als schwuler junger Mann, zogen mich Metropolen wie New York, San Francisco, München, Paris oder Amsterdam magisch an. Wir verbrachten unsere Nächte in den damals angesagtesten und heute legendärsten Nachtklubs der Welt. Im »Studio 54«, oder seinem Pariser Pendant, dem »Le Palace«. Wir tanzten zur damaligen schwulen Hymne der Weather Girls »It's raining Men«, ganze Nächte durch. In der Tat regnete es so manches Mal Männer. Wir feierten die Liebe, wir feierten unsere soeben neugewonnene erkämpfte »schwule« Freiheit, wir feierten das Leben. Nach New York ging die Reise weiter nach San Francisco. Dort besuchte ich einen langjährigen Freund, einen Geschichtsprofessor. Er besaß oberhalb der Castro Street, ein charmantes Haus, im für die Stadt so typischen viktorianischen Stil. Wir lernten uns einst auf einer seiner vielen Europareisen kennen. Um es vorwegzunehmen, es war eine innige dennoch platonische Freundschaft. In San Francisco freundeten wir uns damals mit wunderbaren Menschen an. Wir flanierten wie im Rausch durch den Castro-Distrikt. Wir machten die Nacht zum Tag. Es war ein Fest, das leider bald ein jähes und grausames Ende nehmen sollte.

Als wir drei Jahre später nach San Francisco zurückkehrten, war kaum einer von Ihnen noch am Leben. Gingen wir in den Ausgang, war dies eine befremdliche Erfahrung. Viele Lokale waren bereits geschlossen. Es herrschte absolute Krisenstimmung. Niemand hatte mehr das Verlangen zu feiern, was feiern, unseren Untergang? Es fühlte sich an wie auf der Titanic. Wir tauschten uns darüber aus, wer wie ums Leben kam, und wann. Wer wen verloren hatte und wer um wen trauerte. Es herrschte pure Depression, ich erkannte das einst so fröhliche und lebendige schwule San Francisco nicht wieder. Als ich wieder zu Hause war, klingelte eines Tages das Telefon.

Amadis Amarrés

Drei Monate später erhielt ich den gefürchteten Anruf aus San Francisco. Erneut einer dieser kurzen Anrufe, bei dem man schon vor seiner Botschaft wusste, was sein erbarmungsloser Inhalt war, in dem man mich über Jacks Tod informierte.

Wir haben damals alle viel gelitten und durchgemacht. Diese Zeit hat uns viele Wunden zugefügt, sie hat uns wahrhaft nicht verschont. Mit einem Mal wurde ich dazu gezwungen erwachsen zu werden. Diese Erfahrungen haben mich geprägt. Daneben aber auch viel gelehrt. Über das Sterben, den Tod, vor allem aber eines, über das Leben. Wie kostbar und wie kurz es unter Umständen sein kann!

Jene Erfahrungen und Erlebnisse waren für mich der Antrieb nicht länger untätig zu bleiben, sondern etwas zu unternehmen. Gemeinsam mit meinem damaligen WG-Partner *Mario. Wir begaben uns deshalb an eine Versammlung. Es ging dabei um die Gründung eines Vereins. In einem Hinterzimmer eines Quartierrestaurants gründeten wir mit dieser bunt zusammengewürfelten Gruppe von engagierten Leuten, die erste regionale Aidshilfe der Schweiz. Wir nahmen dabei die Idee des Schweizer Journalisten André Ratti auf. André Ratti gab an einer Pressekonferenz am 2. Juli 1985 als erste prominente Persönlichkeit, öffentlich bekannt: »Ich heiße André Ratti, ich bin 50, homosexuell, und ich habe Aids.« Wie viel Mut benötigte ein solcher Schritt damals. Ich bewundere diesen Mann heute noch dafür, er war ein Wegbereiter. In der Folge wurde Ratti zum ersten Präsidenten der Aids-Hilfe Schweiz gewählt. Damals landete ich nach einer Abstimmung mit vierzehn Mitstreiterinnen im ersten regionalen Vorstand. Wir hatten kein Geld, keine Räume, einfach nichts! Doch das trifft nicht ganz zu, eines hatten wir, den festen Willen etwas gegen die herrschende Aids-Misere zu unternehmen, um zu helfen.

Der Name wurde aus Gründen der Diskretion geändert.

Es war nicht immer einfach mit einer Stimme zu sprechen. Doch für die Sache erhoben wir sie immer wieder. Dies gemeinsam, es war dringend notwendig. Es waren viele wunderbare Menschen, mit denen ich damals zusammenarbeiten durfte. Eine Person möchte ich hervorheben, es ist Doris Frank. Im Verlaufe der Aids-Arbeit beschäftigte sie sich mit ihrem späteren Lebensprojekt, dem Lighthouse. Es war damals ein Pionierprojekt für die Schweiz. Doris orientierte sich bei der Gründung an den Vorbildern in San Francisco, New York und London. Doris schuf damit ein innovatives Sterbehospiz für Aidskranke. Es waren stürmische Zeiten, als Aids sich in den 1980er-Jahren wie ein Flächenbrand ausbreitete. Man war zwar in der Lage das HI-Virus zu identifizieren, aber über den Verlauf der Krankheit wusste man wenig. Diese rätselhafte Krankheit löste damals pure Angst und Panik aus. Selbst die Ärzte und die Krankenhäuser waren teils damit überfordert. Doris Frank war Aids-Beraterin am damaligen Kantonsspital, der heutigen Universitätsklinik. Gemeinsam mit ihrem Freundeskreis wollte Doris einen Ort für Aids-Kranke außerhalb der Klinik schaffen. Ein Raum in dem man sich als Teil einer Familie fühlte, fröhlich sein durfte, auch wenn es ums Sterben ging. Selbst die Suche nach einer geeigneten Liegenschaft erwies sich aufgrund der Stigmatisierung der Aids-Kranken als riesige Herausforderung. Doch wer Doris damals erlebte und kannte, wusste, wenn es eine schaffte, dann Doris. Es gelang ihr in der Tat, eine brauchbare Liegenschaft aufzutreiben. Sie schuf damit einen Ort, besser eine letzte Heimat für die Aids-Kranken an dem sie sich wohlfühlten. Indem es sich für sie nicht wie ein Krankenhaus anfühlte. Es erlaubte ihnen, die letzten Wochen ihres Lebens so zu verbringen, wie sie dies wünschten. Jeder auf seine individuelle Art, so wie sie ihr Leben lebten, sollten sie auch gehen dürfen mit Respekt und stolz.

Die sich im Aufbau befindende Aids-Hilfe Arbeit verlangte von uns äußerste Flexibilität. Mit unserer Prävention bedienten wir unsere schwule Szene. Hinzu kam die Arbeit in der Drogenszene, die uns teilweise völlig überforderte, weil sie für uns völliges Neuland darstellte. Aber auch das Rotlichtmilieu, benötigte Hilfe, es war immer mehr von der Krise betroffen. Die Öffentlichkeitsarbeit, und die Informations- und Präventionsarbeit in den Schulen. Wir wurden als junge Menschen regelrecht ins kalte Wasser geschubst. Wir kümmerten uns um die vielen anstehenden Arbeiten. Unser Nottelefon, das wir als eine der ersten Maßnahmen installierten, stand von der ersten Minute an nicht mehr still. Es klingelte beinahe rund um die Uhr. Auch das Kondom wurde durch unsere Präventionsarbeit, gewissermaßen gesellschaftsfähig. Wir führten Gespräche mit den Betroffenen, die HIV-positiv getestet wurden. Sie drohten jeweils an ihrer Diagnose zu verzweifeln und letzten Endes allein schon daran zu zerbrechen. Es gab keine Medikamente, keine Heilung, das Überleben war damals reine Glückssache. Dann kamen die ersten hoffnungsvollen Aspekte, da wir händeringend nach Geldern suchten. Um zu helfen, waren wir selbst auf Hilfe angewiesen. Die ersten Lichtblicke in dieser Hinsicht waren zwei große Benefizveranstaltungen. Die Ersten, die sich unentgeltlich zur Verfügung stellten, sind heute wie damals Weltstars. Es war die Schweizer Maskentheatergruppe Mummenschanz. Ich erinnere mich noch gut an die Vorgespräche mit Floriana Frassetto, die heute noch die künstlerische Leitung von Mummenschanz innehat und nach wie vor selbst auf der Bühne mitwirkt. Das nächste große Event war eine Ballett-Gala vom damaligen Choreografen des Basler Balletts, Heinz Spoerli. Spoerli gab zu jener Zeit mit seiner Kompanie Gastspiele auf der ganzen Welt. Es war für uns eine ausgezeichnete Reputation. Gleich zwei bedeutende Events geschenkt zu erhalten. Erstens brachte es erste wichtige Finanzen in unsere leere Kasse. Zweitens, was für uns von großer Bedeutung war, holte es uns und unsere Anliegen aus der damaligen Schmuddelecke. Sie waren Wegbereiter, damit sich endlich die Politik auch bewegte und sich um uns und unsere Anliegen kümmerte.

Unsere Organisation pflegte Kontakte nach Amerika und Brasilien. Dort waren die Zahlen der Kranken beträchtlich, sie nahmen immer weiter zu. Aus diesem Grund waren sie uns, was den Wissensstand betraf, immer einen Schritt voraus. Fachleute, wie Verena Kast* unterrichteten uns unentgeltlich in Crashkursen in Hospiz & Sterbebegleitung. Dies waren Intensivkurse, die darauf ausgelegt waren, den besten Lernerfolg in kürzester Zeit zu erzielen. Es galt keine Zeit zu verlieren. In den Kliniken und im »Lighthouse« warteten die Kranken darauf, dass wir sie auf ihrem letzten Weg fachlich korrekt, aber vor allen Dingen auf äußerst menschliche Weise begleiten.

Ich möchte das Wort Doris Frank schenken. Sie besaß die Fähigkeit, stets in verständlicher Sprache zu erklären, worum es bei unserer Arbeit ging. Diese starke Frau ist mir heute noch in vielerlei Hinsicht, ein Vorbild an Menschlichkeit und Mitgefühl aber auch an Stärke und Engagement. Im April 1988 äußerte sich Doris Frank in einer Fernsehsendung mit dem Inhalt: »Verständnis statt Angst, vom Umgang mit Aids-Kranken«, hier einige ihrer wesentlichen Aussagen.

Sie erklärte: »Angst baut eine Wand zwischen dem Aids-Kranken und seinen Mitmenschen auf, und der Aids-Kranke braucht, wie jeder schwer kranke Mensch überhaupt, Nähe. Dies habe ich von unserem ersten Aids-Patienten gelernt, mit dem ich sehr viele persönliche Gespräche führen konnte, bei dem ich viel fragen musste und bei dem ich erfahren habe, dass man auch fragen darf.«

Auf die Frage: »Was müssen wir, nebst den konkreten Informationen über „was ist ansteckend und was nicht" wissen im Umgang mit Aids-kranken Menschen? Was unterscheidet sie von anderen Kranken«?

Doris Frank antwortet: »Der Aids-Kranke hat seine Diagnose oft schon bei voller Gesundheit erhalten, dann nämlich, wenn er sich entschlossen hat, den HIV-Antikörper-Test zu machen und das Resultat positiv ausgefallen ist. Die Ängste setzen bei ihm bereits in diesem Moment ein, der eine erste Konfrontation mit dem eigenen Tod ist«.

Und weiter Doris Frank zum Thema Ausgrenzung: »Der HIV-Positive wird heute von der Gesellschaft leider noch immer diskriminiert, er muss also seine Diagnose vor den meisten Menschen verschweigen und gerät so in Isolation. Auch seine nächsten Angehörigen fühlen sich von dieser Diskriminierung betroffen, auch sie müssen ihren Schmerz oft allein tragen und können sich nicht mitteilen«.

Doris Frank über ihre Auffassung von Sterbebegleitung: »Er möchte, dass wir seine Ängste ertragen und mittragen helfen, dass wir mit ihm schweigen können, wenn er müde ist, dass wir auf seine Bedürfnisse eingehen, ihm aber nach Möglichkeit seine Selbständigkeit lassen. Er möchte, dass wir ihm Ruhe vermitteln, wenn er verzweifelt ist, dass wir mit ihm zusammen heiter sein können. Er möchte selbst wählen können, wen er in seinen letzten Tagen in seiner Nähe haben möchte, dies sind gar nicht immer seine liebsten Menschen, manchmal sind es diejenigen, die ihn am besten loslassen können«.

Abschließend sagt Doris Frank: »Im Umgang mit Aids-Kranken kommt uns unsere eigene Sterblichkeit zum Bewusstsein, und wir müssen lernen, damit umzugehen, damit wir uns nicht wegen unseren eigenen Ängsten zurückziehen, wenn er von seiner Todesangst spricht. Wir müssen hellhörig sein, wenn er entsprechende Andeutungen macht, wir müssen in diesem Moment Zeit haben und behutsam auf ihn eingehen«.

Soweit zu Doris Frank und ihrem Verständnis von menschlicher Sterbebegleitung.

Prof. Verena Kast schrieb mehrere Bücher über Sterbebegleitung. Ihr Modell der Trauerphasen bietet für viele Trauerbegleiter die Grundlage, nach der sie Menschen in der Trauer unterstützen. Es wurde von Verena Kast aus dem Modell des Abschiednehmens von Elisabeth Kübler-Ross abgeleitet, die ebenso Sterbende begleitete und ihre Erfahrungen in mehreren Büchern festgehalten hat. Die Bücher der beiden Autorinnen sind Ratsuchenden sehr zu empfehlen.

Es war uns damals ein Bedürfnis, aus unserem Schmerz heraus, wenigstens etwas Sinnvolles für die Betroffenen zu leisten. Am meisten, wie sich später herausstellte, taten wir damit für uns selbst. Es half uns dabei, unseren Schmerz und unsere Ängste zu bewältigen. Außerdem gab es uns Beschäftigung in schweren Stunden. Es gab uns vor allem eines, ein gutes Gefühl, wenn wir anderen halfen denen es schlechter ging als uns.

Was bewegt mich dieses Buch gerade jetzt zu veröffentlichen? Es geht mir darum, aufzuzeigen, dass das Leben auch nach dunkelsten Stunden weiter geht. Dass es sich lohnt, zu kämpfen und weiterzumachen. Es ist mir bewusst, ich habe den Geschehnissen von damals viel Platz eingeräumt, aber aus einem bestimmten Grund. Um zu veranschaulichen, dass es diese Ereignisse sind, die mich zu dem Menschen gemacht haben, der ich heute sein darf. Dieser lange schmerzvolle Weg war es, der mich letztlich zur Spiritualität führte und mich zu dem medialen Menschen, der mich heute ausmacht, formte. Anders wäre meine Vergangenheit für mich unerträglich gewesen.

Aus den genannten Gründen ist die Pandemie nicht meine erste Krise, die ich erlebe und ich befürchte, es wird leider auch nicht die Letzte sein. Schon allein dieser Gedanke ist tröstlich. Dies ist keineswegs zynisch zu bewerten. Es ist tragisch und dramatisch, was sich heute gerade wieder auf der Welt abspielt. Und wir als höchstes Gut der Menschheit, überall auf der Welt den Frieden anstreben sollten. Dennoch gehören Krisen zum Leben, ob wir es mögen oder nicht. Krisen gehören seit Jahrhunderten, ja Jahrtausenden zum Menschsein dazu. Eines ist gewiss, wir Menschen haben etwas gemeinsam. Eines verbindet uns alle, wir werden geboren und wollen geliebt werden. Wir werden zu Erwachsenen, die auf der Suche nach Liebe sind. Uns verbindet alle das Bedürfnis nach Liebe. Wir alle sind etwas ganz Besonderes aber es ist nicht immer leicht, etwas Besonderes zu sein. Tatsächlich können wir Liebe nur durch Mut und Mitgefühl erlangen.

Amadis Amarrés

Weitere Bücher von Amadis Amarrés

Die farbig illustrierten Ausgaben von Quellen des Glücks

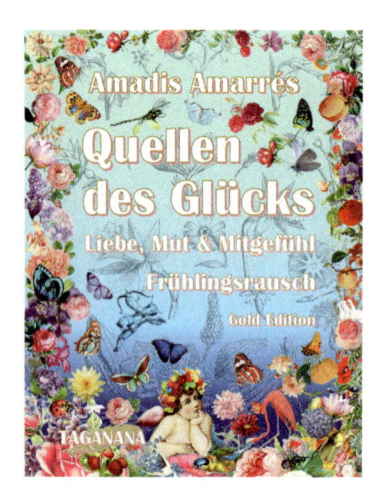

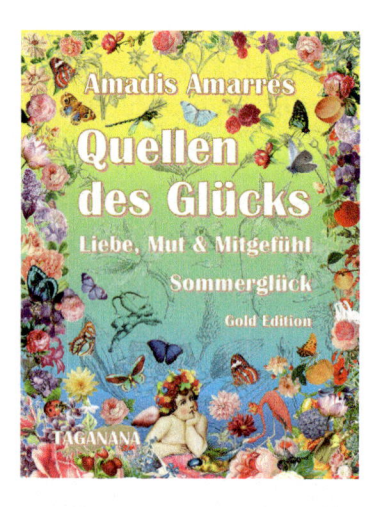

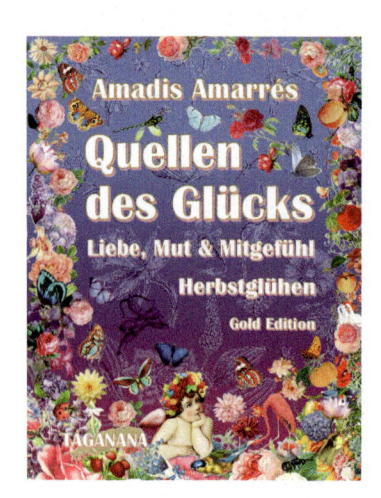

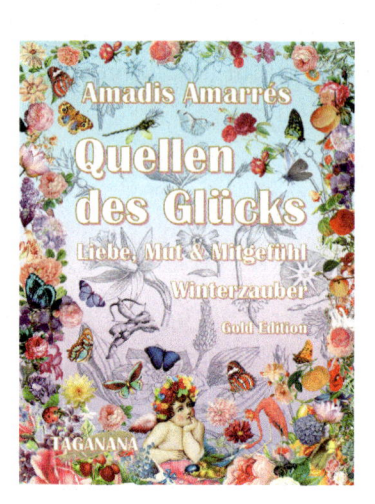

Die Bücher sind erhältlich bei Amazon.de

QUELLEN DES GLÜCKS

Weitere Bücher von Amadis Amarrés

Die farbig illustrierten, thematischen Ausgaben von Quellen des Glücks

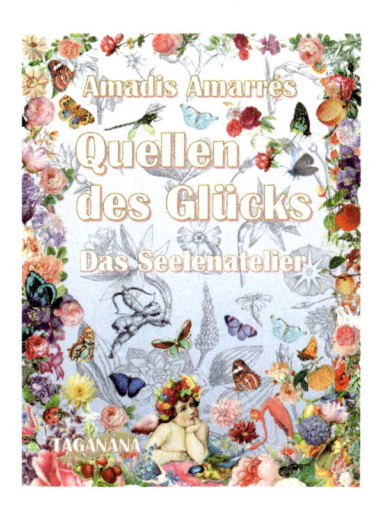

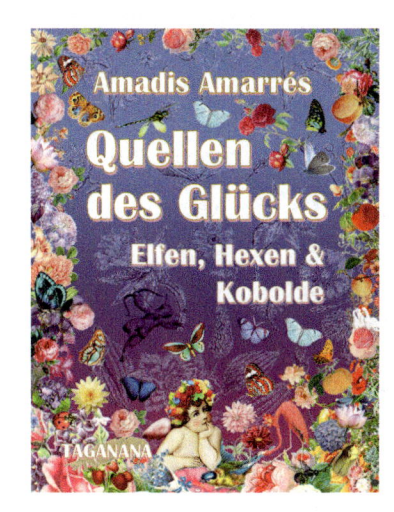

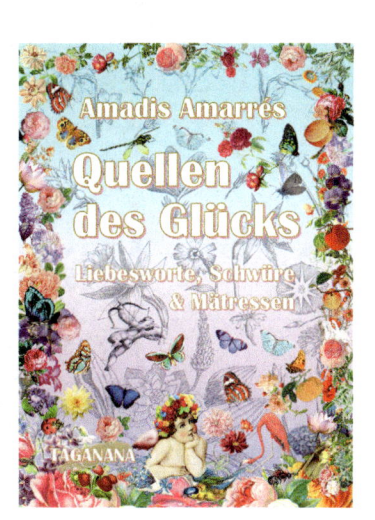

Die Bücher sind erhältlich bei Amazon.de

Amadis Amarrés

Weitere Bücher von Amadis Amarrés

Die Textausgaben von Quellen des Glücks

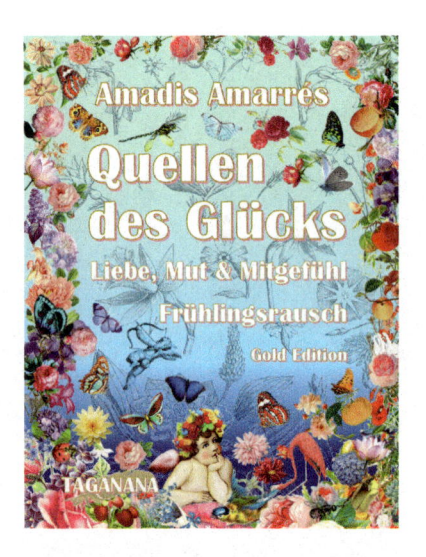

Die Bücher sind erhältlich bei Amazon.de

QUELLEN DES GLÜCKS

Literatur

1. Auflage / März 2024
Copyright ©2024 Amadis Amarrés
Alle Rechte vorbehalten
Deutsche Erstausgabe 2024
Lektorat: Guillaume Sauvedin
Satz und Layout: Clément de Cuchoux
Cover: Bryan Bouteaux
Cover Idee/Design: Amadis Amarrés
©Taganana
ISBN 9798884820685
Independently published
©Taganana Selbstverlag

Der Inhalt dieses E-Books/Buches ist urheberrechtlich geschützt und enthält technische Sicherungsmaßnahmen gegen unbefugte Nutzung. Die Entfernung dieser Sicherung sowie die Nutzung durch unbefugte Verarbeitung, Vervielfältigung, Verbreitung oder öffentliche Zugänglichmachung, insbesondere in elektronischer Form, ist untersagt und kann straf- und zivilrechtliche Sanktionen nach sich ziehen. Der Verlag behält sich die Verwertung der urheberrechtlich geschützten Inhalte dieses Werkes für Zwecke des Text- und Data-Minings nach § 44 b UrhG ausdrücklich vor. Jegliche Nutzung ist hiermit ausgeschlossen.

Mora, Eva Maria. Medium zwischen Himmel und Erde, Ansanta, München 2016.
Filliozat, Isabelle. L'intelligence du cœur, Marabout, Paris 1997.
Rosteck, Jens. Edith Piaf: Hymne an das Leben, Propyläen Verlag, Berlin 2013.
Mardorf, Elisabeth. Das kann doch kein Zufall sein, Kösel, München 1997.
Oberlin, Charlotte. Madame avant-garde Helena Rubinstein, cherche midi éditeur 2016.
Kirschner, Josef. Die Kunst ein Egoist zu sein, Schoeller, Locarno 1976.
Anders, Sabine, Maier Katharina. Liebesbriefe grosser Frauen, marixverlag, Wiesbaden 2011.
Horncastle, Mona. Josephine Baker: Weltstar-Freiheitskämpferin-Ikone, Molden Verlag GmbH & Co, Wien 2020.
Anders, Sabine, Maier Katharina. Liebesbriefe grosser Männer, marixverlag, Wiesbaden 2011.
Diverse Autoren. Ich erhalte Deinen Brief, e-artnow 2015.
Freund, Winfried. Schnellkurs Märchen, DuMont Buchverlag, Köln 2005.
Leider, Richard J. Shapiro David. A., Repacking Your Bags, Berett Koehler, San Francisco 1995.
Thiel, Christian. Was glückliche Paare richtig machen, Campus Verlag GmbH Frankfurt 2015.
Tosi, Bruno. Maria Callas-Die Lieblingsrezepte der Göttlichen, Bassermann Verlag München 2014
Freitag, Erhard F. Kraftzentrale Unterbewusstsein, Goldmann 1983.
T. F. Thiselton-Dyer, The Folk-Lore of Plants, 1889, Mythik Press, New York 2015.
Hennig, Volger, Wörterbuch der Mythologie, Klett-Cotta Verlag, Stuttgart 1965.
Vanzant, Iyanla. Until Today, Simon & Schuster, New York. Volf, Tom, Callas Confidential, Éditions de La Martinière, Paris 2017.
Stassinopoulos, Arianna, die Callas, Droemer Knaur, München 1980.
Von Münchhausen, Marco. Wo die Seele auftankt, Campus 2004.
Hesse, Hermann, sämtliche Gedichte in einem Band, Suhrkamp, Frankfurt am Main 1995.
Alfred A. Fassbind, Alfred A., Rüffer & Rub, Sachbuchverlag GmbH, Zürich 2021
Prof. Kölsch, Stefan, Good Vibrations: Die heilende Kraft der Musik, Ullstein Buchverlage GmbH, Berlin 2019.
Ernst Ferstl. Herznah. Gedichte, Asaro-Verlag, Sprakensehl 2003.
Boarding School Syndrome: The psychological trauma of the ‚privileged' child. Erschienen als Taschenbuch –Routledge Verlag 2015.
Kashner, Sam, Schönberger, Nancy. Furios Love: Elizabeth Taylor, Richard Burton, Harper perennial, New York 2011.
Pfleger, Caren, Charisma, die sieben Säulen der Schönheit, Ullstein List Verlag, Berlin u. München, 2001. Kunzmann, Ulrich, Liebesbriefe Napoleon Bonaparte, Matthes & Seitz, Berlin 2019.
Lohaus, A., Domsch, Stressbewältigung für Kinder und Jugend, H. & Fridrici, M. Heidelberg 2007.
Hipp, E., was wirklich hilft gegen Stress, Verlag an der Ruhr, Mülheim an der Ruhr 2008.
Bregman, Rutger, im Grunde gut: Eine neue Geschichte der Menschheit, Rowohlt 2021.
*** Bildnachweis: BlackPast, B. (2011, 03. November). (1963). Josephine Baker, „Rede beim Marsch auf Washington". BlackPast.org.
Diverse Fotos via www.commons.wiki.org
Bildquellen: pixabay.com Danke!
Kontakt: amadis.amarres@bluewin.ch

Printed in Great Britain
by Amazon